四川省科技计划项目研究成果

创新驱动发展战略与全面提升四川省高校科技创新能力研究 2020JDR0161

创新驱动发展战略下

高校科技创新理论与实践

蒋道平　王娟　陈文　著

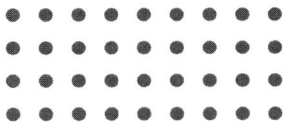

四川人民出版社

图书在版编目（CIP）数据

创新驱动发展战略下高校科技创新理论与实践/蒋
道平，王娟，陈文著. —成都：四川人民出版社，
2021.12
ISBN 978-7-220-12595-9

Ⅰ.①创… Ⅱ.①蒋… ②王… ③陈… Ⅲ.①高等学
校-科研管理-研究-中国 Ⅳ.①G644

中国版本图书馆 CIP 数据核字（2021）第 249761 号

CHUANGXIN QUDONG FAZHAN ZHANLÜE XIA GAOXIAO KEJI CHUANGXIN LILUN YU SHIJIAN
创新驱动发展战略下高校科技创新理论与实践
蒋道平　王　娟　陈　文　著

统　　筹	段瑞清
责任编辑	张东升
特约校对	北京悦文
封面设计	王静娴　李其飞
版式设计	戴雨虹
责任印制	李　剑

出版发行	四川人民出版社（成都市槐树街 2 号）
网　　址	http://www.scpph.com
E-mail	scrmcbs@sina.com
新浪微博	@四川人民出版社
微信公众号	四川人民出版社
发行部业务电话	（028）86259624　86259453
防盗版举报电话	（028）86259624
照　　排	四川胜翔数码印务设计有限公司
印　　刷	四川机投印务有限公司
成品尺寸	170mm×240mm
印　　张	18
字　　数	237 千
版　　次	2021 年 12 月第 1 版
印　　次	2021 年 12 月第 1 次印刷
书　　号	ISBN 978-7-220-12595-9
定　　价	89.00 元

目　录

研究缘起

　　创新是民族进步的灵魂，是一个国家兴旺发达的不竭源泉。当今世界正经历百年未有之大变局，新一轮科技革命和产业变革突飞猛进，科技创新已成为重塑全球和区域竞争格局的关键变量。大国间科技竞争日趋激烈，各国将加紧科技创新战略布局，科技竞争将成为地缘政治和经济竞争的先导力量。随着贸易壁垒摩擦不断、技术垄断和保护主义不断加深，科技创新和技术竞争更加成为大国博弈的硬核手段。特别是中美经贸摩擦和新冠疫情爆发后，各主体经济国家都不同程度遭受损失，全球经济走低和以信息技术为标志的新一轮科技革命形成强烈对比，全球产业转型正在加速演进，很多国家都在超前部署新一代技术研发，全球进入创新密集的新时代，而且势不可当。

　　面对全球发展的机遇和挑战，我国坚持稳中求进总基调，努力实现高水平科技自立自强。进入新发展阶段，创新是全面推进社会主义现代化建设的动力源泉；贯彻新发展理念，创新是实现高质量发展的内在要求；构建新发展格局，创新是促进国内、国际双循环的关键支撑。自党的十八大以来，举国上下全面深入推进创新驱动引领高质量发展，把科技创新摆在了国家发展全局的核心位置，把科技自立自强作为国家发展的战略支撑，面向世界科技前沿、面向经济主战场、面向国家重大需求、面向人民生命健康，深入实施科教兴国战略、人才强国战略、创新驱动发展战略，不断完善国家创新体系，以举国体制加快建设科技强国。

高校是科技创新的主力军之一，在创新驱动发展战略和科技强国建设中承担着神圣的历史使命。经济发展和科技强国建设离不开高校科技创新，迫切需要加强高校基础研究和原始创新，实现"从 0 到 1"的理论突破，推进关键核心技术攻关，加速成果转化和技术转移，使高校科技创新与现实生产力紧密结合，真正为经济社会发展提供人才智力和科技创新支撑。

本书基于国家创新驱动发展战略的总体布局，探讨我国创新驱动发展战略的理论内涵与实践发展，进而分析高校引领创新驱动发展战略的历史使命与责任担当，提出新时代提升高校科技创新能力的基本路径与方法。通过对四川省高校科技创新的发展现状、取得的成就、存在的问题及原因进行深刻剖析，同时对国内外高校科技创新的成功经验进行启示分析，提出全面提升四川高校科技创新能力的路径与对策，为国家实施创新驱动发展战略和全面建设社会主义现代化国家以及治蜀兴川做出新的更大贡献。

研究方法

本书按照"理论分析—实证研究—对比借鉴—现实路径—对策措施"的逻辑思路进行布局研究。通过技术创新理论分析，立足高校与政府、企业和科研院所的角色定位与功能互动，借鉴国内外高校创新能力建设的先进经验和成功模式，探索构建政产学研用新型一体化创新体系，从理论和实践两个层面提出高校提升科技创新能力的现实路径和对策措施，切实促进科技与经济融合发展。

本书核心内容主要通过文献分析、数据调查、个案研究等方法开展研究。采用文献研究法，通过图书馆、国内外网站、教育年鉴和科研工作统计汇编等渠道，查阅整理相关文献资料。通过调查法，对一系列相关数据进行实地调查、专项咨询和座谈访问，客观真实了解有关省市高校科技创新的成绩和成功的做法，全面掌握四川省高校科技创新情况。通过数据分析法，查阅高校科技统计资料和重要数据，总结分析高校创新成果和转化产出情况。采用个案研究法，对国内外部分高校提升科技创新能力的案例进行分析，总结成功经验与模式，为四川省高校提升科技创新能力、支撑经济社会高质量发展提供参考和借鉴。

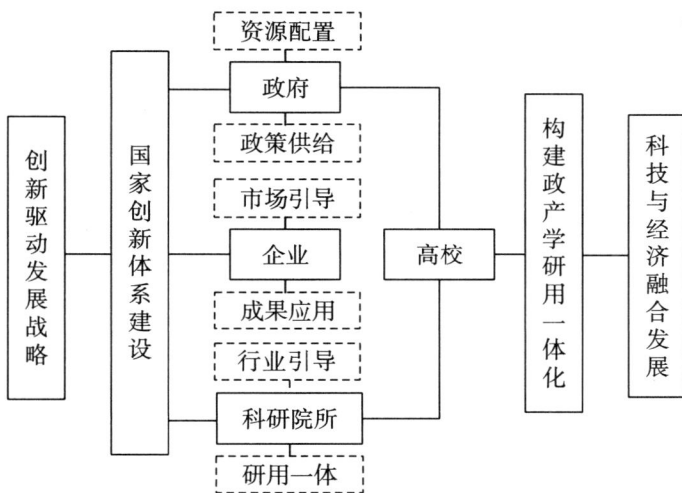

创新驱动发展与高校科技创新研究的理论逻辑思路

研究目标

本书研究的主要目标有以下五个方面：

在科技创新理论上，探索高校提升科技创新能力的理论基础和构建方法，把技术创新理论、国家创新系统理论、区域科技创新理论、教育内外部规律理论和"三螺旋"等理论基础作为高校科技创新能力的理论依据，有助于全社会加深对高校提升创新能力的认识和理解。

在科技创新主体上，明确政产学研用知识生产链的主体功能与社会角色，厘清政府、企业、大学三者的螺旋式上升互动关系，促进高校与经济发展协同。

在科技创新成果培育产出上，基于四川省高校一流学科、国家研究平台、特色研究方向和创新团队，对接四川省现代产业体系和社会发展重大需求，建立健全科技创新成果培育产出机制。

在高校科技成果转化上，探索成果价值评价机制，以四川高校承担的国家和省级应用基础研究、重点研发计划、重大科技专项和省部级一等奖以上的科研成果为引导，建立校企技术创新跟踪对接机制，促进高质量成果研发过程与企业紧密融合。

在高校科技创新能力建设上，透析新时代高校适应科技创新发展的新形势新任务，围绕经济强省和科技强省的战略目标，探索四川高校全面提升科技创新能力建设的方法与路径，为创新驱动发展发挥更加重要的作用。

主要内容

本书共有七章，通过理论与现实分析，提出创新驱动战略背景下提升高校科技创新能力的理论探索与实践方法。

第一章主要分析我国创新驱动发展战略的理论内涵、价值取向与实践发展，阐述创新驱动发展战略的时代背景、形成发展与价值意蕴，详细阐释国家创新驱动发展战略的重大部署、路径选择与主要任务。

第二章论述了高校引领创新驱动发展战略的使命与担当，分析高校创新发展的思想基础与理论渊源以及我国高校引领创新驱动发展战略的时代使命。

第三章对部分国内外高校科技创新进行实证探讨，选取发达地区、中部地区、西部地区（北京、江苏、湖北、陕西等地）的部分高校的成功经验进行总结归纳，提出借鉴启示；对发达国家（美国、德国、日本）和发展中国家（印度等）部分高校科技创新发展策略与经验模式进行探讨与借鉴。

第四章从理论、政策与实践的角度提出提升高校科技创新能力的基本思路与主要方法，包括高校科技创新的新形势与新任务、高校科技创新活动的基本原则与规律、高校科技创新能力的要素与评价等。

第五章全面分析了四川省高校科技创新的发展现状，基于官方发布数据资料，通过定量分析和对比分析，对四川省高校科技人力资源、科技创新经费投入与使用、科技创新平台、科技创新成果及转移转化、科研合作与交流等方面进行详细分析，总结四川省高校科技创新的能力与特色，以探究四川省高校在省域经济社会发展中的支撑与贡献。

第六章对四川省高校科技创新存在的主要问题进行反思，主要从思想观念、客观基础、体制机制、评价体系、开放合作、成果转化等视角进行问题根源分析。

第七章是本书的研究重点，是以四川高校为对象，提出全面提升高校科技创新能力的路径与对策，首先总结回顾了四川高校科技创新的历史成就，分析研判了四川高校科技创新面临的问题与挑战、机遇与趋势，从构建政府主导、高校主体的科技创新生态链、四川高校在创新驱动发展战略中的主动作为、四川高校提升科技创新能力的具体举措等方面，系统、整体提出了提出全面提升四川高校科技创新能力的路径与对策。

创新与展望

本书研究内容在以下三个方面有一定的创新：

在理论创新和研究方法上，基于马克思主义科学技术观，将先进创新理论与创新驱动发展战略相结合，把新时代科技创新理论纳入马克思主义中国化研究视野，从理论、历史、现实相结合的维度，借助管理学、社会学、教育学、经济学等学科知识和方法，实现跨学科交叉融合。

在研究思路和研究内容上，遵循"理论分析—实证研究—历史总结—现实路径—对策措施"的研究逻辑思路，立足高校与政府、企业和科研院所的角色定位和功能互动，借鉴国内部分高校创新能力建设的先进经验和成功模式，构建政产学研用新型一体化创新体系，提出高校提升科技创新能力的现实路径和对策措施，从而促进科技与经济融合发展。

在政策建议和应用创新上，探索构建成立政府主导、部门主管、高校主责的科技创新生态链；探索基于四川高校优势学科科研，瞄准四川省现代产业体系和社会急需、改革创新关键核心技术攻关以及成果转移转化等制度政策。

创新是时代主题，创新永不停歇。当今世界百年未有之大变局加速演进，科技创新成为国际战略博弈的主要战场，科技创新无论在广度、深度、速度、精度上都呈现加速度跃升趋势。科技立则民族立，科技强则国家强。从"科学的春天"到"创新的春天"，从科教兴国战略、人才强国战略再到创新驱动发展战略，从自主创新到实现高水平科技自立自强，党中央在我国科技事业发展的每一个关键节点都做出重大战略部署，牢牢把握我国科技创新发展的正确方向。面向未来，我国科技创新一定会引领世界潮流，成为领跑者，届时全社会支持创新、勇于探索蔚然成风，中国在现代化强国建设、构建人类命运共同体和推动世界文明进步进程中必将做出世界贡献。高校在科技强国建设中责无旁贷，在重大基础研究和原始创新上多产出一流成果，在关键核心技术领域多担当攻关任务，在社会发展创新中多贡献智慧力量，成为全面建设社会主义现代化国家的重要支撑力量。

第一章

创新驱动发展战略的理论内涵与实践发展

创新是一个民族进步的灵魂，是国家兴旺发达的不竭源泉，这是在人类历史发展进程中反复证明的客观真理。党的十八大提出实施创新驱动发展战略，强调科技创新是提高社会生产力和综合国力的战略支撑，必须摆在国家发展全局的核心位置。党的十九大进一步强调，"创新是引领发展的第一动力，是建设现代化经济体系的战略支撑"①，并提出到 2035 年我国跻身创新型国家前列的目标，在新时代要全面实施创新驱动发展战略，加快建设科技强国。创新驱动发展战略是党中央在新的发展阶段确立的立足时代、谋划全局、面向世界、聚焦关键、带动整体的国家重大战略部署，是建设社会主义现代化强国的必由路径。

第一节　创新驱动发展理论的时代背景与战略内涵

时代是思想之母，实践是理论之源。中国改革开放 40 多年的伟大实践

---

① 习近平谈治国理政：第三卷 [M]. 北京：外文出版社，2020：24.

创造了世所罕见的历史性成就，"科学技术是第一生产力"的科学论断在历史与实践中迸发出强大的理论力量和实践魅力。实践证明，创新驱动就是创新成为引领发展的第一动力。新时代的中国特色社会主义，更加需要用创新驱动引领发展。

一、创新驱动发展理论的时代背景与形成发展

（一）创新驱动发展理论的发展历程

人类的聪明智慧往往体现在理论创新和实践运用上。但是，真正的工业文明和技术革命是从18世纪中叶以蒸汽机发明应用为标志的第一次产业革命开始的，尔后，人类在"发明"和"应用"中，从认识科学技术作用于社会发展和文明进步，到把创新驱动发展提升为国家战略的认识高度，是人类对创新内涵认识的历史性飞跃，也是人类文明进步和社会发展的内在要求。因此，创新驱动发展理论的演进过程必然有其内在规律性和历史必然性。

1. 创新驱动发展的理论起源于马克思主义关于科技推动经济发展的基本思想。马克思、恩格斯从科学技术是生产力、科学技术引起生产关系变革、科学技术促进人的全面发展等理论维度论述了科学技术对生产力和生产关系的促进作用，深刻揭示了人类社会发展的基本规律。马克思主义科技思想的真理性、科学性、前瞻性为之后创新理论的发展奠定了理论基础。

2. 我国创新驱动发展理论萌芽于新中国成立初期。新中国成立以前的100年时间里，尽管洋务运动、戊戌变法等都有改革创新的变革提倡，但受社会制度弊端和时局动荡的制约，改革创新注定失败。辛亥革命后，在"爱国、进步、民主、科学"思想旗帜下，新文化运动和"科学救国"思想为创新驱动发展理论提供了早期的实践依据。新中国成立初期，毛泽东审

时度势，提出"不搞科学技术，生产力无法提高"① 等一系列理论观点，在全党全国确立了"向科学进军"的伟大思想。国家制定了科学发展远景规划，建立了国家科技领导体制，在科学研究和先进技术诸多领域都取得了重大成就和技术创新，"两弹一星"和石油大会战以及钢铁冶炼、汽车工业、道路交通、食品医药等发展集中体现了"自力更生，迎头赶上"的科学技术发展方针。② 新中国成立之初，党和国家多次出台国家科技发展纲要，尽管当时国家科技主要围绕国家重大工程和重大科技项目展开，并没有从国家战略层面提出创新驱动发展，但以毛泽东同志为核心的党的第一代中央领导集体的人才思想、自力更生的思想，不仅为工业化和科技现代化奠定坚实基础，而且对践行"科学技术是生产力"理论以及为以后从战略层面推动创新驱动发展，提供了理论基础和实践条件。

3. 创新驱动发展理论在改革开放伟大实践中孕育。改革开放拉开了中国特色社会主义阔步向前的大幕，创新成为改革开放的第一动力。邓小平同志从国际视野、国内视域和战略视角的高度提出"中国要发展，离不开科学"③，在1978年全国科技大会上郑重提出"科学技术是第一生产力""科学技术人员是工人阶级一部分"的论断后，1988年，面对世界科技日新月异、科技竞争如火如荼的形势进一步提出"科学技术是第一生产力"④的重大创新理论，高度肯定了科技创新在社会经济发展中的关键作用。改革开放开启后，为迎头赶上科学创新前沿和抢占新一轮科技革命制高点，国家实施科教兴国、人才强国战略，先后布局了"863计划""973计划"等重大科技战略性计划，并在高等教育领域实施"985工程""211工程""2011计划"等决策部署，国家创新驱动发展战略已初见雏形。从增强自

---

① 毛泽东文集：第8卷［M］. 北京：人民出版社，1999：351.
② 蒋道平. 科学精神解析——马克思主义视域下的科学精神与当代中国社会进步［M］. 北京：高等教育出版社，2017：84.
③ 邓小平文选：第3卷［M］. 北京：人民出版社，1993：183.
④ 邓小平文选：第3卷［M］. 北京：人民出版社，1993：275.

主创新能力到建设创新型国家，科技创新驱动发展成为改革开放战略的历史性辉煌缩影，发挥了先锋、引领和试验田作用。

4. 创新驱动发展理论是在改革开放走向纵深、从国家战略的高度正式提出的。胡锦涛在 2006 年全国科技大会上提出："建设创新型国家，核心就是把增强自主创新能力作为发展科学技术的战略基点，走出中国特色自主创新道路，推动科学技术的跨越式发展……就是把增强自主创新能力作为国家战略。"① 从此，党中央把提高自主创新能力摆在建设创新型国家的突出位置，明确了提高自主创新能力是建设创新型国家重大战略任务的核心目标。在《国家中长期科学和技术发展规划纲要（2006—2020 年)》中明确提出了"自主创新、重点跨越、支撑发展、引领未来"十六字科技工作指导方针②。在国家"十二五"规划中进一步强调，"深入实施科教兴国战略和人才强国战略，充分发挥科技第一生产力和人才第一资源作用"③。"十二五"规划将科技创新驱动与科教兴国战略、人才强国战略、自主创新战略和加快建设创新型国家联系起来，表明党中央开始努力寻求驱动力的来源，是对创新驱动力重要性的新认识，④ 为创新驱动发展理论的提出和战略部署提供了思想与实践先导。2012 年党的十八大报告指出，我国发展仍处于可以大有作为的重要战略机遇期，为实现全面建成小康社会和全面深化改革的战略目标，要加快完善社会主义市场经济体制和加快转变经济发展方式，实施创新驱动发展战略。这是党中央面对当代中国进入全面建设小康社会的关键时期和深化改革开放、加快转变经济发展方式的攻坚时期，明确提出将创新驱动作为攻坚克难、全面建成小康社会、转变经济发展方

---

① 胡锦涛. 坚持走中国特色自主创新道路，为建设创新型国家而努力奋斗——在全国科技大会上的讲话 [J]. 求是，2006（2)：3.

② 国务院发布《国家中长期科学和技术发展规划纲要（二〇〇六—二〇二〇)》[N]. 人民日报，2005-12-31（4).

③ 十六大以来重要文献选编（中册)[M]. 北京：中央文献出版社，2006：1048.

④ 谭志敏. 中国创新驱动发展战略思想体系研究 [D]. 广州：华南理工大学，2018：61.

式和实现跨越式发展的核心驱动力。至此，我们党从理论上形成了创新驱动发展思想，并在实践上部署了创新驱动发展战略，这标志着创新驱动发展理论的全面形成和创新驱动发展的全面实施。

5. 创新驱动发展理论在新时代不断成熟和深化发展。自党的十八大正式提出实施创新驱动发展战略以来，以习近平同志为核心的党中央带领全国人民在建设新时代中国特色社会主义进程中，从理论和实践，不断丰富新时代创新驱动发展战略思想内涵。面对世界新一轮科技革命大潮和经济全球化演进深化，"必须让创新成为驱动发展新引擎"①，从传统的要素驱动和投资驱动转向创新驱动，转变发展方式。面对全球经济发展和我国改革开放新阶段性特征，习近平作出了"发展是第一要务，人才是第一资源，创新是第一动力"的科学论断，并提出"创新是引领发展的第一动力，抓创新就是抓发展，谋创新就是谋未来，适应和引领我国经济发展新常态，关键是要依靠科技创新转换发展动力"②。创新驱动发展战略实现了"让创新成为驱动发展新引擎"到"创新驱动是第一发展动力"的理论飞跃。党中央把创新摆在了国家发展全局的核心位置，这既是党的理论创新的新飞跃，也是国家现代化建设的必然要求。中国特色社会主义进入新时代，在改革开放取得的举世瞩目的历史性成就基础之上，如何激发全社会创造力和发展活力，努力实现更高质量、更有效率、更加公平、更可持续地发展，如何解决深层次矛盾和发展动力不足的问题，这是必须回答的时代之问。党的十八届三中全会提出了"创新、协调、绿色、开放、共享"的五大发展理念，又是一次重大理论飞跃，并且把"创新"摆在了五大发展理念之首，系统回答了"实现什么的发展、怎样发展"和"建设什么样的中国特

---

① 中共中央文献研究室. 习近平关于科技创新论述摘编［M］. 北京：中央文献出版社，2016：5.

② 中共中央文献研究室. 习近平关于科技创新论述摘编［M］. 北京：中央文献出版社，2016：35.

色社会主义、怎样建设中国特色社会主义"的时代命题，丰富了中国特色社会主义发展理论。在理论创新和统一认识之后，需要在实践层面全面系统推进创新驱动发展战略。2016 年 5 月，中共中央、国务院颁布了《国家创新驱动发展战略纲要》，对国家创新驱动发展战略作出顶层设计和整体部署，是将创新作为一个系统工程上升到国家战略进行全面部署。《国家创新驱动发展战略纲要》的颁布，标志着我国创新驱动发展战略在理论和实践上开始走向成熟，体现了中国特色社会发展理论和马克思主义创新理论的融合，实现了创新发展理论与中国具体实践的结合。

（二）创新驱动发展的时代特征和战略背景

1. 我国创新驱动发展具有鲜明的时代特征。创新驱动发展战略是现代化建设的必然选择，是按照社会主义的本质要求，激发全社会创造力和发展要素活力，努力实现更高质量、更有效率的发展战略选择。《国家创新驱动发展战略纲要》指出，创新驱动就是创新成为引领发展的第一动力，科技创新与制度创新、管理创新、商业模式创新、业态创新和文化创新相结合，推动发展方式向依靠持续的知识积累、技术进步和劳动力素质提升转变，促进经济向形态更高级、分工更精细、结构更合理的阶段演进。从以上关于创新驱动的时代特征表明，有三个关键特点需要在认识上引起高度重视。第一，创新驱动是一个系统工程，涉及科学技术创新等社会生产的各个系统，需要形成合力，才有发展动力；第二，破除体制机制障碍成为创新驱动发展的紧迫任务，深化科技体制改革、促进科技成果向生产力转移转化等改革需要加快推进；第三，创新驱动实质上是人才驱动，在社会生产和社会关系中，人是最活跃、最具决定性的因素，无论是创新主体还是创新环境，都要把"发展是第一要务，人才是第一资源，创新是第一动力"三者统一起来认识，把科教兴国战略、教育强国战略和创新驱动发展战略结合起来贯彻，真正尊重知识、尊重人才，重视人才的力量，重视人的创造性、积极性与主动性。

2. 我国实施创新驱动发展战略有着特殊的时代背景。首先，创新驱动是国家命运所系。创新强则国运昌，创新弱则国运殆。当今世界，体现一个国家的核心力量就是科技创新能力。我国近代以来落后挨打的重要原因就是生产力落后，与历次科技革命失之交臂，导致科技薄弱、国力衰败。建设社会主义现代化强国，实现中华民族伟大复兴的中国梦，必须真正用好科学技术这个最高意义上的革命力量和有力杠杆。其次，创新驱动是世界大势所趋。全球新一轮科技革命、产业变革正在孕育兴起，并在加速演进，科学探索从微观到宏观各个尺度上都在向纵深拓展，以"智能、绿色、泛在"为特征的群体性技术革命将引发国际产业分工重大调整，颠覆性技术不断涌现，正在重塑世界竞争格局、改变国家力量对比，创新驱动成为许多国家谋求竞争优势的核心战略。我国既面临赶超跨越的难得历史机遇，也面临差距拉大的严峻挑战。唯有勇立世界科技创新潮头，才能赢得发展主动权，为现代化强国建设和人类文明进步做出更大贡献。最后，创新驱动是发展形势所迫。我国经济发展进入新常态，传统发展动力不断减弱，粗放型增长方式难以为继，经济规模大但大而不强，增长速度快但快而不优。必须依靠创新驱动打造发展新引擎，培育新的经济增长点，持续提升我国经济发展的质量和效益，开辟我国发展的新空间，实现经济保持中高速增长和产业迈向中高端水平"双目标"。

3. 加快推进创新驱动发展是社会主义现代化强国建设的新路径。我国创新驱动发展已具备发力加速的基础，经过多年努力，科技发展正在进入由量的增长向质的提升的跃升期，科研体系日益完备，人才队伍不断壮大，科学、技术、工程、产业的自主创新能力快速提升。经济转型升级、民生持续改善和国防现代化建设对创新提出了巨大需求。庞大的市场规模、完备的产业体系、多样化的消费需求与互联网时代创新效率的提升相结合，为创新提供了广阔空间。中国特色社会主义制度能够有效结合集中力量办大事和市场配置资源的优势，为实现创新驱动发展提供了根本保障。同时也要看到，我国目前有许多产业仍处于全球价值链的中低端，一些关键核心技术受制于人，发达国家在科学前沿和高技术领域仍然占据明显领先优势，我国支撑产业升级、引领未来发展的科学技术储备亟待加强。适应创新驱动的体制机制亟待建立健全，企业创新动力不足，创新体系整体效能不高，经济发展尚未真正转到依靠创新的轨道。科技人才队伍大而不强，领军人才和高技能人才缺乏，创新型企业家群体亟须发展壮大。激励创新的市场环境和社会氛围仍需进一步培育和优化。在我国加快推进社会主义现代化、实现中华民族伟大复兴的中国梦的关键阶段，必须始终坚持抓创新就是抓发展、谋创新就是谋未来的思路，让创新成为国家意志和全社会的共同行动，走出一条从人才强、科技强到产业强、经济强、国家强的发展新路径，为我国未来十几年乃至更长时间创造一个新的增长周期。[①]

二、我国创新驱动发展的战略内涵与价值意蕴

（一）创新驱动发展的战略内涵

2016 年 5 月中共中央、国务院颁布的《国家创新驱动发展战略纲要》中提出，创新驱动发展战略的指导思想是：以邓小平理论、"三个代表"重要思想、科学发展观为指导，深入贯彻习近平总书记系列重要讲话精神，按照"四个全面"战略布局的要求，坚持走中国特色自主创新道路，解放思想、开放包容，把创新驱动发展作为国家的优先战略，以科技创新为核心带动全面创新，以体制机制改革激发创新活力，以高效率的创新体系支撑高水平的创新型国家建设，推动经济社会发展动力根本转换，为实现中华民族伟大复兴的中国梦提供强大动力。

---

① 中共中央　国务院印发《国家创新驱动发展战略纲要》［N］. 人民日报，2016-05-20（1）.

国家创新驱动发展战略进入新时代，被赋予了新的时代使命和历史责任，要以习近平新时代中国特色主义思想为指引，坚持新发展理念，在理论上紧跟时代步伐，不断认识发展规律，不断推进理论创新、实践创新、制度创新、文化创新以及其他各方面创新，社会主义现代化强国建设和中华民族伟大复兴的中国梦的奋斗目标必将如期稳步实现。

新时代新思想下的新目标和《国家创新驱动发展战略纲要》的指导思想表明，创新驱动发展是我国进入新时代的重大战略布局，对建设社会主义现代化强国具有极其重要的战略意义。习近平总书记指出："实施创新驱动发展战略，是加快转变经济发展方式、提高我国综合国力和国际竞争力的必然要求和战略举措。"① 把创新驱动发展作为面向未来的一项重大战略实施好，就能够推动以科技创新为核心的全面创新，形成新的增长动力源泉，推动经济持续健康发展，加快从经济大国走向经济强国。

实施创新驱动发展战略，其实质是推进以科技创新为核心的全面创新。习近平总书记多次强调，我们要大力实施创新驱动发展战略，加快完善创新机制，全方位推进科技创新、企业创新、产品创新、市场创新、品牌创新，加快科技成果向现实生产力转化，推动科技和经济紧密结合；面对新形势新挑战，我们必须加快从要素驱动为主向创新驱动发展转变，发挥科技创新的支撑引领作用，推动实现有质量、有效益、可持续地发展，这是着眼全局、面向未来作出的重大战略调整，对我国未来发展具有十分重要的意义。习近平总书记在中国科学院第十七次院士大会、中国工程院第十二次院士大会上的讲话中进一步指出："今天，我们比历史上任何时期都更接近中华民族伟大复兴的目标，比历史上任何时期都更有信心、有能力实现这个目标。而要实现这个目标，我们就必须坚定不移贯彻科教兴国战略和创新驱动发展战略，坚定不移走科技强国之路。""实施创新驱动发展战

---

① 习近平. 在甘肃调研考察时的讲话［N］. 人民日报，2013-02-06（1）.

略，最根本的是要增强自主创新能力，最紧迫的是要破除体制机制障碍，最大限度解放和激发科技作为第一生产力所蕴藏的巨大潜能。""实施创新驱动发展战略是一个系统工程。科技成果只有同国家需要、人民要求、市场需求相结合，完成从科学研究、实验开发、推广应用的三级跳，才能真正实现创新价值、实现创新驱动发展。"① 这些重要论述和战略部署是实施创新驱动发展的基本遵循。

（二）创新驱动发展战略的价值意蕴

创新驱动发展战略是我国面对世界发展大势、国内崭新形势以及创新发展趋势所做出的必然选择，其价值体现在推动经济社会发展中的实践功能和丰富发展中国特色社会主义理论。实施创新驱动发展战略，深刻推动经济结构改革，提高经济发展质量，表现出强劲的经济价值；促进政治、文化、民生、生态文明的全面进步，表现出深厚的社会价值；推动马克思主义创新思想的中国化、时代化，成为习近平新时代中国特色社会主义思想的重要理论组成部分。② 充分认识创新驱动发展战略在理论上和经济社会发展中的价值意蕴，是推动实施创新驱动发展战略的思想前提。

1. 开拓马克思中国化新境界的理论价值。创新驱动发展战略的思想是马克思主义中国化理论关于"科技是生产力""科技是第一生产力"的科学技术思想体系，将马克思主义基本理论与中国具体实际相结合，丰富发展了"科技是第一生产力"的思想论断，不仅深刻揭示了理论创新与实践创新的内在联系，而且深刻揭示了党的创新理论引领全面改革深化的内在逻辑。创新驱动发展战略丰富了马克思主义创新思想的时代内涵，马克思主义创新思想指引我国在第三次科技革命中发挥"后发优势"取得了历史成

① 习近平谈治国理政：第一卷［M］. 北京：外文出版社，2018：121—124.
② 谭志敏. 中国创新驱动发展战略思想体系研究［D］. 广州：华南理工大学，2018：96—100.

010

就，但是，"跟跑、并跑、领跑"三跑并存的现实是客观存在的，在新一轮科技革命中，我国要取得"先发优势"，抢占先机，弥补不足，就必须从提升自主创新能力着手，从提前布局战略性新兴产业入手，必然要靠创新驱动发展战略来指引发展布局，这为我国站高谋远、迎头追赶、领跑未来赢得了发展空间和现实路径。创新驱动发展战略思想的确立，进一步明确了创新在生产力发展中的核心地位，进一步明确了从科技创新到实现生产力的具体途径，进一步明确体制机制改革作为调整不适合生产力发展的生产关系，满足生产力发展的需要。创新驱动发展战略在新发展理念的指导下，强调创新生态系统的构建，揭示出思想体系对创新社会功能的全面化、系统化，指明了创新驱动推动社会发展的具体路径，在理论上丰富了马克思主义创新思想。我国科技战略和创新发展布局的具体实践表明，创新驱动发展战略的理论创新在继承毛泽东思想、邓小平理论、"三个代表"重要思想、科学发展观基础上，在习近平新时代中国特色社会主义思想指引下，创造性提出新的观点和新的论断，创新性提出新的发展理念和新的发展路径，为中国特色社会主义发展理论注入了新的活力。创新驱动发展战略拓展了中国特色社会主义发展道路理论，明确了坚持走中国特色自主创新道路的理论选择，认识到改变传统发展模式和旧的经济增长方式，实现可持续发展和创新要素主导发展，才是中国特色社会主义发展道路的新发展。

2. 提高发展质量和转变发展方式的经济价值。创新驱动发展战略的经济价值集中表现在推动经济结构改革，包括产业结构、要素结构、空间结构，提高经济发展质量。创新驱动发展战略提出，新旧动能转换是创新发展的内在动力，要在创新引领、绿色低碳、共享经济、现代供应链、人力资本服务、多级市场消费等领域实现新旧动能转换，覆盖第一、第二、第三产业。对于第一产业，要用现代科技改造农业，以现代产业体系和现代经营方式推动农业发展；对于第二产业，要推进先进制造业、资源深加工业、新型能源产业、高新技术产业和外向型特色优势产业的建设；对于第三产业，要积极推进现代服务业体系的构建，提升服务业的产业层次和产业能力。经济结构改革举措的根本目的就是推动传统产业升级，引导新兴产业发展，推进产业进入科技密集型方向发展，推动构建现代产业体系，这必将对我国经济结构调整和增长方式转变产生巨大作用，是事关我国经济社会发展全局的重大措施。此外，创新驱动发展战略主张建立以企业为核心的技术创新体系，提升企业产品输出能力和市场竞争力。产品创新是社会生产的内在追求，是建立全面创新体系的基本形式，因此，产品创新可以形成新的市场和经济增长点，企业进行技术创新必须围绕市场需要创造出受市场欢迎的产品。无论是经济结构的改革还是产品创新，都要推动我国劳动力要素、资本要素的整合，使市场在资源配置中起决定性作用，都要推动制度创新和管理创新，深化体制机制改革，协调好市场与政府的关系，为经济发展方式提供制度和政策保障，为实施创新驱动发展战略提供有利的现代治理环境，这对于提高经济发展的质量具有极其重要的作用。

3. 推动人类进步的社会发展价值。创新驱动发展战略是在马克思主义创新思想的指导下解决社会发展矛盾、推动生产关系和生产力相互促进的改革创新策略，不但要追求经济利益，而且要实现社会利益。实施创新驱动发展战略的直接动因是源于经济诉求，在本质上其实是社会发展诉求，因此，有其丰富的社会发展价值。统筹推进"五位一体"总体布局是我国新时代推进中国特色社会主义事业的路线图，是更好推动人的全面发展、社会全面进步的任务书。新时代"五位一体"总体布局是一个有机整体，经济建设是根本，政治建设是保障，文化建设是灵魂，社会建设是条件，生态文明建设是基础，共同致力于全面提升我国物质文明、政治文明、精神文明、社会文明、生态文明，统一于把我国建成富强民主文明和谐美丽的社会主义现代化强国的新目标。以经济建设为中心是我们党的基本路线，但政治建设、文化建设、社会建设、生态文明建设也必须统筹协同发展。创新驱动发展战略立足于驱动生产力发展，在发展生产力的同时必须调整好生产关系以及与之适应的上层建筑，协调推进社会结构体系的各个领域、各个层次共同发展，一方面要以科技创新支撑引领经济发展的新常态，另一方面还要以科技创新为支撑推动社会的全面进步。创新驱动发展战略思想关注民生，关切人的全面发展，对此党的十九大报告提出"在发展中补齐民生短板、促进社会公平正义"①。无论是科技创新领域，还是社会创新领域，都围绕人们生活密切相关的领域展开。只要以人的需求为出发点，创新驱动发展战略在任何领域、任何时候都必将助力于催生新的商业模式和社会应用，并不断满足社会需求和人的发展，这不仅体现了创新驱动发展战略推动人类进步的社会发展价值，而且体现了马克思主义关于"人的自由而全面的发展"的价值追求。

第二节　国家创新驱动发展战略的重大部署

创新是第一动力，实施创新驱动发展战略是推动高质量发展的需要，是实现人民高品质生活的需要，是构建新发展格局的需要，是全面建设社会主义现代化强国的需要。实施创新驱动发展，既然作为一项国家重大战略，就要围绕中国人民和中华民族新时代的奋斗目标而做出重点部署和资源安排，从战略高度进行前瞻性、长远性、决胜性的科学谋划，从顶层设计进行全局性、系统性、操作性的战略部署。下面，结合 2016 年发布的《国家创新驱动发展战略纲要》的主要内容②，并立足新时代新目标新要求，解析我国创新驱动发展战略的重大部署。

———————

① 习近平谈治国理政：第三卷［M］. 北京：外文出版社，2020：18.
② 中共中央　国务院印发《国家创新驱动发展战略纲要》［N］. 人民日报，2016-05-20（1）.

一、科学确立国家战略目标

目标航向和需求导向是制定战略的基本依据，也是战略实施的归宿与追求。我国创新驱动发展的战略目标，是围绕 20 世纪我国现代化建设的"三步走"发展战略和新时代建设社会主义现代化强国的"三阶段"战略部署进行顶层设计的，也是实施"三步走"科技强国建设的发展战略。

（一）制定"三步走"发展战略

《国家创新驱动发展战略纲要》提出了我国建设世界科技强国的"三步走"战略目标：第一步，到 2020 年进入创新型国家行列，基本建成中国特色国家创新体系，有力支撑全面建成小康社会目标的实现。第二步，到 2030 年跻身创新型国家前列，发展驱动力实现根本转换，经济社会发展水平和国际竞争力大幅提升，为建成经济强国和共同富裕社会奠定坚实基础。第三步，到 2050 年建成世界科技创新强国，成为世界主要科学中心和创新高地，为我国建成富强民主文明和谐的社会主义现代化国家、实现中华民族伟大复兴的中国梦提供强大支撑。

建设世界科技强国的战略擘画，为我国科技事业和创新发展提供了根本遵循和行动指南，也为我国科技界和广大科技工作者指明了奋斗目标和努力方向。要准确把握、深刻理解建设世界科技强国"三步走"战略面临的国内外发展大势。中国作为新兴经济体的领头羊在多个产业领域面临激烈国际竞争，与此同时，装备制造业和高技术产业的核心技术、关键设备和零部件对外依赖度依然较高，而引进先进技术受到种种制约。核心技术靠"化缘"要不来，靠市场也换不来，受制于人的隐患如影随形，被"卡脖子"的痛点从未如此之近。在日益走近世界舞台中央的过程中，中国面临的外部环境考验更加复杂严峻。从世界科技发展大势看，新一轮科技革命和产业变革给中国赶超和跨越发展带来重要战略机遇。当前，全球科技创新呈现出新的发展态势和特征。暗物质与暗能量、微观物质结构、生命起源与演化、脑科学与意识等重大科学问题突破的前景越来越清晰；信息、智能、机械、生命等领域创新加速融合，颠覆性技术层出不穷，不断创造新产品、新需求、新业态，催生产业重大变革。新一轮科技革命和产业变革将重构人类生产和生活方式，引发全球经济社会发展格局深刻调整，为后发国家赶超跨越提供了重要战略机遇。从国家发展需求看，社会主要矛盾发生新变化，迫切要求依靠科技创新引领开拓发展新境界。党的十九大报告科学揭示出新时代我国社会主要矛盾的新变化，明确了我国社会发展新的阶段性特征。同时，从新的历史高度突出强调创新是引领发展的第一动力，是建设现代化经济体系的战略支撑，要求加快建设创新型国家和世界科技强国。这为科技创新赋予了新使命、提出了新要求，进一步明确了科技创新的着力点和主攻方向。由此可见，以建设科技强国为引领，深入实施创新驱动发展战略，是我国立足全局、面向全球、聚焦关键、带动整体的国家重大发展战略，也是发展新时代中国特色社会主义的重大战略选择。我们必须准确把握、深刻理解这一重大战略部署的核心要义，走出一条从科技强到产业强、经济强、国家强的科技强国建设与发展新路径。①

（二）向奋斗目标进军

党的十九大明确提出，在本世纪中叶建成富强民主文明和谐美丽的社会主义现代化强国，这既是"两个一百年"奋斗目标的最后目标，也是创新驱动发展战略和科技强国建设的进军目标。国家创新驱动发展战略与现代化战略目标在内容和时间上出现了必然的逻辑耦合，无论是实现奋斗目

---

① 白春礼. 准确把握深刻理解建设世界科技强国"三步走"战略的基本内涵［J］. 中国科学院院刊，2018（5）：455—463.

标的时间表和路线图，还是局部与整体、手段与目的的辩证关系，都凸显了党中央对创新驱动发展战略顶层设计的战略前瞻性，其最终指向都是建成富强民主文明和谐美丽的社会主义现代化国家。

纵观人类发展历史，创新始终是一个国家、一个民族发展的重要力量，也始终是推动人类社会进步的重要力量。不创新不行，创新慢了也不行。如果我们不识变、不应变、不求变，就可能陷入战略被动，错失发展机遇，甚至错过整整一个时代。实施创新驱动发展战略，是应对发展环境变化、把握发展自主权、提高核心竞争力的必然选择，是加快转变经济发展方式、破解经济发展深层次矛盾和问题的必然选择，是更好引领我国经济发展新常态、保持我国经济持续健康发展的必然选择。现在，我们比历史上任何时期都更接近实现中华民族伟大复兴的目标，比历史上任何时期都更有信心、更有能力实现这个目标。我们要抓住这一历史机遇，同时我们要牢记，中华民族伟大复兴绝不是轻轻松松就能实现的。科技兴则民族兴，科技强则国家强。实现"两个一百年"奋斗目标，实现中华民族伟大复兴的中国梦，必须坚持走中国特色自主创新道路，面向世界科技前沿、面向经济主战场、面向国家重大需求，加快各领域科技创新，掌握全球科技竞争先机。这是我们提出建设世界科技强国的出发点。①

（三）瞄准具体目标

实现建成社会主义现代化强国的伟大目标，实现中华民族伟大复兴的中国梦，我们必须具有强大的科技实力和创新能力，必须瞄准加快建设创新型国家、最终建成世界科技强国的建设目标。

党的十八大以来，我们党总结我国科技事业发展实践，观察大势，

---

① 习近平. 在全国科技创新大会、两院院士大会、中国科协第九次全国代表大会上的讲话 [N]. 人民日报，2016-05-31 (1).

谋划全局，深化改革，全面发力，推动我国科技事业发生历史性变革、取得历史性成就。在党中央坚强领导下，在全国科技界和社会各界共同努力下，我国科技事业密集发力、加速跨越，实现了历史性、整体性、格局性重大变化，重大创新成果竞相涌现，一些前沿方向开始进入并行、领跑阶段，科技实力正处于从量的积累向质的飞跃、点的突破向系统能力提升的重要时期。我国已进入创新型国家行列，基本建成中国特色国家创新体系，有力支撑全面建成小康社会目标的实现，"第一步"战略目标已圆满实现。

现在，我们迎来了世界新一轮科技革命和产业变革同我国转变发展方式的历史性交汇期，既面临着千载难逢的历史机遇，又面临着差距拉大的严峻挑战。我们必须清醒认识到，有的历史性交汇期可能产生同频共振，有的历史性交汇期也可能擦肩而过。中国要强盛、要复兴，就一定要大力发展科学技术，努力成为世界主要科学中心和创新高地。[①] 面对中华民族伟大复兴的目标，我们比历史上任何时期都更需要建设世界科技强国，需要举国同心，勇攀高峰，向着建设世界科技强国的伟大目标奋勇前进。

二、合理选择战略实施路径

近年来的重大部署和重要进程表明，国家非常重视创新驱动发展战略的实施路径和推进改革。《国家创新驱动发展战略纲要》明确了具体实施路径和基本方法，归结起来就是：围绕一个体系、推进两轮驱动、坚持四个原则、实现六大转变。

---

① 习近平. 在中国科学院第十九次院士大会、中国工程院第十四次院士大会上的讲话［N］. 人民日报，2018-05-29（2）.

（一）围绕一个体系

围绕一个体系就是建设国家创新体系。国家创新体系主要由创新主体、创新基础设施、创新资源、创新环境、外界互动等要素组成。建设国家创新体系不是一蹴而就的，需要经过长期努力才能形成发展起来。我国的国家创新体系发展历程大致可分为五个阶段：

1. 形成阶段（1949—1977年）。这一阶段的主要特征是立足新中国成立初期国家实际，建立各类科研机构，制订国家科技发展计划，逐步形成国家创新体系。这个时期制订了"12年科技发展规划"等科技计划，提出了"向科技进军"全民行动计划。这期间，为了满足国防安全的需要，中国的高新技术发展倾向于军事方面，"两弹一星"的研制成功是其重要的标志。国家创新模式主要是"政府主导型"，由政府直接控制，相应的组织系统按照功能和行政隶属关系严格分工；创新动机来源于政府认为的国家经济的社会发展和国防安全需要。政府是创新资源的投入主体，资源严格按计划配置，创新的执行者或组织者进行创新是为了完成政府任务，其利益不直接取决于它们的现实成果，同时也不承担创新失败的风险和责任。

2. 发展阶段（1978—1995年）。这一阶段的主要表现是探索国家创新系统的发展模式和创新政策，出台了改革政策和措施，创新模式主要是计划主导模式，即设立国家科技计划，在国家科技计划中引入竞争机制，市场对企业的调节作用不断增强。通过改革拨款制度、培育和发展技术市场等措施，科研机构服务于经济建设的活力不断增强，科研成果商品化、产业化的进程不断加快，这些改革创举加速了我国国家创新体系的发展。国家先后实施了国家重点科技攻关计划、高技术发展计划、火炬计划、重大成果推广计划、国家自然科学基金、攀登计划、兴办科技园区等科技计划。

3. 系统建设阶段（1995—1998年）。这一时期突出了企业的技术创新模式，确立了市场经济的目标，从企业做起，进行企业制度和产权制度的改革，强化企业的创新功能。宏观管理体制也发生了重大变化，政府重大科技计划逐步由科技和经济主管部门联合制定，出现了新的参加对象，加快了科技成果的商品化、市场化。1995 年，国家启动了"科教兴国"战略。1996 年，国家决定启动技术创新工程，重点是提高企业的技术创新能力。

4. 深化改革阶段（1998—2012 年）。1997 年 12 月，中国科学院提交了《迎接知识经济时代，建设国家创新体系》的报告。该报告提出了面向知识经济时代的国家创新体系，具体包括知识创新系统、技术创新系统、知识传播系统和知识应用系统，报告得到党和国家领导人高度重视。1998 年 6 月，国务院通过了中国科学院关于开展知识创新工程试点工作的汇报提纲，决定由中国科学院先行启动知识创新工程，作为国家创新体系试点。2006 年 2 月，国务院颁布了《国家中长期科学和技术发展规划纲要（2006—2020 年）》，构架了国家创新系统的建设目标与任务。

5. 新时代国家创新体系建设阶段（2012 年至今）。党的十八大正式提出创新驱动发展战略后，党中央围绕战略目标进行了一系列重大战略部署，实施了一系列重大战略举措。2015 年 3 月，党中央发布《关于体制机制改革加快实施创新驱动发展战略的若干意见》，为创新驱动发展战略在体制机制改革上提供保障。2016 年 5 月，《国家创新驱动发展战略纲要》发布，提出了创新驱动发展战略的背景和要求、战略部署和任务，明确了战略保障和组织实施。2016 年 5 月，习近平总书记在全国科技创新大会、两院院士大会、中国科协第九次全国代表大会上的讲话中向全党全国人民发出建设世界科技强国的号召。2016 年 8 月，国务院发布《"十三五"国家科技创新规划》，明确了"十三五"期间科技创新的总体思路、发展目标、主要任务和重大举措。2017 年 10 月，党的十九大提出，要加快建设创新型国家，建设科技强国、质量强国、航天强国、网络强国、交通强国、数字中国、智慧社会，吹响了向科技强国进军的时代号角。2018 年 5 月，习近平总书记在中国工程院第十四次院士大会，也是党的十九大后中国科技界召开的第一次大会上指出，要着眼世界科技前沿发展趋势，聚焦国家创新发展战略需求，积极发挥创新第一动力、人才第一资源的作用，凝心聚智，开拓进取，为加快建设创新型国家和世界科技强国、夺取新时代中国特色社会主义伟大胜利而奋斗。

从新中国成立 70 多年来国家创新体系发展历程可以看出，国家历来重视创新，重视科技，经过长期努力，我国已初步建成与现代化文明相适应的国家创新体系。但是，面对新时代的新目标新要求，必须加快建设支撑现代化经济体系的国家创新体系，要加强应用基础研究，拓展实施国家重大科技项目，突出关键共性技术、前沿引领技术、现代工程技术、颠覆性技术创新，为建设科技强国、质量强国、航天强国、网络强国、交通强国、数字中国、智慧社会提供有力支撑。加强国家创新体系建设，强化战略科技力量。深化科技体制改革，建立以企业为主体、市场为导向、产学研深度融合的技术创新体系，加强对中小企业创新的支持，促进科技成果转化。①

进入新时代，建设国家创新体系主要包括三个方面：一是形成全社会创新主体协同互动和创新要素顺畅流动、高效配置的生态系统，形成创新驱动发展的实践载体、制度安排和环境保障。二是明确企业、科研院所、高校、社会组织等各类创新主体的功能定位，构建开放高效的创新网络，建设军民融合的国防科技协同创新平台。三是推进创新治理体系和治理能力现代化，进一步明确政府和市场分工，构建统筹配置创新资源的机制；完善激励创新的政策体系、保护创新的法律制度，构建鼓励创新的社会环境，激发全社会创新活力。

---

① 习近平谈治国理政：第三卷［M］.北京：外文出版社，2020：24—25.

（二）推进两轮驱动

创新驱动发展是一个系统工程，在创新驱动链上的各项要素需要有组织、有协同，才能调动激发创新要素的积极性。如何实现有组织、有协同的创新驱动，关键在于推动科技创新和体制机制创新的两轮驱动。两轮驱动就是科技创新和体制机制创新两个轮子相互协调、相互适应、持续发力。

推动科技创新的主要任务在于明确支撑发展的方向和重点，加强科学探索和技术攻关，"面向世界科技前沿、面向经济主战场、面向国家重大需求、面向人民生命健康，不断向科学技术广度和深度进军"①，形成持续创新的系统能力。

体制机制创新的主要任务在于调整一切不适应创新驱动发展的生产关系，统筹推进科技、经济和政府治理等三方面体制机制改革，最大限度释放创新活力。加快完善科技创新体制机制，为建设创新型国家提供制度保障。推动体制机制创新要集中在三个方面下功夫：一是健全完善支持基础研究、原始创新的体制机制，这是加快提升自主创新能力的重要前提；二是建立以企业为主体的技术创新体系，这是推动经济高质量发展的关键要素；三是健全完善科技人才发展机制、科技管理体制和政策体系，这是科技创新协调有序、充满活力的必要保障。②

习近平总书记提出："我国科技队伍蕴藏着巨大创新潜能，关键是要通过深化科技体制改革把这种潜能有效释放出来。转变政府职能是科技改革的重要任务。我们很多产业链供应链都需要科技解决方案，能够提供这种解决方案的只能是奋战在一线的千千万万科技工作者和市场主体，政府要做的是为他们创造良好环境、提供基础条件，发挥好组织协调作用。要加快科技管理职能转变，把更多精力从分钱、分物、定项目转到定战略、定

---

① 习近平在科学家座谈会上的讲话［N］. 人民日报，2020-09-12（2）.
② 白春礼. 在科学家座谈会上的讲话［N］. 学习时报，2020-01-06（1）.

方针、定政策和创造环境、搞好服务上来。要加快推进科研院所改革，赋予高校、科研机构更大自主权，给予创新领军人才更大技术路线决定权和经费使用权，坚决破除'唯论文、唯职称、唯学历、唯奖项'。要整合财政科研投入体制，改变部门分割、小而散的状态。"① 党的十九届四中全会审议通过的《中共中央关于坚持和完善中国特色社会主义制度、推进国家治理体系和治理能力现代化若干重大问题的决定》对完善科技创新体制机制进行了全面部署，为深化科技体制改革指明了方向、提供了根本遵循。这些重大战略部署都表明当前我国加快推进科技创新治理体系和治理能力现代化的紧迫性与重要性，必须切实加快推进科技体制机制创新，为建设创新型国家和世界科技强国提供更为有力的制度保障。

（三）坚持四个原则

在社会主义现代化和科技强国建设进程中，我国创新驱动发展战略的指导思想是：以习近平新时代中国特色社会主义思想为指导，按照"五位一体"总体布局和"四个全面"战略布局的要求，坚持走中国特色自主创新道路，解放思想、开放包容，把创新驱动发展作为国家的优先战略，以科技创新为核心带动全面创新，以体制机制改革激发创新活力，以高效率的创新体系支撑高水平的创新型国家建设，推动经济社会发展动力根本转换，为实现中华民族伟大复兴的中国梦提供强大动力。为完善国家创新体系、加快建设科技强国，必须坚持以下四个原则。②

一是紧扣发展，坚持"四个面向"。坚持问题导向，面向世界科技前沿、面向国家重大需求、面向国民经济主战场、面向人民生命健康，明确我国创新发展的主攻方向，在关键领域尽快实现突破，力争形成更多竞争

---

① 习近平在科学家座谈会上的讲话 [N]. 人民日报，2020-09-12（2）.
② 中共中央　国务院印发《国家创新驱动发展战略纲要》[N]. 人民日报，2016-05-20（1）.

优势。"四个面向"，是立足于我国当前面临的深刻复杂变化的国内外环境，基于推动高质量发展的需要，实现人民高品质生活的需要，构建新发展格局的需要，顺利开启全面建设社会主义现代化国家新征程的需要，是我国科技事业发展和科技强国建设的根本遵循和战略取向。

二是深化改革，完善体制机制。坚持科技体制改革和经济社会领域改革同步发力，强化科技与经济对接与融合，遵循社会主义市场经济规律和科技创新规律，充分发挥市场在资源配置中的决定性作用，破除一切制约创新的思想障碍和制度藩篱，实现有效市场与有为政府的融合自洽。深入推进科技体制改革，完善国家科技治理体系，优化国家科技规划体系和运行机制，构建支撑创新驱动发展的良好环境。

三是强化激励，激发创新活力。坚持创新驱动实质是坚持人才驱动，落实以人为本，尊重创新创造的价值，激发各类人才的积极性和创造性，加快组建一支规模宏大、结构合理、素质优良的创新型人才队伍。深化人才发展体制机制改革，健全以创新能力、质量、实效、贡献为导向的科技人才评价体系，健全创新激励和保障机制，构建充分体现知识、技术等创新要素价值的收益分配机制，完善科研人员职务发明成果权益分享机制。

四是扩大开放，加强国际合作。坚持以全球视野谋划和推动创新，最大限度用好全球创新资源，全面提升我国在全球创新格局中的位势，尽快成为若干重要领域的引领者和重要规则制定的参与者。更加主动地融入全球创新网络，在开放合作中提升自身科技创新能力，实施更加开放包容、互惠共享的国际科技合作战略。以更加开放的思维和举措推进国际科技交流合作，使我国成为全球科技开放合作的广阔舞台。

（四）实现六大转变

围绕加快建设科技强国的奋斗目标，当前，创新驱动发展最紧迫、最重要的现实任务是实现"六大转变"，即：发展方式从以规模扩张为主导的粗放式增长向以质量效益为主导的可持续发展转变；发展要素从传统要素主导发展向创新要素主导发展转变；产业分工从价值链中低端向价值链高端转变；创新能力从"跟踪、并行、领跑"并存、"跟踪"为主向"并行""领跑"为主转变；资源配置从以研发环节为主向产业链、创新链、资金链统筹配置转变；创新群体从以科技人员的小众为主向小众与大众创新创业互动转变。①

三、全面加强战略推进保障

实施创新驱动发展战略，必须从体制改革、环境营造、资源投入、扩大开放等方面加大保障力度，才能加快推进国家创新体系建设，实现科技强国建设的宏伟目标。《国家创新驱动发展战略纲要》从治理体系、创新投入、开放合作、评价制度、知识产权、社会环境等六个方面明确了推进创新驱动发展战略的保障机制和主要举措。

（一）改革创新治理体系

一是构建创新治理新格局。顺应创新主体多元、活动多样、路径多变的新趋势，推动政府管理创新，形成多元参与、协同高效的创新治理格局。建立国家高层次创新决策咨询机制，定期向党中央、国务院报告国内外科技创新动态，提出重大政策建议。转变政府创新管理职能，合理定位政府和市场功能。强化政府战略规划、政策制定、环境营造、公共服务、监督评估和重大任务实施等职能。对于竞争性的新技术、新产品、新业态开发，应交由市场和企业来决定。建立创新治理的社会参与机制，发挥各类行业协会、基金会、科技社团等在推动创新驱动发展中的作用。合理确定中央

---

① 中共中央 国务院印发《国家创新驱动发展战略纲要》［N］. 人民日报，2016-05-20（1）.

各部门功能性分工，发挥行业主管部门在创新需求凝练、任务组织实施、成果推广应用等方面的作用。科学划分中央和地方科技管理事权，中央政府职能侧重全局性、基础性、长远性工作，地方政府职能侧重推动技术开发和转化应用。

二是构建国家科技管理基础制度。再造科技计划管理体系，改进和优化国家科技计划管理流程，建设国家科技计划管理信息系统，构建覆盖全过程的监督和评估制度。完善国家科技报告制度，建立国家重大科研基础设施和科技基础条件平台开放共享制度，推动科技资源向各类创新主体开放。建立国家创新调查制度，引导各地树立创新发展导向。

（二）多渠道增加创新投入

切实加大对基础性、战略性和公益性研究稳定支持力度，完善稳定支持和竞争性支持相协调的机制。改革中央财政科技计划和资金管理，提高资金使用效益。完善激励企业研发的普惠性政策，引导企业成为技术创新投入主体。

探索建立符合中国国情、适合科技创业企业发展的金融服务模式。鼓励银行业金融机构创新金融产品，拓展多层次资本市场支持创新的功能，积极发展天使投资，壮大创业投资规模，运用互联网金融支持创新。充分发挥科技成果转化、中小企业创新、新兴产业培育等方面基金的作用，引导带动社会资本投入创新。

（三）全方位推进开放创新

抓住全球创新资源加速流动和我国经济地位上升的历史机遇，提高我国全球配置创新资源能力。支持企业面向全球布局创新网络，鼓励建立海外研发中心，按照国际规则并购、合资、参股国外创新型企业和研发机构，提高海外知识产权运营能力。以卫星、高铁、核能、超级计算机等为重点，推动我国先进技术和装备走出去。鼓励外商投资战略性新兴产业、高新技术产业、现代服务业，支持跨国公司在中国设立研发中心，实现引资、引智、引技相结合。

深入参与全球科技创新治理，主动设置全球性创新议题，积极参与重大国际科技合作规则制定，共同应对粮食安全、能源安全、环境污染、气候变化以及公共卫生等全球性挑战。丰富和深化创新对话，围绕落实"一带一路"倡议和亚太互联互通蓝图，合作建设面向沿线国家的科技创新基地。积极参与和主导国际大科学计划和工程，提高国家科技计划对外开放水平。

（四）完善突出创新导向的评价制度

根据不同创新活动的规律和特点，建立健全科学分类的创新评价制度体系。推进高校和科研院所分类评价，实施绩效评价，把技术转移和科研成果对经济社会的影响纳入评价指标，将评价结果作为财政科技经费支持的重要依据。完善人才评价制度，进一步改革完善职称评审制度，增加用人单位评价自主权。推行第三方评价，探索建立政府、社会组织、公众等多方参与的评价机制，拓展社会化、专业化、国际化评价渠道。

改革国家科技奖励制度，优化结构、减少数量、提高质量，逐步由申报制改为提名制，强化对人的激励。发展具有品牌和公信力的社会奖项。完善国民经济核算体系，逐步探索将反映创新活动的研发支出纳入投资统计，反映无形资产对经济的贡献，突出创新活动的投入和成效。改革完善国有企业评价机制，把研发投入和创新绩效作为重要考核指标。

（五）实施知识产权、标准、质量和品牌战略

一是加快建设知识产权强国。深化知识产权领域改革，深入实施知识产权战略行动计划，提高知识产权的创造、运用、保护和管理能力。引导

支持市场主体创造和运用知识产权，以知识产权利益分享机制为纽带，促进创新成果知识产权化。充分发挥知识产权司法保护的主导作用，增强全民知识产权保护意识，强化知识产权制度对创新的基本保障作用。健全防止滥用知识产权的反垄断审查制度，建立知识产权侵权国际调查和海外维权机制。

二是提升中国标准水平。强化基础通用标准研制，健全技术创新、专利保护与标准化互动支撑机制，及时将先进技术转化为标准。推动我国产业采用国际先进标准，强化强制性标准制定与实施，形成支撑产业升级的标准群，全面提高行业技术标准和产业准入水平。支持我国企业、联盟和社团参与或主导国际标准研制，推动我国优势技术与标准成为国际标准。

三是推动质量强国和中国品牌建设。完善质量诚信体系，形成一批品牌形象突出、服务平台完备、质量水平一流的优势企业和产业集群。制定品牌评价国际标准，建立国际互认的品牌评价体系，推动中国优质品牌国际化。

（六）培育创新友好的社会环境

一是健全保护创新的法治环境。加快创新薄弱环节和领域的立法进程，修改不符合创新导向的法规文件，废除制约创新的制度规定，构建综合配套精细化的法治保障体系。

二是培育开放公平的市场环境。加快突破行业垄断和市场分割。强化需求侧创新政策的引导作用，建立符合国际规则的政府采购制度，利用首台套订购、普惠性财税和保险等政策手段，降低企业创新成本，扩大创新产品和服务的市场空间。推进要素价格形成机制的市场化改革，强化能源资源、生态环境等方面的刚性约束，提高科技和人才等创新要素在产品价格中的权重，让善于创新者获得更大的竞争优势。

三是营造崇尚创新的文化环境。大力宣传广大科技工作者爱国奉献、勇攀高峰的感人事迹和崇高精神，在全社会形成鼓励创造、追求卓越的创新文化，推动创新成为民族精神的重要内涵。倡导百家争鸣、尊重科学家个性的学术文化，增强敢为人先、勇于冒尖、大胆质疑的创新自信。重视科研试错探索价值，建立鼓励创新、宽容失败的容错纠错机制。营造宽松的科研氛围，保障科技人员的学术自由。加强科研诚信建设，引导广大科技工作者恪守学术道德，坚守社会责任。加强科学教育，丰富科学教育教学内容和形式，激发青少年的科技兴趣。加强科学技术普及，提高全民科学素养，在全社会塑造科学理性精神。

第三节　新时代创新驱动发展战略的主要任务

党的十八大以来，创新驱动发展战略全面实施，创新主体成为社会新宠，创新实践成为社会主流，科技体制机制改革进一步深化，创新活力竞相迸发，高端人才和重大成果不断涌现，科技体系建设逐步完善，我国科技步入快速发展轨道，成为具有全球影响力的科技创新大国，正在加速向科技强国迈进。

"创新是引领发展的第一动力"已成为全社会的共识。进入新时代，党中央审时度势，从中华民族伟大复兴的战略全局和百年未有之大变局出发，大力倡导"大众创业、万众创新"，紧紧围绕经济竞争力提升的核心关键、社会发展的紧迫需求、国家安全的重大挑战，在重点领域和关键环节上部署了八项重大战略任务。① 包括：推动产业技术体系创新，创造发展新优势；强化原始创新，增强源头；供给优化区域创新布局，打造区域经济增

---

① 中共中央　国务院印发《国家创新驱动发展战略纲要》［N］. 人民日报，2016-05-20（1）.

长极；深化军民融合，促进创新互动；壮大创新主体，引领创新发展；实施重大科技项目和工程，实现重点跨越；建设高水平人才队伍，筑牢创新根基；推动创新创业，激发全社会创造活力。《国家创新驱动发展战略纲要》采取差异化策略和非对称路径，强化重点领域和关键环节的任务部署，对这八项重大战略任务进行详细部署。

一、推进产业技术体系创新

《国家创新驱动发展战略纲要》明确了产业技术体系创新的基本路径：加快工业化和信息化深度融合，把数字化、网络化、智能化、绿色化作为提升产业竞争力的技术基点，推进各领域新兴技术跨界创新，构建结构合理、先进管用、开放兼容、自主可控、具有国际竞争力的现代产业技术体系，以技术的群体性突破支撑引领新兴产业集群发展，推进产业质量升级。包括以下十大产业技术体系：

（一）发展新一代信息网络技术，增强经济社会发展的信息化基础

加强类人智能、自然交互与虚拟现实、微电子与光电子等技术研究，推动宽带移动互联网、云计算、物联网、大数据、高性能计算、移动智能终端等技术研发和综合应用，加大集成电路、工业控制等自主软硬件产品和网络安全技术攻关和推广力度，为我国经济转型升级和维护国家网络安全提供保障。

（二）发展智能绿色制造技术，推动制造业向价值链高端攀升

重塑制造业的技术体系、生产模式、产业形态和价值链，推动制造业由大到强转变。发展智能制造装备等技术，加快网络化制造技术、云计算、大数据等在制造业中的深度应用，推动制造业向自动化、智能化、服务化

转变。对传统制造业全面进行绿色改造，由粗放型制造向集约型制造转变。加强产业技术基础能力和试验平台建设，提升基础材料、基础零部件、基础工艺、基础软件等共性关键技术水平。发展大飞机、航空发动机、核电、高铁、海洋工程装备和高技术船舶、特高压输变电等高端装备和产品。

（三）发展生态绿色高效安全的现代农业技术，确保粮食安全、食品安全

以实现种业自主为核心，转变农业发展方式，突破人多地少水缺的瓶颈约束，走产出高效、产品安全、资源节约、环境友好的现代农业发展道路。系统加强动植物育种和高端农业装备研发，大面积推广粮食丰产、中低产田改造等技术，深入开展节水农业、循环农业、有机农业和生物肥料等技术研发，开发标准化、规模化的现代养殖技术，促进农业提质增效和可持续发展。推广农业面源污染和重金属污染防治的低成本技术和模式，发展全产业链食品安全保障技术、质量安全控制技术和安全溯源技术，建设安全环境、清洁生产、生态储运全覆盖的食品安全技术体系。推动农业向一二三产业融合发展，实现向全链条增值和品牌化发展转型。

（四）发展安全清洁高效的现代能源技术，推动能源生产和消费革命

以优化能源结构、提升能源利用效率为重点，推动能源应用向清洁、低碳转型。突破煤炭、石油、天然气等化石能源的清洁高效利用技术瓶颈，开发深海、深地等复杂条件下的油气矿产资源勘探开采技术，开展页岩气等非常规油气勘探开发综合技术示范。加快核能、太阳能、风能、生物质能等清洁能源和新能源技术开发、装备研制及大规模应用，攻克大规模供需互动、储能和并网关键技术。推广节能新技术和节能新产品，加快钢铁、石化、建材、有色金属等高耗能行业的节能技术改造，推动新能源汽车、智能电网等技术的研发应用。

（五）发展资源高效利用和生态环保技术，建设资源节约型和环境友好型社会

采用系统化的技术方案和产业化路径，发展污染治理和资源循环利用的技术与产业。建立大气重污染天气预警分析技术体系，发展高精度监控预测技术。建立现代水资源综合利用体系，开展地球深部矿产资源勘探开发与综合利用，发展绿色再制造和资源循环利用产业，建立城镇生活垃圾资源化利用、再生资源回收利用、工业固体废物综合利用等技术体系。完善环境技术管理体系，加强水、大气和土壤污染防治及危险废物处理处置、环境检测与环境应急技术研发应用，增强环境承载能力。

（六）发展海洋和空间先进适用技术，培育海洋经济和空间经济

开发海洋资源高效可持续利用适用技术，加快发展海洋工程装备，构建立体同步的海洋观测体系，推进我国海洋战略实施和蓝色经济发展。大力提升空间进入、利用的技术能力，完善空间基础设施，推进卫星遥感、卫星通信、导航和位置服务等技术开发应用，完善卫星应用创新链和产业链。

（七）发展智慧城市和数字社会技术，推动以人为本的新型城镇化

依靠新技术和管理创新支撑新型城镇化、现代城市发展和公共服务，创新社会治理方法和手段，加快社会治安综合治理信息化进程，推进平安中国建设。发展交通、电力、通信、地下管网等市政基础设施的标准化、数字化、智能化技术，推动绿色建筑、智慧城市、生态城市等领域关键技术大规模应用。加强重大灾害、公共安全等应急避险领域重大技术和产品攻关。

（八）发展先进有效、安全便捷的健康技术，应对重大疾病和人口老龄化挑战

促进生命科学、中西医药、生物工程等多领域技术融合，提升重大疾病防控、公共卫生、生殖健康等技术保障能力。研发创新药物、新型疫苗、先进医疗装备和生物治疗技术。推进中华传统医药现代化。促进组学和健康医疗大数据研究，发展精准医学，研发遗传基因和慢性病易感基因筛查技术，提高心脑血管疾病、恶性肿瘤、慢性呼吸系统疾病、糖尿病等重大疾病的诊疗技术水平。开发数字化医疗、远程医疗技术，推进预防、医疗、康复、保健、养老等社会服务网络化、定制化，发展一体化健康服务新模式，显著提高人口健康保障能力，有力支撑"健康中国"建设。

（九）发展支撑商业模式创新的现代服务技术，驱动经济形态高级化

以新一代信息和网络技术为支撑，积极发展现代服务业技术基础设施，拓展数字消费、电子商务、现代物流、互联网金融、网络教育等新兴服务业，促进技术创新和商业模式创新融合。加快推进工业设计、文化创意和相关产业融合发展，提升我国重点产业的创新设计能力。

（十）发展引领产业变革的颠覆性技术，不断催生新产业、创造新就业

高度关注可能引起现有投资、人才、技术、产业、规则"归零"的颠覆性技术，前瞻布局新兴产业前沿技术研发，力争实现"弯道超车"。开发移动互联技术、量子信息技术、空天技术，推动增材制造装备、智能机器人、无人驾驶汽车等发展，重视基因组、干细胞、合成生物、再生医学等技术对生命科学、生物育种、工业生物领域的深刻影响，开发氢能、燃料电池等新一代能源技术，发挥纳米、石墨烯等技术对新材料产业发展的引领作用。

二、提升原始创新能力

《国家创新驱动发展战略纲要》强调了原始创新的重要性和紧迫性，坚持国家战略需求和科学探索目标相结合，加强对关系全局的科学问题研究部署，增强原始创新能力，提升我国科学发现、技术发明和产品产业创新的整体水平，支撑产业变革和保障国家安全。

（一）加强面向国家战略需求的基础前沿和高技术研究

围绕涉及长远发展和国家安全的"卡脖子"问题，加强基础研究前瞻布局，加大对空间、海洋、网络、核、材料、能源、信息、生命等领域重大基础研究和战略高技术攻关力度，实现关键核心技术安全、自主、可控。明确阶段性目标，集成跨学科、跨领域的优势力量，加快重点突破，为产业技术进步积累原创资源。

（二）大力支持自由探索的基础研究

面向科学前沿加强原始创新，力争在更多领域引领世界科学研究方向，提升我国对人类科学探索的贡献。围绕支撑重大技术突破，推进变革性研究，在新思想、新发现、新知识、新原理、新方法上积极进取，强化源头储备。促进学科均衡协调发展，加强学科交叉与融合，重视支持一批非共识项目，培育新兴学科和特色学科。

（三）建设一批支撑高水平创新的基础设施和平台

适应大科学时代创新活动的特点，针对国家重大战略需求，建设一批具有国际水平、突出学科交叉和协同创新的国家实验室。加快建设大型共用实验装置、数据资源、生物资源、知识和专利信息服务等科技基础条件平台。研发高端科研仪器设备，提高科研装备自给水平。建设超算中心和云计算平台等数字化基础设施，形成基于大数据的先进信息网络支撑体系。

三、优化区域创新布局

《国家创新驱动发展战略纲要》立足我国当前区域创新实际，聚焦国家区域发展战略，以创新要素的集聚与流动促进产业合理分工，推动区域创新能力和竞争力整体提升。

（一）构建各具特色的区域创新发展格局

东部地区注重提高原始创新和集成创新能力，全面加快向创新驱动发展转型，培育具有国际竞争力的产业集群和区域经济。中西部地区走差异化和跨越式发展道路，柔性汇聚创新资源，加快先进适用技术推广和应用，在重点领域实现创新牵引，培育壮大区域特色经济和新兴产业。

（二）跨区域整合创新资源

构建跨区域创新网络，推动区域间共同设计创新议题、互联互通创新要素、联合组织技术攻关。提升京津冀、长江经济带等国家战略区域科技创新能力，打造区域协同创新共同体，统筹和引领区域一体化发展。推动北京、上海等优势地区建成具有全球影响力的科技创新中心。

（三）打造区域创新示范引领高地

优化国家自主创新示范区布局，推进国家高新区按照发展高科技、培育新产业的方向转型升级，开展区域全面创新改革试验，建设创新型省份和创新型城市，培育新兴产业发展增长极，增强创新发展的辐射带动功能。

四、深化军民融合发展

《国家创新驱动发展战略纲要》提出，要统筹经济建设和国防建设协调发展、相互促进，按照军民融合发展战略总体要求，发挥国防科技创新重要作用，加快建立健全军民融合的创新体系，形成全要素、多领域、高效益的军民科技深度融合发展新格局。

（一）健全宏观统筹机制

遵循经济建设和国防建设的规律，构建统一领导、需求对接、资源共享的军民融合管理体制，统筹协调军民科技战略规划、方针政策、资源条件、成果应用，推动军民科技协调发展、平衡发展、兼容发展。

（二）开展军民协同创新

建立军民融合重大科研任务形成机制，从基础研究到关键技术研发、集成应用等创新链一体化设计，构建军民共用技术项目联合论证和实施模式，建立产学研相结合的军民科技创新体系。

（三）推进军民科技基础要素融合

推进军民基础共性技术一体化、基础原材料和零部件通用化。推进海洋、太空、网络等新型领域军民融合深度发展。开展军民通用标准制定和整合，推动军民标准双向转化，促进军民标准体系融合。统筹军民共用重大科研基地和基础设施建设，推动双向开放、信息交互、资源共享。

（四）促进军民技术双向转移转化

推动先进民用技术在军事领域的应用，健全国防知识产权制度、完善国防知识产权归属与利益分配机制，积极引导国防科技成果加速向民用领域转化应用。放宽国防科技领域市场准入，扩大军品研发和服务市场的开放竞争，引导优势民营企业进入军品科研生产和维修领域。完善军民两用物项和技术进出口管制机制。

五、壮大各类创新主体

在《国家创新驱动发展战略纲要》中明确了五类创新主体在创新链不同环节的功能定位，激发主体活力，系统提升各类主体创新能力，夯实创新发展的基础。

（一）培育世界一流创新型企业

鼓励行业领军企业构建高水平研发机构，形成完善的研发组织体系，集聚高端创新人才。引导领军企业联合中小企业和科研单位系统布局创新链，提供产业技术创新整体解决方案。培育一批核心技术能力突出、集成创新能力强、引领重要产业发展的创新型企业，力争有一批企业进入全球百强创新型企业。

（二）建设世界一流大学和一流学科

加快中国特色现代大学制度建设，深入推进管、办、评分离，扩大学校办学自主权，完善学校内部治理结构。引导大学加强基础研究和追求学术卓越，组建跨学科、综合交叉的科研团队，形成一批优势学科集群和高水平科技创新基地，建立创新能力评估基础上的绩效拨款制度，系统提升人才培养、学科建设、科技研发三位一体创新水平。增强原始创新能力和服务经济社会发展能力，推动一批高水平大学和学科进入世界一流行列或前列。

（三）建设世界一流科研院所

明晰科研院所功能定位，增强在基础前沿和行业共性关键技术研发中的骨干引领作用。健全现代科研院所制度，形成符合创新规律、体现领域特色、实施分类管理的法人治理结构。围绕国家重大任务，有效整合优势科研资源，建设综合性、高水平的国际化科技创新基地，在若干优势领域形成一批具有鲜明特色的世界级科学研究中心。

（四）发展面向市场的新型研发机构

围绕区域性、行业性重大技术需求，实行多元化投资、多样化模式、市场化运作，发展多种形式的先进技术研发、成果转化和产业孵化机构。

（五）构建专业化技术转移服务体系

发展研发设计、中试熟化、创业孵化、检验检测认证、知识产权等各类科技服务。完善全国技术交易市场体系，发展规范化、专业化、市场化、网络化的技术和知识产权交易平台。科研院所和高校建立专业化技术转移机构和职业化技术转移人才队伍，畅通技术转移通道。

六、实施重大科技项目和工程

《国家创新驱动发展战略纲要》提出，要在关系国家安全和长远发展的重点领域，部署一批重大科技项目和工程。

（一）面向 2020 年的任务部署成效显著

自创新驱动发展战略实施以来，国家加快实施国家科技重大专项，聚焦目标、突出重点，攻克高端通用芯片、高档数控机床、集成电路装备、宽带移动通信、油气田、核电站、水污染治理、转基因生物新品种、新药创制、传染病防治等方面的关键核心技术，形成若干战略性技术和战略性产品，培育新兴产业。这些重大专项和重点领域都突飞猛进，一批关键核心技术正在引领创新潮流。

（二）面向 2030 年部署重大科技工程

坚持有所为、有所不为，尽快启动航空发动机及燃气轮机重大项目，在量子通信、信息网络、智能制造和机器人、深空深海探测、重点新材料和新能源、脑科学、健康医疗等领域，充分论证，把准方向，明确重点，再部署一批体现国家战略意图的重大科技项目和工程。

（三）面向 2035 年的重大专项与重大科技项目工程要持续统筹推进

面向 2035 年科技强国建设目标，要形成梯次接续的系统布局，并根据国际科技发展的新进展和我国经济社会发展的新需求，及时进行滚动调整和优化。要发挥社会主义市场经济条件下的新型举国体制优势，集中力量，协同攻关，持久发力，久久为功，加快突破重大核心技术，开发重大战略性产品，在国家战略优先领域率先实现跨越。

七、建设高水平人才队伍

《国家创新驱动发展战略纲要》强调，人才资源是第一资源，是创新活动中最为活跃、最为积极的因素。全社会应牢固树立人才资源是第一资源的理念，遵循社会主义市场经济规律和人才成长规律，坚持服务发展、人才优先、以用为本、创新机制、高端引领、整体开发的人才工作指导方针。只要培养造就出一支规模宏大、结构优化、布局合理、素质优良的人才队伍，进入世界人才强国行列的战略目标就一定能够实现。

（一）加快建设科技创新领军人才和高技能人才队伍

围绕重要学科领域和创新方向造就一批世界水平的科学家、科技领军人才、工程师和高水平创新团队，注重培养一线创新人才和青年科技人才，对青年人才开辟特殊支持渠道，支持高校、科研院所、企业面向全球招聘人才。倡导崇尚技能、精益求精的职业精神，在各行各业大规模培养高级技师、技术工人等高技能人才。优化人才成长环境，实施更加积极的创新创业人才激励和吸引政策，推行科技成果处置收益和股权期权激励制度，让各类主体、不同岗位的创新人才都能在科技成果产业化过程中得到合理回报。

（二）发挥企业家在创新创业中的重要作用

大力倡导企业家精神，树立创新光荣、创新致富的社会导向，依法保护企业家的创新收益和财产权，培养造就一大批勇于创新、敢于冒险的创新型企业家，建设专业化、市场化、国际化的职业经理人队伍。

（三）推动教育创新，改革人才培养模式

把科学精神、创新思维、创造能力和社会责任感的培养贯穿教育全过程。完善高端创新人才和产业技能人才"二元支撑"的人才培养体系，加强普通教育与职业教育衔接。

八、激发全社会创造活力

《国家创新驱动发展战略纲要》指出，要建设和完善创新创业载体，发展创客经济，形成大众创业、万众创新的生动局面。

（一）发展众创空间

依托移动互联网、大数据、云计算等现代信息技术，发展新型创业服务模式，建立一批低成本、便利化、开放式众创空间和虚拟创新社区，建设多种形式的孵化机构，构建"孵化＋创投"的创业模式，为创业者提供工作空间、网络空间、社交空间、共享空间，降低大众参与创新创业的成本和门槛。

（二）孵化培育创新型小微企业

适应小型化、智能化、专业化的产业组织新特征，推动分布式、网络化的创新，鼓励企业开展商业模式创新，引导社会资本参与建设面向小微企业的社会化技术创新公共服务平台，推动小微企业向"专精特新"发展，让大批创新活力旺盛的小微企业不断涌现。

（三）鼓励人人创新

推动创客文化进学校，设立创新创业课程，开展品牌性创客活动，鼓励学生动手、实践、创业。支持企业员工参与工艺改进和产品设计，鼓励一切有益的微创新、微创业和小发明、小改进，将奇思妙想、创新创意转化为实实在在的创业活动。

第二章

高校引领创新驱动发展的使命与担当

人类社会进入工业文明后，高等院校成为科学研究、技术发明和文化创新的重要力量，承载着文化传承创新和知识生产传导的重要社会职能，在历次技术创新和工业革命进程中，高校都直接或间接地起到催化推进作用，是科技创新和社会进步的主要策源地。以信息技术为代表的新一轮科技革命和产业变革正在加速影响社会发展，成为社会进步和人类文明的核心影响因素，创新驱动发展也因此成为全社会的共同追求和价值引领。高校是支撑创新驱动发展的重要力量，尤其是在我国进入新时代、阔步迈向全面建设社会主义现代化国家新征程中，高校更是要担当时代使命，充分利用人才和智力资源，发挥产学研协同创新优势，在创新驱动发展战略中发挥支撑引领作用。

第一节　高校创新发展的思想基础和理论渊源

以科技创新为主的高校创新活动具有独特的形成发展历史逻辑，建立在多个学科领域的理论渊源和认识基础之上。高校科技创新是一项综合社会活动，在经济学、政治学、社会学、管理学、教育学和科学技术门类所形成的理论体系为高校科技创新提供了理论依据。梳理分析有关创新的理论不仅有助于加深对高校科技创新的认识和理解，而且有助于高校科技创新活动保持发展活力和前进动力。

高校科技创新发展的理论渊源主要基于以下五个方面的典型创新理论。

一、熊彼特创新理论

（一）熊彼特关于创新概念的阐述

近 100 年来，只要谈及创新理论，就必然要探讨经济学家熊彼特（Joseph Alois Schumpeter，1883—1950）的创新理论。熊彼特被誉为现代创新理论的鼻祖，他在《经济发展理论》著作中首次对"创新"的基本概念和理论含义进行了较为完整的阐述。在《景气循环论》《资本主义、社会主义与民主》《经济分析史》等著作中，他进一步提出创新理论，为之后理论界和企业界关于创新问题的研究与实践起到了开创性作用，成为现代创新理论的基石。熊彼特提出了"经济发展是以创新为核心的演进过程"的重要观点，他认为，创新是生产要素的全新组合，是经济增长的新动力，是为了建立一种新的生产函数或生产关系，换而言之，就是企业家对现有生产要素实行的新组合。从这个角度上讲，经济发展与创新具有同一性，创新就经济社会发展中生产要素的优化组合，进而获得预期增长型甚至非线性增长的发展利益或社会进步。

（二）熊彼特创新理论的主要观点

熊彼特把经济发展中的创新概括为五个方面：引入一种新产品；采用一种新的生产方法；开辟新市场；获得原料或半成品的新供给来源；建立新的企业组织形式。虽然他是立足当时企业变革和经济发展的视角，但其实这种创新的变革意识和社会力量已经显露在全社会各个领域。随着科技进步、社会发展，对创新的认识也是在不断演进的，特别是信息技术革命和知识社会的到来，人们更加深刻地认识到创新的重要性和紧迫性，创新驱动社会发展的变革性甚至是颠覆性作用越来越明显。

熊彼特将创新主体界定在企业界，并把企业家精神作为创新的主要动机或内在特征，概括起来表现为四个方面：第一，建立独立王国的梦想和意志；第二，在利润和金钱之上对胜利的热情；第三，存在无所不在的动机和创造的喜悦；第四，企业家具有坚强的意志。[①] 熊彼特认为，企业家具备独特的品质：一是有眼光，能看到市场潜在的利润；二是有胆略，敢于冒风险；三是有组织能力，能动员和组织企业内外部资源。熊彼特认为，企业家同发明家不同，发明家只要没有用于实践，就不会在经济上起作用，而企业家的任务是要实现新组合并使之在经济上起作用，这就是创新。[②]

显然，创新是企业家对生产要素的全新组合，也就是对现有生产资源的重新组合，熊彼特认为这种新组合对于企业来讲非常重要。他还通过分析创新过程的发展解释了资本主义经济繁荣、衰退、萧条和复苏的周期过程，认为决定这个周期过程的主要因素是创新，这也是熊彼特创新理论的另一价值所在。

（三）熊彼特创新理论的启示

熊彼特首次提出了创新概念和创新理论，列举了创新的一些具体形式，但他并没有直接阐明技术创新在生产要素的价值与功能，他主要从广义上界定了创新的概念和范围，既涉及技术创新、产品创新，也包括非技术的组织创新、市场创新，等等。今天看来，熊彼特的创新理论在一定程度上

---

① 熊彼特. 经济发展理论——对利润、资本、信贷、利息和经济周期的探索［M］. 北京：中国社会科学出版社，2009：100.
② 王牧天. 中国创新驱动发展若干问题研究［D］. 北京：中共中央党校，2017：6.

符合当今创新发展的时代特征，与今天创新驱动发展的系统性、综合性、复杂性基本契合。熊彼特创新理论的论断尽管与科技迅猛发展、社会日新月异的新时代特征有本质差异，但是，熊彼特关于"创新是生产过程中内生的，创新是一种'革命性'变化，企业是创新主体，创新是经济发展的本质规定，创新必须能够创造出新的价值，创新同时意味着毁灭或颠覆"等重要学术经济思想和学术观点依然有其特定的理论价值和现实意义。不仅如此，对于高校在知识创新、科技创新、管理创新和文化创新等方面同样具有借鉴意义。

二、技术创新理论

（一）技术创新理论的发展

第二次世界大战结束后，许多国家的经济出现了持续高速增长，这一现象已不能用传统经济学理论中"土地、劳动力、资本"等要素进行简单解释。西方学者对技术进步与经济增长的关系产生了兴趣并开展了深入的研究，从而在熊彼特创新理论基础之上提出了技术创新理论，并得到了长足的发展。

尽管熊彼特在《经济发展理论》一书中早已开创性地论述了以技术创新为基础的经济创新理论，在 20 世纪上半叶大部分时间里，由于凯恩斯革命及其新古典综合学派宏观经济学统治了经济学的主流思想，创新理论并没有成为政府和企业界的主导。自 20 世纪 50 年代开始，由于科学技术在经济发展中的作用日益突出，技术创新的思想才逐渐得到学者、企业家和政府官员的广泛认同。诺贝尔经济学奖获得者索洛（Robert Merton Solow，1924—）等人进一步解释和发展，形成了许多有特色的技术创新理论。但是，由于关于技术创新的研究出发点和前提存在着不同程度的差异，同时，技术创新又是一个涉及范围广、影响因素多、社会效应突出的系统工程，所以，专家学者以及研究机构对"技术创新"的概念和内涵也莫衷一是。

亚当·斯密（Adam Smith，1723—1790）在《国富论》中论述了劳动分工的重要性、改进劳动生产的理由以及如何改进的社会问题。马克思（Karl Heinrich Marx，1818—1883）在《资本论》中用历史唯物主义的观点分析了技术对资本主义社会的影响，进一步说明了技术在经济发展中的变革力量。这些重大理论发现为新的工业革命和新的技术创新奠定了思想基础。熊彼特从马克思的政治经济学理论中得到启发，首次提出"创新"的概念之后，西方经济学家从各个角度对技术创新进行了定义，从几十年来西方诸多经济学家对技术创新的定义中可以看出，技术创新应具有两方面的含义：一是新颖和非连续性；二是必须获得最终的成功。综观国外经济学家对企业技术创新理论的研究成果，其研究内容广泛，主要涉及技术创新原动力、创新与市场结构选择、扩散问题等诸多方面。[①]

（二）技术创新理论的贡献与启示

技术创新理论揭示了现代经济的一般特征及其发展的社会动力，这一理论对于当前处于不同体制框架和不同发展阶段中的所有国家，都具有重大的理论、政策启迪意义和深远的历史性影响。

技术创新理论强调，经济发展的实质在于获得一个灵活的机制。技术创新不是某项单纯技术或工艺发明，而是以技术创新为基础的经济发展和社会生产机制。技术创新的实现离不开一定的社会经济条件，包括完善的政府服务、发达的金融体系、完备的法律法规、必要的配套设施和创新环境，如知识产权制度、生产要素配置、市场供需规模及其产生的有效需求、

---

① 夏季亭，帅相志. 创新驱动发展战略与高校科技创新研究 [M]. 北京：科学出版社，2014：24.

信息流动、反馈机制等。

技术创新理论认为，有效需求的创造是技术创新持久的根本动力。从根本上讲，需求拉动就是技术创新驱动力，这个结论已从理论和实证研究方面被证实。人类的需求在不断变化，社会需求规模在不断增长，这些需求会快速通过市场中介，影响技术创新的速度和规模。同时，社会需求结构的变化，又通过市场中介，影响技术创新的方向、内容和结构，这也是技术创新的价值和意义所在。因此，政府和各类社会组织只有把握住市场需求和市场规律，才能使技术创新在一个正确的方向实现利益最大化、最优化。而国家适当地控制市场需求，并营造良好的创新环境，就能引导企业和社会组织积极有效地组织技术创新，追求创新价值，推动社会发展。

三、国家创新体系理论

（一）国家创新体系理论的形成

国家创新体系是在知识经济迅猛发展、国家制度作用更加明显的背景下提出的。无论是新古典经济学派，还是新熊彼特学派，其共同的不足之处在于片面强调创新对于经济增长的重要作用，却忽略了创新活动赖以进行的国家环境和历史条件的特定作用。于是，现代经济学家开始重视从社会经济的宏观角度来考察国家技术创新活动，强调从更为广阔的社会文化环境中研究企业技术创新行为。在人类近现代史上，技术领先国家从英国到德国、从美国到日本，以及今天各国都重视举国创新体制的发展规律表明，这种国家间的追赶和超越不仅是技术创新的结果，还有国家制度和组织的创新，是一种国家创新系统演变的结果。迈克尔·波特（Michael E. Porter，1947—）提出了国家创新系统钻石理论模型，他认为，创新要素条件、社会需求条件、相关的支持产业以及企业的战略与竞争状况是影响国家竞争优势的四个决定性因素，国家的竞争优势建立于成功进行技术创新的企业的基础之上，从某种意义上讲，国家只是作为一个企业的外在环境发挥作用，并以不同的方式加强或削弱企业的竞争力。[①]

显而易见，国家创新体系理论是在继承技术创新理论的基础上吸收了人力资本理论和新增长理论的新思想。国家创新体系理论认为，在重视技术创新的基础上，知识成为重要的经济资源，学习成为重要的社会过程，创造、储存和转移新知识、新技能和新技术成为国家创新系统的主要功能。因此，国家创新体系的活动包括知识的生产、扩散、储存、转移、传播和应用。在某种意义上，技术创新就是知识的创造性应用，是知识应用的一种重要形式。

（二）国家创新体系理论的基本内涵

国家创新体系作为一个由国家各有关部门和机构间相互作用而形成的推动创新的系统网络，其活动目的是为了创造、扩散和使用新知识和新技术。其中企业是技术创新的主体；高校、科研院所是科技创新源头；政府机构是科学创新的推动者、服务者和监管者。国家创新体系不仅是开放的系统，也是不断发展的系统，它不但不排斥而且要吸收外来先进科技，还要适应国内外的科技发展，不断改革与完善创新体系结构，以适应新的技术创新需要。

全球正在从工业经济向知识经济迈进，各个国家的知识创造能力和技术创新能力成为竞争能力的决定性因素，知识和人力资本成为经济增长的根本动力和源泉。国家创新体系结构一般由政府、企业、教育机构、科研机构、中介机构和基础设施等组成，包括创新活动的行为主体、行为主体的内部运行机制、行为主体之间的联系、创新政策、市场环境和国际联系

---

① 夏季亭，帅相志. 创新驱动发展战略与高校科技创新研究［M］. 北京：科学出版社，2014：24.

等基本活动要素。国家创新体系的主要功能是促进新知识和新技术的生产、扩散和应用，具体讲，国家创新体系具有创新资源（包括人力、财力、信息资源等）的供给和配置、创新活动的执行和评估、创新制度与创新政策建设、创新基础设施建设等四个方面的功能。除此之外，国家创新体系的结构、功能和政策还要随着全球经济向知识经济的转移而调整变化，在教育政策、科技政策和经济政策上及时调整，才能发挥国家创新体系的功能与作用。

四、三螺旋创新理论

（一）三螺旋创新理论的概述

"三螺旋"概念于 20 世纪 50 年代初最先出现于生物学领域，用三螺旋模式化来表达基因、生物体和环境之间的关系，基因、生物体和环境的关系是一种辩证的关系，这三者就像三条螺旋缠绕在一起，相互具有因果和互动的逻辑关系。埃茨科威兹（Henry Elzkowitz，1943—）引入生物学中的三螺旋关系，于 20 世纪 90 年代从社会学视角首次提出了三螺旋创新理论，使用三螺旋模型来分析政府、产业和大学之间关系的动力学，并用以解释政府、企业和大学三者间在知识经济时代的新关系。该理论认为，在知识经济社会内部，创新制度环境的三大要素——政府、企业与大学，根据市场需求而联结起来，形成了三种力量相互交织又呈螺旋上升的三螺旋关系。[①] 三螺旋理论着重探讨了以大学为代表的学术界、产业部门、政府等创新主体，借助市场需求这个纽带，围绕知识生产与转化而相互联结在一起，从而形成三种力量相互影响、抱成一团又螺旋上升的三重螺旋关系。

---

① 周春彦. 大学—产业—政府三螺旋创新模式——亨利·埃茨科维兹《三螺旋》评介 [J]. 自然辩证法研究，2006（4）：75—77.

由于三重螺旋模型超越了以往的"大学—产业、大学—政府、产业—政府"的双螺旋关系模式，克服了"产学/学研/产研"合作模式的不足。

三螺旋理论认为，在知识经济背景下，"高校—产业—政府"三方应当相互协调，以推动知识的生产、转化、应用，促进系统在三者相互作用的动态过程中不断提升。强调了产业界、学术界和政府的合作关系，强调这些群体的共同利益是给它们所处在其中的社会创造价值。从社会运行上看，解决了公共与私立、科学与技术、大学与产业之间的边界问题，形成了相互流动的合理机制与创新发展生态。

（二）三螺旋理论的价值与启示

"大学—产业—政府"的三螺旋关系在理论和方法论上提供了一种全新的研究工具，揭示了知识经济社会运行的创新发展一般规律。其核心价值就在于将具有不同功能和价值的政府、企业、高校在促进经济社会发展过程中统一起来，形成知识领域、行政领域和生产领域的创新发展共同体，从各自社会职责和价值追求上为经济社会发展提供资源与动力，三者之间基于共同的目标和各自的价值利益而建立起新的管理、教育和社会运作机制，形成良性互动发展。

显然，三螺旋理论是基于地方经济社会发展将政府、企业和大学统一在同一创新系统中，形成了知识生产、产品制造和管理服务三大领域的统一体，从而为经济、社会、高等教育的发展提供坚实的理论基础和实践指南。高等教育在发展过程中要面向经济社会主战场和知识经济发展需求，正确处理理论教育与实践教育、基础研究与应用研究、教学科研与服务地方等关系，推进高等教育高质量发展，发挥文化创新和知识创新的引领作用，适应社会发展需要。地方政府要发挥顶层设计和宏观指导作用，让市场在资源配置中发挥决定性作用，最大限度挖掘创新潜力，激发创新活力，保障创新条件。企业要充分重视高校在社会生产中的角色和作用，依托高校人力和智力资源，促进理论与实践相结合，加强协同创新，促进相互间协同发展。

五、教育内外部关系规律理论

（一）教育内外部关系规律的内涵

教育内外部规律是我国著名高等教育家潘懋元教授于 1980 年正式提出来的。潘懋元认为，教育规律是多元的和体系性的，他以高等教育为中心审视整个教育的改革与发展，总结出两条最基本的规律，一条是关于教育与社会发展关系的规律，称为教育的外部关系规律，简称教育外部规律；一条是教育和人的发展关系的规律，称为教育的内部关系规律，简称教育内部规律。教育的外部规律可以表述为"教育要与社会的发展相适应"，也可以进一步表述为"教育要受生产力与科学技术发展水平、政治制度与经济制度、文化传统等方面因素制约并对这些因素的发展起作用"。教育的内部规律是指人的培养过程中，各种因素之间的必然联系，在这些关系中，显见的关系有三个：一是教育与教育对象的身心发展以及个性特征的关系；二是人的全面发展教育各个组成部分的关系；三是教育者、教育对象、教育影响诸要素的关系，教育内部规律就是这些关系与作用的总和。[①] 潘懋元提出，教育必须与社会发展相适应，教育既要受政治、经济、文化所制约，又必须为政治、经济、文化的发展服务。制约教育发展的主要因素是生产力和科学技术的发展水平，因为在经济全球化背景下，科学技术是第一生产力，对高等教育与经济关系的考察要同生产力、科学技术之间的关系联系起来。

---

① 唐德海. 科学理解教育内外部关系规律——兼评李枭鹰教授的《高等教育关系论》[J]. 大学教育科学，2019（2）：2.

（二）正确理解教育内外部关系规律

40 多年后，潘懋元提出的教育内外部关系规律理论对高等教育产生了重要影响，它是对教育基本规律的最一般的抽象与概括，随着社会发展和环境变化，关于教育内外部关系规律理论的阐述与实践也在不断丰富和发展。教育内外部关系规律理论的意义，不仅在于把现代教育理解为人才培养活动，而且理解为一项社会事业，从而在教育与社会的关系中研究和揭示教育规律。教育外部关系规律主要从宏观层面探讨教育与社会发展的一般关系，教育内部关系规律主要从教育活动的本质与功能出发探讨人才培养规律。[①] 正确理解、科学运用教育内外部关系规律理论，对于开展高等教育研究、促进高校创新发展具有重要意义。

根据教育内外部关系规律理论，高校作为知识生产和人力资源的重要实体，其生存与发展越来越依赖于社会环境，与经济社会发展更加紧密地联系在一起。高校基本功能是人才培养、科学研究、文化传承与创新、社会服务、国际合作与交流，这五项职能也体现了高校与社会互动发展的必然性。一方面，高等教育的发展必然依赖于社会经济条件，高等教育的规模、结构、质量以及教学方式和教育手段都受制于当时的经济发展水平，进而决定着整体劳动力的素质。另一方面，高校通过人才培养、科学研究和社会服务等功能，为社会输送优秀人才、科技创新和知识产品，促进经济社会发展，推动整体社会进步。经济社会发展与进步，从根本上讲取决于教育，而教育发展又应当以促进社会进步为目的，以培养优秀人才、开展科技创新和文化传承创新为目标。这是教育内外部关系规律理论在实践运用中的具体体现，也是当前高校面向经济主战场和国家战略需求的创新发展必由路径。

---

① 张应强. 教育内外部关系规律及其在高等教育研究中的运用 [J]. 复旦教育论坛，2020 (5)：5—11.

第二节　高校引领国家创新驱动发展战略的时代使命

高校作为人才第一资源和科技第一生产力重要结合点，在国家创新驱动发展战略中发挥着重要的引擎作用。我国已开启全面建设社会主义现代化国家新征程，建设创新型国家和科技强国是现代化国家建设进程中的必然要求，也是实现现代化的基本路径。高等教育和高新技术产业的发展趋势都发生了深刻变化，深度融入科技创新体系、加快科技创新成为新时代背景下高校发展的内在要求。高校人才培养、科学研究、对外合作等方面的优势在科技创新体系中发挥着越来越重要的作用。高校应自觉将自身优势转化为创新驱动发展战略中的新动力，在国家创新驱动发展战略中勇担使命，发挥排头兵和示范引领作用。

一、高校在创新驱动发展战略中的地位与作用

（一）高校在国家创新驱动发展战略中的重要地位

高校是科技创新的重要发源地，具有原始创新能力。高校教师和科研人员具有科学探索和科技攻关的基本职责，这是社会赋予高校以及高校赋予教师的神圣职责。高校拥有丰富的人力资源、信息资源和科技资源，具备良好的科研氛围和创新环境，是科技创新的主力军。高校面向科技前沿、面向经济主战场、面向国家重大需求，在基础科学研究、关键核心技术领域原始创新和科研成果转化方面，自觉承担了国家和地方的科研工作，通过产出一批高水平科研成果，大力推动科研成果转移转化，有效支撑创新驱动发展战略的实施，为推动国家经济社会发展和创新型国家建设做出了

突出贡献。

高校是培养创新型人才的主要阵地，是人力资源供给地。人才是第一资源，要全面实施创新驱动发展战略，关键在于培养和造就一大批高素质的创新型人才。高校的主要职能之一就是培养人才，培养德智体美劳全面发展的社会主义合格建设者和可靠接班人是高校的主要任务，是高校教师的应尽责任。高校面向国家发展和社会需求，精心培养优秀学生，为社会输送高素质的毕业生，成为科技创新的主要力量，支撑社会不断创新发展。同时，高校拥有大量的教授、专家学者等高级人才，已经成为开展科技创新活动的中坚力量，在原始创新和技术攻关中发挥了重要作用。

高校是推进协同创新和政产学研用共同体的重要组成部分，具有不可或缺、不可替代的作用。在大科学背景和学科交叉融合的条件下，推进科学共同体的协同创新和政产学研用一体化发展是必然趋势和客观规律。其中，高校是推进协同创新和产学研用一体化发展的主体甚至是牵头单位，承担着创新型人才培养、科学基础研究和前沿技术原创性研究，以及牵头组织科技创新成果转化应用等任务。同时，高校还具备与企业、科研院所等其他成员单位联络、沟通和组织协调的诸多天然优势，在创新驱动发展中有助于联结政府宏观管理、科研单位融合诉求、企业发展需求和社会共同愿景，成为协同创新和政产学研用的关键联络纽带。

（二）高校在实施创新驱动发展战略中的重要作用

高校在促进行业技术进步、支撑发展现代产业体系和推动经济体系优化升级方面发挥着重要作用。我国要全面建设现代化国家，必须在关键核心技术上实现重大突破，才能进入创新型国家前列，最终提升经济实力、科技实力、综合国力。而建设创新型国家和科技强国，首先要解决的问题是优化调整产业结构、加快发展现代产业体系、推动经济体系优化升级。坚定不移建设制造强国、质量强国、网络强国、数字中国，推进产业基础高级化、产业链现代化，提高经济质量效益和核心竞争力。加快壮大新一代信息技术、生物技术、新能源、新材料、高端装备、新能源汽车、绿色环保以及航空航天、海洋装备等产业。推动互联网、大数据、人工智能等同各产业深度融合，推动先进制造业集群发展，构建一批各具特色、优势互补、结构合理的战略性新兴产业增长引擎，培育新技术、新产品、新业态、新模式。高校通过人才优势、原创能力和科技资源，在提升产业链和供应链现代化水平、发展战略性新兴产业和现代服务业、统筹推进基础设施建设、加快数字化发展等方面发挥人才支持和智力支撑作用，在国家经济社会发展重大战略部署中具有十分重要的引领能力。

高校服务社会功能越来越明显，在行业和区域经济社会发展中发挥着重要作用。服务地方经济社会发展是高校建设发展的永恒主题，这是高校的使命所在，责无旁贷。从发达国家高等教育发展的经验来看，高校服务于地方的经济、科技、文化和社会建设，既是高等教育的发展趋势，也是高校的价值追求。我国高校发展历史尽管远远晚于发达国家，但是，新中国成立后，高校始终与国家命运紧密联系在一起，支撑国家建设和服务经济社会发展，具有强烈的使命感和责任感，积极融入行业和地方发展当中。改革开放以来，我国高校在办学定位、学科建设、专业发展、科研方向和智库服务方面不断发展壮大，不断优化调整，探索构建行业、产业和地方各个层面开展校地合作、校企合作和校院（所）合作机制，在实施创新驱动发展战略中深化拓展产学研合作，切实发挥高校在服务行业和区域经济社会发展中的支撑作用。

高校在增强国家文化软实力和提升国家影响力上发挥着重要作用。文化是一个国家、一个民族的灵魂，文化兴则国运兴，文化强则民族强。建成社会主义现代化强国、实现中华民族伟大复兴，必须推动社会主义文化繁荣昌盛，掀起社会主义文化建设新高潮，提高国家的文化软实力，发挥文化引领风尚、教育人民、服务社会、推动发展的作用。高校在传承优秀传统文化和革命文化的基础上坚持站在社会进步和科技发展的前沿，积极将科研成果转化为推动社会进步的生产力要素，从而在推动和引领社会文化向前发展的过程中发挥自身文化优势，[①] 繁荣发展国家文化事业和文化产业，提高国家文化软实力，促进满足人民文化需求和增强人民精神力量相统一，推进社会主义文化强国建设。

改革开放以来，我国高等教育快速发展，高校的原始创新能力大幅提升，在经济发展、社会进步、国家富强和民族振兴中发挥了重要作用。在全面建设社会主义现代化进程中，高校必将更加深刻地融入国家战略部署中，在创新驱动发展战略中的支撑和引领作用也会更加显明。只有重视和加强高校的科技创新和文化创新，整个国家创新生态才会有不竭动力和进步源泉。

二、高校在推进国家创新驱动发展战略中的崭新布局

（一）参与建设创新型国家是高校的历史使命

加快建设创新型国家，是我国进入新时代、面临新形势、开启新征程创新作出的重大决策部署，是建设社会主义现代化强国、实现中华民族伟大复兴的必由之路。党的十九大报告提出："创新是引领发展的第一动力，是建设现代化经济体系的战略支撑。要瞄准世界科技前沿，强化基础研究，实现前瞻性基础研究、引领性原创成果重大突破。加强应用基础研究，拓展实施国家重大科技项目，突出关键共性技术、前沿引领技术、现代工程技术、颠覆性技术创新，为建设科技强国、质量强国、航天强国、网络强国、交通强国、数字中国、智慧社会提供有力支撑。"[②] 这些部署是加快建

① 夏季亭，帅相志. 创新驱动发展战略与高校科技创新研究［M］. 北京：科学出版社，2014：15—16.
② 习近平谈治国理政：第三卷［M］. 北京：外文出版社，2020：24—25.

设创新型国家，这些内容体现了建设创新型国家的主要任务。高校是基础性、原创性研究的主体之一，是应用研究和关键核心技术攻关的主要参与者，承担了大量的国家重大科技项目，担负了科技强国建设的历史使命。

（二）引领创新发展是高校的社会责任

《国家创新驱动发展战略纲要》强调，要壮大创新主体，引领创新发展。从国家战略和社会发展需求出发，明确各类创新主体在创新链不同环节的功能定位，激发主体活力，系统提升各类主体创新能力，夯实创新发展的基础。这些创新主体包括企业、高校、科研院所、技术转移体系等，高校不仅是担当创新驱动发展的重要角色，而且在各类创新主体中发挥着产学研合作的联结和整合功能。因此，建设世界一流大学和一流学科是建设创新型国家和科技强国的重要内容。高校要加强基础研究和追求学术卓越，组建跨学科、综合交叉的科研团队，形成一批优势学科集群和高水平科技创新基地，系统提升人才培养、学科建设、科技研发三位一体创新水平；增强原始创新能力和服务经济社会发展能力，推动一批高水平大学和学科进入世界一流行列或前列。[①] 高校要把创新驱动发展作为为人民服务、为中国共产党治国理政服务、为巩固和发展中国特色社会主义制度服务、为改革开放和社会主义现代化建设服务的社会职责，不断成为创新发展的引领者。

（三）努力成为科学中心和创新高地是一流大学的奋斗目标

高校尤其是一流大学应当把建设科学中心和创新高地作为奋斗目标。2015 年，国务院印发了《统筹推进世界一流大学和一流学科建设总体方案

---

① 　中共中央　国务院印发《国家创新驱动发展战略纲要》［N］. 人民日报，2016-05-20（1）.

的通知》，简称"双一流"建设方案，① 回答了一流大学建设什么样的科学中心和创新高地以及怎样建设科学中心和创新高地的重大现实问题。这是党中央、国务院作出的重大战略决策，是继"211 工程""985 工程"以及"优势学科创新平台"和"特色重点学科项目"等重点建设工程实施后的又一重大部署，对于提升我国高等教育发展水平、增强国家核心竞争力、奠定长远发展基础，具有十分重要的意义。国家"双一流"建设方案指出，要坚持以中国特色、世界一流为核心，以立德树人为根本，以支撑创新驱动发展战略、服务经济社会发展为导向，加快建成一批世界一流大学和一流学科，提升我国高等教育综合实力和国际竞争力，为实现"两个一百年"奋斗目标和中华民族伟大复兴的中国梦提供有力支撑。要坚持中国特色、世界一流，就是要扎根中国大地，努力成为世界高等教育改革发展的参与者和推动者，更好地为社会主义现代化建设服务，推动实现我国从高等教育大国到高等教育强国的历史性跨越。

国家"双一流"建设方案的总体目标是推动一批高水平大学和学科进入世界一流行列或前列，加快高等教育治理体系和治理能力现代化，提高高等学校人才培养、科学研究、社会服务和文化传承创新水平，使之成为知识发现和科技创新的重要力量、先进思想和优秀文化的重要源泉、培养各类高素质优秀人才的重要基地，在支撑国家创新驱动发展战略、服务经济社会发展、弘扬中华优秀传统文化、培育和践行社会主义核心价值观、促进高等教育内涵发展等方面发挥重大作用。通过全面深化改革，到 21 世纪中叶，使我国一流大学与一流学科的数量和实力进入世界前列，基本建成高等教育强国。这个宏伟目标既是创新驱动发展的内在需要，也是第二个百年奋斗目标的具体内容和必然要求。

国家"双一流"建设方案强调，要大力提升科学研究水平。高校要以

---

① 统筹推进世界一流大学和一流学科建设总体方案［N］. 人民日报，2015-11-06（6）.

国家重大需求为导向，提升高水平科学研究能力，为经济社会发展和国家战略实施做出重要贡献。坚持有所为、有所不为，加强学科布局的顶层设计和战略规划，重点建设一批国内领先、国际一流的优势学科和领域。提高基础研究水平，争做国际学术前沿并行者乃至领跑者。推动加强战略性、全局性、前瞻性问题研究，着力提升解决重大问题能力和原始创新能力。大力推进科研组织模式创新，依托重点研究基地，围绕重大科研项目，健全科研机制，开展协同创新，优化资源配置，提高科技创新能力。打造一批具有中国特色和世界影响的新型高校智库，提高服务国家决策的能力。建立健全具有中国特色、中国风格、中国气派的哲学社会科学学术评价和学术标准体系。营造浓厚的学术氛围和宽松的创新环境，保护创新、宽容失败，大力激发创新活力。

国家"双一流"建设方案强调，要着力推进成果转化。高校要深化产教融合，将一流大学和一流学科建设与推动经济社会发展紧密结合，着力提高对产业转型升级的贡献率，努力成为催化产业技术变革、加速创新驱动的策源地。高校要促进学科、人才、科研与产业的互动，打通基础研究、应用开发、成果转移与产业化链条，推动健全市场导向、社会资本参与、多要素深度融合的成果应用转化机制。高校要全面强化科技与经济、创新项目与现实生产力、创新成果与产业对接，推动重大科学创新、关键技术突破转变为先进生产力，增强创新资源对经济社会发展的实际驱动力，以实际行动和优异业绩为现代化建设和中华民族伟大复兴做出重要贡献。

第三章

国内外高校科技创新的经验与启示

高校是人才培养的重要阵地，承担着基础研究、科技创新、战略发展的重要使命。习近平总书记强调："要支持'双一流'建设高校加强科技创新工作，依托高水平大学布局建设一批研究设施，推进产学研一体化。"①促进产学研深度融合，形成高效的组织动员体系和统筹协调的科技资源配置模式，需要深刻分析国内外高校科技创新的现状，总结科技创新能力提升的经验，为创新驱动发展战略下中国高校科技创新理论与实践研究的新突破提供重要支撑。

第一节　国内部分地区高校科技创新的经验与借鉴

教育部高校科技统计数据显示，2020 年我国高校科研人员达 1910511人，各类科研经费投入达 1393.1512 亿元，各类高等学校研究与发展机构

---

① 习近平：在教育文化卫生体育领域专家代表座谈会上的讲话［Z］．新华社，2020-09-22.

达 12259 个，科技项目达 644100 个，科技成果奖达 5325 项。① 高校在国家科技战略体系和经济社会发展中做出了重要贡献，但是，高校的创新引领作用和发展贡献还没有完全与经济社会发展相匹配，高校科技对高精尖领域的发展需求同现有高校科技创新基础不平衡不充分的矛盾依然存在。我国各省市区都重视高校的人才智力支持和科技创新支撑，由于经济发展水平、创新基础和人文环境等差异，各地区高校创新能力和科技贡献都有差异和各自特色，互相之间既有共性的问题与普遍的做法，又有各自的发展特色和典型经验。因此，对比研究有代表性的部分地区高校新科技创新现状，有利于总结一般规律，形成有益经验和有效做法。本部分选取北京、江苏、湖北、陕西等地高校的科技创新情况进行分析，对于四川省高校科技创新能力的提升有着重要意义。

一、北京高校科技创新的优势与启示

（一）科技创新发展优势

北京因其特殊的地理优势和人文环境而成为国际性科技创新的重要区域，众多的中央直属高校及研究院聚合了全国最权威的资源，在科技创新必备的要素如科技人才、科研经费、科研设备方面都具有明显优势，这也使得北京高校具有雄厚的科技创新实力和坚实的研发基础，逐步形成了科技人才富集、科技经费充足、科技交流频繁的基本发展格局。

1. 科技人力资源雄厚。北京高校科技人力资源相比其他地区具有明显优势。2016 年，北京高校科技人员有 117339 人；2017 年，北京高校科技人员有 117248 人；2018 年，北京高校科技人员有 122466 人；2019 年，北京高校科技人员有 127809 人；2020 年，北京高校科技人员有 160588 人。

---

① 中华人民共和国教育部科学技术司. 2020 年高等学校科技统计资料汇编［R］. 2021-05.

可见，2016—2020 年北京高校科技人员数量呈逐年上升的趋势，见表 3-1。以 2020 年为例，北京高校科技人员数量占到全国高校科技人员总量的 8.41%，居全国首位。

表 3-1 2016—2020 年北京高校科技人力资源情况统计　　　单位：人

年份	教学与科研人员	研究与发展人员	R&D 成果应用及科技服务人员	合计
2016	74292	39312	3735	117339
2017	75689	36983	4576	117248
2018	77758	40943	3765	122466
2019	79973	43023	4813	127809
2020	84544	69452	6592	160588

资料来源：教育部科学技术司《高等学校科技统计资料汇编》（2016—2020 年）

如上所述，在教学与科研人员中，科学家与工程师职务（职称）数量从 2016 年至 2020 年呈逐年上升趋势。具体来看，如表 3-2，教师系列中，教授和副教授的数量逐年上升，讲师和助教则在逐年递减，其他技术职务系列波动上升，总体反映出高质量的科研人力基础越来越深厚。

表 3-2 2016—2020 年北京高校教学与科研人员中科学家与工程师职务（职称）统计

单位：人

年份	教师系列				其他技术职务系列		
	教授	副教授	讲师	助教	高级	中级	初级
2016	8292	10775	10262	1633	8102	16545	15035
2017	8611	11130	10570	1575	8639	17164	14371
2018	9077	11502	10316	1598	8588	17657	15900
2019	9344	11816	10368	1509	9454	18285	16095
2020	10057	12604	10297	1292	9610	20385	17248

资料来源：教育部科学技术司《高等学校科技统计资料汇编》（2016—2020 年）

2. 科研经费的投入与使用率高。2016—2020 年，北京高校科技经费使用率逐年递增。根据表 3-3 数据，2020 年，科研经费总额达 355.32 亿元，其中，政府拨款 251.38 亿元，占总额的 70.75％，可知，北京高校科技活动经费的主要来源仍为政府拨款。从科研经费的使用情况来看，2020 年，经费支出达 330.78 亿元，使用率为 93.09％。因此，政府部门在科技研发与服务方面的巨大投入和政策支持，为北京高校科技创新活动的开展提供了有力的资金保障和物力支持。

表 3-3　2020 年北京高校经费投入与支出情况　　　　　　单位：亿元

拨入经费						支出经费						
合计	科研事业费	主管部门专项费	其他政府部门专项经费	企事业单位委托经费	各种收入中转为科技经费	合计	科研人员费	业务费	固定资产购置费	上缴税金	其他	转拨给外单位经费
355.32	20.09	65.55	165.74	93.90	5.61	330.78	296.56	67.22	172.83	34.69	3.68	18.44

资料来源：教育部科学技术司《2020 年高等学校科技统计资料汇编》
注：为了数据的直观性分析，此表在原数据（单位：千元）基础上四舍五入形成（单位：亿元）

在高校研究与发展项目经费方面，如表 3-4，北京 2020 年用于基础研究的经费为 87.30 亿元，应用研究 140.99 亿元，试验发展 21.43 亿元，合计 249.72 亿元，三者比例为 4：7：1，可见，北京高校项目更重视应用研究，这就为科技创新突破的实现营造了良好的科研环境。例如，在健康医疗大数据领域，北京大学利用自身优势，对数学学院、信息学院、工学院、产业技术研究院、公共卫生学院、药学院的应用研究做了许多布局。此外，结合北京大学附属医院丰厚医疗的资源，学校在临床医学、实证医学方面做出了具体规划。

表 3-4　2020 年北京高校研究与发展项目经费应用情况　　　单位：亿元

合计		基础研究		应用研究		试验发展	
当年拨入	当年支出	当年拨入	当年支出	当年拨入	当年支出	当年拨入	当年支出
249.72	203.28	87.30	70.66	140.99	114.43	21.43	18.19

资料来源：教育部科学技术司《2020 年高等学校科技统计资料汇编》
注：为了数据的直观性分析，此表在原数据（单位：千元）基础上四舍五入形成（单位：亿元）

3. 研究项目众多为创新提供优质保障。以 2020 年为例，如表 3-5，北京高校研究与发展项目、R&D 成果应用及科技服务项目 72948 项，其中北京 797 个机构研究项目数达 65287 项，当年投入人员 54516 人年，参与项目的研究生 109932 人，当年拨入经费 249.72 亿元，支出经费 203.28 亿元。R&D 成果应用及科技服务作为高校科技创新的另一指标，2020 年项目数达 7661 项，当年投入人员 5212 人年，参与研究生达 11436 人，当年拨入经费 33.83 亿元。因此，高校科研的创新发展与企事业单位科技应用需求的实际接轨，为合作研究、科技研发的新突破提供了充分的保障。

表 3-5　2020 年北京高校研究与发展项目、R&D 成果应用及科技服务相关统计

	类型	项目数（项）	当年投入人员（人年）	参与研究生（人）	当年拨入经费（亿元）	当年支出经费（亿元）
高校研究与发展项目	基础研究	25369	23130	45795	87.30	70.66
	应用研究	36840	29021	58093	140.99	114.43
	试验发展	3078	2365	6044	21.43	18.19
	合计	65287	54516	109932	249.72	203.28
	类型	项目数（项）	当年投入人员（人年）	参与研究生（人）	当年拨入经费（亿元）	当年支出经费（亿元）
高校 R&D 成果应用及科技服务项目	R&D 成果应用	3641	2435	5557	19.89	16.44
	科技服务	4020	2777	5879	13.94	10.29
	合计	7661	5212	11436	33.83	36.74

资料来源：教育部科学技术司《2020 年高等学校科技统计资料汇编》
注：为了数据的直观性分析，此表在原数据（单位：千元）基础上四舍五入形成（单位：亿元）

4. 科技合作促进科技成果的高效转化。北京高校科研创新为各个企事业单位的发展提供了内生动力，促进了科技与经济的现实融合，既实现了科技成果的高效转化，又促进了科技领域更广阔、更深刻的交流互鉴。如表 3-6，2016—2020 年北京高校国际科技交流呈稳步上升趋势，2020 年国际科技交流出席人次达到 5 年内最高，这也意味着高校科技创新发展的进程越来越快。

表 3-6　2016—2020 年北京高校国际科技交流统计

年份	合作研究		国际学术会议			
	派遣（人次）	接受（人次）	出席人员（人次）	交流论文（篇）	特邀报告（篇）	主办（次）
2016	4840	4957	35176	16117	4368	209
2017	5487	3433	33732	16397	4693	248
2018	5268	5098	34365	18092	4885	211
2019	4721	4522	35697	16445	4410	260
2020	4981	4354	38215	20452	5140	329

资料来源：教育部科学技术司《高等学校科技统计资料汇编》（2016—2020 年）

如表 3-7，2020 年，北京市高校获得国家自然科学奖 9 项、国家技术发明奖 14 项、国家科技进步奖 48 项，均为国内第一强；获得国务院各部门科技进步奖 156 项，省、自治区、直辖市科技进步奖 144 项。具体来看，"十三五"期间，清华大学以 13 项国家自然科学奖（1 项一等奖、12 项二等奖）的总数在国内高校中排名第一，北京大学以 13 项国家自然科学奖二等奖的总数，与清华大学并列排名第一（数据来源：国家科学技术奖励办公室）。

表 3-7　2020 年北京高校科技成果奖统计

国家自然科学奖			国家技术发明奖			国家科技进步奖				国务院各部门科技进步奖	省、自治区、直辖市科技进步奖
合计	一等	二等	合计	一等	二等	合计	特等	一等	二等	156	144
9	0	9	14	2	12	48	1	1	46		

资料来源：教育部科学技术司《2020 年高等学校科技统计资料汇编》

5. 高质量的科技成果强力推进科技创新发展。科技成果的转化成为科学研究的最终落脚点，高校则是科技成果汇聚的高地。如表 3-8，2020 年，北京各类高校出版科技著作 979 部，字数达 28.74 亿字，学术论文 99197 篇。国际级项目验收 582 项，位于国内榜首，其中，申请专利 19759 项，专利授权数 13532 项，专利出售数 402 项，总体水平较高。

表 3-8　2020 年北京高校科技成果奖统计

	出版科技著作		发表学术论文（篇）		国际级项目验收（项）						
							项目来源				
	数量（部）	字数（千字）	合计	其中：国外学术刊物	合计	其中：与其他单位合作	973计划	科技攻关计划	863计划	自然基金项目	其他
北京市	979	287411	99197	55882	582	157	92	13	12	178	287
知识产权与专利											
专利申请数（项）				专利授权数（项）				专利出售数			其他知识产权（件）
合计	发明专利	实用新型	外观设计	合计	发明专利	实用新型	外观设计	合同数（项）	总金额（千元）	当年实际收入（千元）	
19759	16748	2529	482	13532	10211	2914	407	402	222413	89017	3093

资料来源：教育部科学技术司《2020 年高等学校科技统计资料汇编》

从科技转让情况来看，如表 3-9，2020 年北京高校科学技术转让签订的合同为 848 项，其中国有企业 121 项，民营企业 644 项，当年实际收入

3.4亿元。可见，北京高校科技创新成果促进经济发展的力度较大。2020年6月30日，北京大学与泰雷兹签订了一项合同，将为中国开发建造高峰值功率（2拍瓦）的1赫兹激光系统。该合同的签署标志着泰雷兹与北京大学成果丰硕的合作创下了又一里程碑。

表3-9 2020年北京高校科学技术转让情况

合同数（项）				
合计	国有企业	外资企业	民营企业	其他
848	121	4	644	79
合同金额（千元）				
合计	国有企业	外资企业	民营企业	其他
790463	75768	432	692356	21907
当年实际收入（千元）				
合计	国有企业	外资企业	民营企业	其他
341293	39971	873	282439	18010

资料来源：教育部科学技术司《2020年高等学校科技统计资料汇编》

（二）科技创新启示

1. 紧密融合国家战略发展顺势而为。习近平总书记在主持召开科学家座谈会时提出，希望广大科学家和科技工作者肩负起历史责任，坚持面向世界科技前沿、面向经济主战场、面向国家重大需求、面向人民生命健康，不断向科学技术广度和深度进军。[①]北京高校结合自身政治优势和区位优势，结合地区优势资源和科技前沿，以需求为牵引，深化与科研机构、国内外大型企业的科研合作与交流，立足基础研究、应用研究、特色研究，进一步创新技术研发、加快科学研究成果转化。例如，结合2020年最新科技热点，如重视区块链技术、5G商用加速、北斗导航系统

---

① 习近平：在科学家座谈会上的讲话［Z］. 新华社，2020-09-12.

全球并网、"蛟龙"入海、"神舟"飞天、"嫦娥"奔月、"天眼"探空、"墨子"传信、珠峰测高、大数据中心建设、人工智能研究、工业互联网发展、医疗生物研究、抗击新冠病毒、疫苗研发等，取得了一系列的科技成就。

2. 夯实科技创新基础重才赋能。北京在科技创新方面除了科研基础保障外，还促进高校科研团队积极融入科技社会服务，鼓励高校系统横向间的学习交流，同时加强与企事业单位、科研机构共同开展科学研究、人才培养、社会服务合作，不断拓展高校科研与社会发展的双向促进机制，赋能科技人才的高质量培养。这是"深化产教融合，促进教育链、人才链与产业链、创新链有机衔接，是推动教育优先发展、人才引领发展、产业创新发展、经济高质量发展相互贯通、相互协同、相互促进的战略性举措"①。高素质的人才资源极大地推动了北京科技创新的进程，为整个国家经济发展按下快进键提供了强劲的动力。

3. 着力科研成果转化研以致用。高校科研的最终归宿为"科技成果的转化"和"科学技术的转让"。北京着力提升科学研究的成果转化率，与民营企业的技术转让实践更有活力，着力建立科研、技术、生产和市场之间的密切协作机制，探索"双一流"建设背景下校办企业转型路径，以进一步提升高校科技成果转化和创新创业服务能力。建立校企人才双向流动机制，创新改革高校干部人事管理机制，在学校和企业之间建立一条人才双向流动激励机制。此外，探索资产管理公司以市场创新需求为导向的发展方向，搭建政府、学校、企业资源对接平台，积极开展科技成果转化企业股权试点，进一步建立健全相关配套机制和服务体系。

---

① 国家发展改革委员会. 关于印发国家产教融合建设试点实施方案的通知［Z］. 2019-10-10.

二、江苏高校科技创新亮点与启示

（一）高校科技创新发展的亮点

作为长江三角洲城市群重要组成部分，江苏在高校科技创新领域拥有强大的研究基础。2020 年，江苏 149 所高校的科技人力总数仅次于北京，科研投入 244.73 亿元，研究与发展机构 833 个，获各类科技成果奖 499 项，其中获国务院各部门和省级科技进步奖总数居全国第一。（数据来源：教育部科学技术司《2020 年高等学校科技统计资料汇编》）可见，江苏以其雄厚的实力显示出独特的科技气质和创新潜力。

1. 强大的科技人力投入力度。江苏高校云集，人才众多，为科技创新蓄水池注入了丰富的营养。据统计，近五年江苏科技人员呈逐年增加的趋势，而且学科涉及自然科学、工程与技术、医药科学和农业等 54 个门类。如表 3-10，截至 2020 年，江苏高校有 149 所，教学与科研人员 82791 人，其中，科学家与工程师高达 82226 人，所占比例为 99.32%；研究与发展人员 44785 人，其中，科学家与工程师高达 33396 人，所占比例为 74.57%；R&D 成果应用及科技服务人员 12295 人，科学家与工程师高达 9265 人，所占比例高达 75.36%。可见，江苏科研人力的实力非常雄厚，这在国内各省市排行榜中仅次于北京。

表 3-10　江苏高校 2016—2020 年科技人力资源情况表①

年份	学校/所	教学与科研人员/人		研究与发展人员/人		研究与发展全时人员（人/年）		R&D 成果应用及科技服务人员/人		R&D 成果应用及科技服务全时人员（人/年）	
		合计	其中：科学家与工程师	合计	其中：科学家与工程师	合计	其中：科学家与工程师	合计	其中：科学家与工程师	合计	其中：科学家与工程师
2016	138	73040	72248	25542	25533	15318	15314	7562	7558	4533	4531
2017	145	75560	74769	29457	29438	17671	17661	7132	7128	4280	4278
2018	146	77290	76340	29378	29316	17626	17587	9144	9132	5481	5475
2019	149	73921	73055	29454	29402	17665	17635	9873	9861	5923	5915
2020	149	82791	82226	44785	33396	38085	26705	12295	9265	10428	7405

资料来源：教育部科学技术司《高等学校科技统计资料汇编》（2016－2020）

表 3-11　2020 年江苏高校教学与科研人员中科学家与工程师职务（职称）

学校数（所）	合计	教师系列						其他技术职务系列			
		小计	教授	副教授	讲师	助教	其他	小计	高级	中级	初级
149	82226	55139	10278	19670	22342	2619	230	27087	6590	12681	7816

资料来源：教育部科学技术司《2020 年高等学校科技统计资料汇编》

　　此外，如表 3-11，这些科学家与工程师在职称和职务方面，教师系列中教授有 10278 人、占总人数的 18.64％，副教授 19670 人、占比达 35.67％，讲师 22342 人、占 40.52％，总体分布比较均衡。在其他技术职务系列中，高级职称 6590 人、占总人数的 24.33％，中级 12681 人、占比

①　全时人员：指在统计年度中，从事 R&D（包括科研管理）或从事 R&D 成果应用、科技服务（包括科研管理）工作时间占本人全部工作时间 90％及以上的人员，即工作时间在 9 个月以上的人员。寒暑假和加班工作时间不计，一年按 10 个月计。非全时折合全时人员：指在统计年度中，从事 R&D（包括科研管理）或从事 R&D 成果应用、科技服务（包括科研管理）的工作时间占本人全部时间 10％～90％的人员。科学家与工程师指如下两类人员：一类是具有教师和研究技术职称人员，以及虽无上述职称，但从事教学、科研、教学管理、科研管理工作，具有本科及以上学历的人员；另一类是除教师和研究系列以外，其他技术职务系列初级及以上人员，以及虽无上述职称，但具有中专及以上学历的其他技术人员。

达 46.82%，初级 7816 人、占 28.86%，呈现出橄榄球状分布。因此，稳定而有力的科技人力为江苏高校科技创新提供了重要支撑。

2. 充足科研经费为科技创新注入动力。江苏在科研经费的投入和使用方面，如表 3-12，2016—2020 年整体呈稳步上升趋势，拨入经费五年增幅为68.79%；支出经费 2020 年比 2016 年增加了 84.22 万元，增幅为 60.14%。通过分析，拨入经费中科研事业费、主管部门专项费、其他政府部门专项费在五年间增长迅速，企事业单位委托经费在 2017 年下降，2018—2020 年快速上升，说明高校与企事业单位的科研合作及成果转化在调整后产生了较大的社会效益。

表 3-12　江苏高校 2016—2020 年科技经费使用情况表　　　单位：亿元

科技经费		2016 年	2017 年	2018 年	2019 年	2020 年
拨入经费	科研事业费	6.76	7.14	8.38	7.61	10.86
	主管部门专项费	24.10	34.34	35.15	42.72	47.00
	其他政府部门专项费	49.14	55.57	58.76	63.55	75.46
	企事业单位委托经费	55.00	50.20	67.39	77.99	90.12
	各种收入转入科研经费	9.73	11.96	12.57	13.90	20.50
	其他	0.74	0.8	0.32	0.28	0.79
	合计	144.99	160.07	182.57	206.04	244.73
支出经费	科研人员费	19.11	141.75	150.87	175.66	36.30
	业务费	63.08	19.97	23.07	27.14	103.61
	固定资产购置费	37.66	73.66	78.50	92.41	47.00
	上缴税金	3.25	38.91	38.78	43.10	2.96
	其他	6.31	2.23	2.73	2.62	15.24
	转拨给外单位经费	10.64	6.98	7.80	10.38	19.16
	合计	140.04	150.30	161.13	190.36	224.26

资料来源：教育部科学技术司《高等学校科技统计资料汇编》（2016—2020 年）

注：为了数据的直观性分析，此表在原数据（单位：千元）基础上四舍五入形成（单位：亿元）

此外，如表 3-13，2016—2020 年江苏研究与发展项目、R&D 成果应用及科技服务项目经费逐年升高，这不仅全面保障了科研基础所需的财力，更是为科研促进科技创新成果转化的实践提供了更为宽松的环境。电子信息、生命健康、高端装备、新材料等学科和产业领域的一批重点科研成果得到转化实施，为国家和区域经济社会发展做出了积极贡献。

表 3-13　2016—2020 年江苏高校研究与发展项目、R&D 成果应用

与科技服务应用经费使用情况表　　　　　　　　单位：亿元

科技服务经费		2016 年	2017 年	2018 年	2019 年	2020 年
合计	当年拨入	78.51	88.71	93.57	101.06	128.23
	当年支出	63.11	71.44	77.09	82.09	107.93
基础研究	当年拨入	31.65	37.28	44.80	43.21	47.67
	当年支出	25.17	29.65	35.72	35.56	41.10
应用研究	当年拨入	37.14	39.75	38.50	40.68	59.75
	当年支出	30.13	32.22	33.10	33.43	49.86
试验发展	当年拨入	9.71	11.68	10.27	17.17	20.81
	当年支出	7.80	9.58	8.28	13.09	16.97
合计	当年拨入	31.62	30.23	35.88	45.27	44.12
	当年支出	24.60	24.00	28.25	35.21	34.72
R&D 成果应用	当年拨入	18.71	19.67	24.93	32.03	28.19
	当年支出	15.30	15.79	19.58	25.30	23.10
科技服务	当年拨入	11.90	10.56	10.94	13.12	15.93
	当年支出	9.30	8.20	8.67	9.92	11.62

资料来源：教育部科学技术司《高等学校科技统计资料汇编》（2016—2020 年）

注：为了数据的直观性分析，此表在原数据（单位：千元）基础上四舍五入形成（单位：亿元）

3. 高要求的科研项目促进高质量的成果产出。如表 3-14，2020 年，江苏高校研究与发展项目 49825 项，当年投入人员 33629 人，参与项目的研究生 78065 人，当年投入经费 128.23 亿元，其中基础研究占主要部分。R&D 成果应用及科技服务项目数达 15380 项，当年投入人员 9194 人，参与研究生达 21705 人，当年拨入经费 44.12 亿元，支出经费 34.72 亿元。显而易见，无论从科研人员的投入，还是从科研的经费投入来看，江苏重视科研力度都位居全国前列。

表 3-14　2020 年江苏高校研究与发展项目、R&D 成果应用与科技服务统计

类型	项目数（项）	当年投入人员（人年）	参与研究生（人）	当年拨入经费（亿元）	当年支出经费（亿元）
基础研究	22530	16026	39634	47.67	0.23
应用研究	20238	12923	27469	59.75	49.86
试验发展	7057	4680	10962	20.81	16.97
合计	49825	33629	78065	128.23	107.93
R&D 成果应用	8423	5584	13808	28.20	23.10
科技服务	6957	3610	7897	15.92	11.63
合计	15380	9194	21705	44.12	34.72

资料来源：教育部科学技术司《2020 年高等学校科技统计资料汇编》
注：为了数据的直观性分析，此表在原数据（单位：千元）基础上四舍五入形成（单位：亿元）

此外，2020 年江苏在国际科技交流合作研究方面，接受 4877 人次，派遣 5220 人次。出席国际学术会议 18158 人次，收集交流论文 14514 篇，特邀报告 2481 篇，主办活动 210 次。如此大手笔的重视，收获的是更加珍贵的成果，2020 年江苏获得 3 个国家自然科学二等奖，8 个国家技术发明二等奖，2 个国家科技进步特等奖、3 个国家科技进步一等奖、22 个国家科技进步二等奖。江苏获得的 127 个国务院各部门科技进步奖和 334 个省级科技进步奖在全国名列榜首。（资料来源：教育部科学技术司《2020 年高等学校科技统计资料汇编》）

4. 科技成果产出及转化率高。高投入带来高产出，如表 3-15，2016—2020 年，江苏科技成果逐年稳升，尤其在学术论文方面发展势头更旺，更为深入和精细化。2020 年江苏高校出版科技著作 993 部，字数达 20106 万字，学术论文 110.35 万篇，占全国总量的 7.3%，其中国外学术刊物 5.77 万篇，国际级项目验收共 152 项。申请专利 4.78 万项，发明专利 3.21 万项，实用新型专利 1.4 万项，专利授权数 2.79 万项，专利出售数 2574 项，其他知识产权 3939 项，仍位居领先位置。

表 3-15　2016－2020 年江苏高校科技成果统计

项目		2016 年	2017 年	2018 年	2019 年	2020 年
出版科技著作	数量（部）	1309	1230	1058	1100	993
	字数（千）	28431	265612	233075	368013	201067
学术论文（篇）	合计	86525	86037	92944	101418	110356
	其中：国外学术刊物	34201	37319	43299	50799	57666
国际级项目验收（项）	合计	382	472	258	264	152
	其中：与其他单位合作	62	91	77	125	36
	项目来源　973 计划	29	67	75	39	20
	科技攻关计划	35	45	26	11	8
	863 计划	49	48	13	8	1
	自然基金项目	16	52	101	59	61
	其他	253	260	43	147	62
知识产权与专利	专利申请数（项）　合计	29172	34446	38841	46399	47824
	发明专利	18064	21914	24042	30000	32147
	实用新型	9621	11539	12308	13618	13630
	外观设计	1487	993	2491	2781	2047
	专利授权数（项）　合计	18470	20227	21357	24368	27989
	发明专利	8196	9281	11325	11775	13167
	实用新型	9229	9942	9252	11208	13110
	外观设计	1045	1004	780	1385	1712
	专利出售数　合同数（项）	687	1488	1620	1633	2574
	总金额（千元）	148790	175553	264158	241905	458967
	当年实际收入（千元）	65853	130163	188064	154090	213635
	其他知识产权（项）	1388	1952	2133	3401	3939

资料来源：教育部科学技术司《高等学校科技统计资料汇编》（2016—2020）

　　在科研成果的技术转让方面，与国有企业、外资企业、民营企业等合作合同数为 3369 项，占全国技术转让总数的 24.2％，共计合同金额 7.75 亿元，当年实际收入 4.41 亿元。从数据可知，2020 年江苏高校科技创新成果有所下降，这是因为受到疫情影响，但科技成果的高质量转化为我国经济增长、疫情防控提供了重要依据。

（二）科技创新启示

1. 高度重视科技人才培养。江苏因其优越的地理位置、便利的交通条件、发达的经济优势，不仅培养了大批优秀人才，也吸引了众多有理想、有担当的青年共同奋斗发展，极大地推动了江苏科技发展的进程。卓越的科研创新团队应运而生，2020 年度立项江苏高校优秀科技创新团队名单中涵盖了人工智能、生物医药、物理应用、化学技术、生态环保等前沿科技研究领域，为高校的科技创新做好了政策保障。因此，不断丰富的人力资源为江苏高校的科技创新打下了坚实的基础。

2. 大力支持科技经费合理使用。在科技经费的使用上，江苏高校 2020 年的拨入经费中占比最高的是企事业单位委托经费，其次是其他政府部门专项经费，再次是主管部门专项经费，可以看出，与企事业单位的合作是江苏高校科研经费的主要来源，而合作的方式更多的是科技成果的产出和技术的转让。因此，江苏高校科技创新力较强的另一个原因是与当地的企事业单位的深入合作，一方面驱动高校科研应用领域的充分拓展，另一方面更好地履行了服务地方经济的职能，形成了良好的双向互动机制，起到了双赢的效果。

3. 高效促进科研产出及转化。江苏高校在高投入高产出的同时，更加注重高质量的科研过程，注重国际科技的交流，聚焦高效、精准、实用，对于世界科技创新的前沿领域重点方向的把握有着重要的意义。江苏跨国技术转移中心作为江苏科技厅下属的专职开展跨国技术转移工作的事业单位，在承担项目对接、技术评估、知识产权，协助企业参与中外政府间产业研发合作计划方面起到非常重要的作用，设立了以色列、芬兰、挪威、澳大利亚、英国、捷克、俄罗斯专区，对于全行业的发展提供了极大的支持，技术需求促进科技创新的突破，从而实现社会经济的更快发展。

三、湖北高校科技创新的经验与借鉴

(一)高校科技创新发展情况

自 2018 年以来,湖北相继出台《中共湖北省委、湖北省人民政府关于加强科技创新引领高质量发展的若干意见》《关于印发湖北省抓好赋予科研机构和人员更大自主权有关文件贯彻落实工作实施方案的通知》《湖北省深化项目评审、人才评价、机构评估改革实施方案》等深化科技创新改革的重大举措,这对于湖北高校的科技创新提供了更为有利的发展环境。2020年湖北高校研究与发展机构有 532 个,开展了 86040 项研究项目(数据来源:教育部科学技术司《2020 年高等学校科技统计资料汇编》)。综合来看,湖北高校科技创新基础在我国中部地区处于领先地位。

1. 重视科技人力的投入。在科技人力方面,如表 3-16,2016 年,湖北高校科技人员有 6.93 万人;2017 年,湖北高校科技人员有 7.54 万人;2018 年,湖北高校科技人员有 7.83 万人;2019 年,湖北高校科技人员有 8.13 万人;2020 年,湖北高校科技人员有 9.36 万人,科技人员相对富足。

表 3-16　2016—2020 年湖北高校科技人力统计

年份	学校数(所)	教学与科研人员(人)		研究与发展人员(人)		研究与发展全时人员(人年)		R&D 成果应用及科技服务人员(人)		R&D 成果应用及科技服务全时人员(人年)	
		合计	其中:科学家和工程师	合计	其中:科学家和工程师	合计	其中:科学家和工程师	合计	其中:科学家和工程师	合计	其中:科学家和工程师
2016	60	50173	48331	16072	15548	9645	9328	3044	2922	1826	1751
2017	65	55984	53617	15929	15342	9554	9201	3446	3263	2068	1955
2018	69	58212	55781	17009	16355	10205	9813	3065	2911	1839	1747
2019	78	59737	57129	17003	16348	10203	9810	4576	4332	2741	2596
2020	80	61544	59441	27298	19764	23134	15802	4732	3425	4012	2735

资料来源:教育部科学技术司:《高等学校科技统计资料汇编》(2016—2020)

2016—2020 年湖北高校科技人员数量呈逐年上升的趋势，增幅为 35.06％。2020 年，湖北高校科技人力在中部六省（河南省、山西省、湖北省、安徽省、湖南省、江西省）科技人才总量居首位。从职称（职务）上看，湖北高校教学与科研人员中科学家与工程师职务（职称）数量逐年稳步上升，五年总数增加 11110 人，增幅为 22.99％。

表 3-17 2016—2020 年湖北高校教学与科研人员中科学家与工程师职务（职称）

单位：人

年份	合计	教师系列						其他技术职务系列			
		小计	教授	副教授	讲师	助教	其他	小计	高级	中级	初级
2016	48331	31753	6051	10443	11031	3457	771	16578	3942	8343	4293
2017	53617	33469	6807	11165	11342	2932	1223	20148	4189	9924	6035
2018	55781	34923	6821	12001	11661	3324	1116	20858	4167	10029	6662
2019	57129	36276	7077	12484	12098	3191	1426	20853	4251	10515	6087
2020	59441	38682	7555	13466	13099	3079	1483	20759	4376	10157	6226

资料来源：教育部科学技术司《高等学校科技统计资料汇编》（2016—2020）

以 2020 年为例，见表 3-17，湖北高校教师系列中，教授职称占比为 19.5％，副教授占 34.81％，讲师占比 33.86％；其他技术职务系列中，高级职称占比 21.08％，中级职称占比 48.93％，初级职称占比 29.99％。显而易见，中级类职称所占比重最高，说明科技发展的动能较强，未来科技人力发展空间更为广阔。

2. 科研经费增长较快。作为中部地区代表，湖北高校科技创新经费获得总量在全国处于上游水平，但与东部地区仍有较大差距。如表 3-18，2020 年，湖北高校共获得科技经费 139.08 亿元，相对于 2016 年高校获得的经费 76.38 亿元而言，湖北科技经费五年增幅为 82.09％。但与北京获得的总经费 355.32 亿元相比，湖北的校均经费约为北京高校的 1/3。

表 3-18　湖北高校 2016—2020 年科技经费使用情况表　　　单位：亿元

项目		2016 年	2017 年	2018 年	2019 年	2020 年
拨入经费	科研事业费	4.85	3.98	6.10	6.06	7.56
	主管部门专项费	6.10	12.42	13.54	20.66	23.44
	其他政府部门专项费	38.95	42.02	46.24	54.07	62.02
	企事业单位委托经费	23.17	27.45	32.93	36.10	38.75
	各种收入转入科研经费	3.04	2.44	3.35	2.68	5.76
	其他	0.28	0.71	0.24	0.22	1.55
	合计	76.38	89.04	102.40	119.79	139.08
支出经费	科研人员费	9.35	11.71	14.13	19.25	24.16
	业务费	33.58	33.85	48.90	67.17	74.02
	固定资产购置费	15.79	11.38	12.01	14.51	16.11
	上缴税金	0.72	1.24	0.99	1.03	1.02
	其他	7.43	6.49	6.93	3.36	6.02
	转拨给外单位经费	5.60	9.13	6.31	8.76	11.81
	合计	72.48	73.81	89.27	114.08	133.15

资料来源：教育部科学技术司《高等学校科技统计资料汇编》（2016—2020）

在科研总经费具体事项中，2020 年科研事业费达 7.56 亿元，主管部门专项费 23.44 亿元，其他政府部门专项费 62.02 亿元，企事业单位委托经费 38.75 亿元。企事业单位委托经费大约占总经费的 1/3。总体而言，政府在经费投入中占主导，从绝对量来看政府的投入每年都有增加，政府部门专项经费在全国处于上游水平，但企业投入经费有待提高。在科研经费支出方面，2020 年湖北高校用于科研人员的费用为 24.16 亿元；业务方面的费用有 74.02 亿元，固定资产购置费 16.11 亿元。可知，科研经费的使用率较高。

表 3-19　2016—2020 年湖北高校研究与发展项目、R&D 成果应用

与科技服务应用经费使用情况表　　　单位：亿元

项目		2016 年	2017 年	2018 年	2019 年	2020 年
合计	当年拨入	10.19	49.81	56.89	61.75	75.87
	当年支出	8.84	36.99	52.48	52.05	63.44

续表

项目		2016 年	2017 年	2018 年	2019 年	2020 年
基础研究	当年拨入	2.30	14.39	16.94	16.32	19.91
	当年支出	1.86	11.13	13.92	12.80	16.26
应用研究	当年拨入	6.43	22.53	28.70	34.24	41.37
	当年支出	5.58	17.14	27.28	29.00	34.46
试验发展	当年拨入	1.46	12.89	11.25	11.18	14.59
	当年支出	1.40	8.72	11.28	10.26	12.72
合计	当年拨入	11.99	14.82	15.31	18.50	17.43
	当年支出	9.57	9.50	13.63	15.00	15.13
R&D 成果应用	当年拨入	5.61	8.10	9.42	10.41	9.50
	当年支出	4.24	5.24	7.48	9.26	8.38
科技服务	当年拨入	6.38	6.74	5.89	8.09	7.93
	当年支出	5.33	4.26	6.15	5.74	6.75

资料来源：教育部科学技术司《高等学校科技统计资料汇编》(2016—2020)

注：为了数据的直观性分析，此表在原数据（单位：千元）基础上四舍五入形成（单位：亿元）

从湖北高校研究与发展项目及应用经费使用情况来看，经费投入侧重应用研究领域。以 2020 年为例，如表 3-19，湖北高校研究与发展项目拨入总经费 75.87 亿元。其中，用于基础研究的经费达 19.91 亿元，占总经费的 26.25%，用于应用研究的经费达 41.37 亿元，用于试验发展的经费是 14.59 亿元。湖北高校当年拨入 R&D 成果应用及科技服务总经费 17.43 亿元，R&D 成果应用当年拨入经费 9.50 亿元，全国排名第 4 位，科技服务当年拨入经费 7.93 亿元。总体来看，湖北经费投入在全国处于中上位置，在中部 5 省中处于领先位置。

3. 科研项目重在应用研究。湖北高校的研究项目机构和项目数量众多，而且数量总体上呈增加的趋势。在高校研究发展机构方面，从 2016 年的 405 个增加到 2020 年的 532 个［资料来源：教育部科学技术司《高等学校科技统计资料汇编》（2016—2020 年）］，说明了研究机构发展规模不断扩大，发展态势稳定。

表 3-20 2020 年湖北高校研究与发展项目、R&D 成果应用与科技服务统计

类型	项目数（项）	当年投入人员（人）	参与研究生（人）	当年拨入经费（亿元）	当年支出经费（亿元）
基础研究	11487	7421	18211	19.91	16.26
应用研究	16804	9286	21120	41.37	34.46
试验发展	4307	3650	8484	14.60	12.72
合计	32598	20357	47815	75.87	63.44
R&D 成果应用	3572	1902	3256	9.50	8.38
科技服务	4789	1641	4414	7.93	6.75
合计	8361	3542	7670	17.43	15.13

资料来源：教育部科学技术司《2020 年高等学校科技统计资料汇编》

如表 3-20，2020 年湖北高校研究与发展总项目数量 32598 项，其中，基础研究、应用研究、试验发展项目数比例约为 3：5：1，可知湖北高校研究项目倾向于应用型。在 R&D 成果应用方面，项目有 3572 项，参与研究生 3256 人，拨入经费达 9.50 亿元，科技服务项目 4789 项，参与研究生 4414 人，拨入经费达 7.93 亿元，科技投入少于成果应用阶段。

4. 科研产出重在解决实际问题。湖北科技学术著作产量居全国前列，包括专著和论文两方面。见表 3-21，2020 年，湖北高校出版著作 856 部，发表学术论文有 60395 篇，其中 32575 篇论文发表在国外学术刊物上，位于全国第五（仅次于江苏、北京、上海、广州）。因受到武汉的疫情影响，2020 年湖北国际级项目验收及专利出售大幅下降，尽管如此，知识产权与专利申请、授权数量仍高于 2019 年，由此可知，湖北高校科研产出注重应用方向，着力解决实际问题。

表 3-21　2016—2020 年湖北高校科技成果统计

项目		2016 年	2017 年	2018 年	2019 年	2020 年
出版科技著作	数量（部）	729	511	845	933	856
	字数（千）	136981	84933	177013	205075	163781
学术论文（篇）	合计	52584	22284	59017	60692	60395
	其中：国外学术刊物	19217	4770	25353	29538	32575
国际级项目验收（项）	合计	203	11	253	288	139
	其中：与其他单位合作	80	1	134	90	47
	项目来源 973 计划	36	0	59	24	20
	科技攻关计划	29	3	50	37	6
	863 计划	21	3	41	50	8
	自然基金项目	32	5	44	65	34
	其他	85	0	59	112	71
知识产权与专利	专利申请数（项） 合计	9831	7442	16898	17808	18337
	发明专利	5827	3361	9588	11148	12414
	实用新型	3485	3720	6627	6012	4983
	外观设计	519	361	683	648	940
	专利授权数（项） 合计	6079	3999	8887	9661	11217
	发明专利	2759	1097	4252	4082	5757
	实用新型	2846	2563	4303	4932	4617
	外观设计	474	399	332	647	843
	专利出售数 合同数（项）	122	106	249	336	500
	总金额（千元）	46871	9595	112412	114791	93421
	当年实际收入（千元）	29691	7925	90510	60762	55540
	其他知识产权（项）	1241	726	1999	2779	4406

资料来源：教育部科学技术司《高等学校科技统计资料汇编》（2016—2020）

在各项国家级科学技术获得奖项中，2020 年，湖北高校获得 1 项国家自然科学奖、6 项国家技术发明奖、20 项国家科技进步奖，此外还获得国务院各部门科技进步奖 91 项，获得省（自治区、直辖市）科技进步奖 242

项，总数在全国排名第 2 位，仅次于江苏（数据来源：教育部科学技术司《2020 年高等学校科技统计资料汇编》）。湖北的科技成果获奖总数排名在全国位居前列，说明湖北对各类科技研究非常重视。

5. 国际科技交流形式多维拓展。湖北高校国际科技交流活动总体上有所增加，但是相比其他省份增加幅度有待进一步提高。如表 3-22，2020年，由于受新冠疫情严重影响，线下的国际合作研究派遣及接受人数大幅下降，但这并不代表合作交流人数大幅减少，这类科技交流大多转化为线上，利用各类会议软件开展直播对话，这为科技交流形式的多维拓展提供了创新条件。2016—2020 年，国际学术会议出席人员数量稳步增长，5 年增量为 2043 人次，增幅为 17.17％。2020 年湖北高校国际学术会议交流论文 7453 篇，特邀报告 1349 篇，主办 111 次。尽管疫情对交流活动人员流动有限制，但总体水平保持在稳定水平。

表 3-22　2016—2020 年湖北高校国际科技交流统计

年份	合作研究		国际学术会议			
	派遣（人次）	接受（人次）	出席人员（人次）	交流论文（篇）	特邀报告（篇）	主办（次）
2016	2374	1947	11901	6253	1407	130
2017	2297	2219	13990	8642	1057	189
2018	2482	2048	12904	8903	821	174
2019	2003	2843	12108	7586	1381	119
2020	1331	1283	13944	7453	1349	111

资料来源：教育部科学技术司《2016—2020 年高等学校科技统计资料汇编》

（二）科技创新经验借鉴

湖北拥有丰富的教育和科学研究资源，以武汉大学、华中科技大学、中国地质大学等为代表的"985 工程""211 工程"建设重点高校和国家重点实验室数量在全国位居前列，通过具体分析湖北高校 2016—2020 年科技创新发展，可以总结出一些有益经验。

1. 重才重能，构建高素质的教学科研队伍体系。高校的科技创新归根结底是靠人才，因此，构建高素质的教学科研队伍体系是首要任务。湖北高校总体做法主要分四个方面：一是培养具有国际视野和国际水平的科学研究领军人才，在做好充分的后勤保障的同时创造有利的研究环境；二是重视和培养集理论和实践于一体的优势中青年科研主力军，为今后的科研潜力发挥奠定重要基础，不断完善有效的培养机制和制度保障；三是着力构建强实力的高素质科研团队，提升科研攻关的效率和质量，进而提升高校的科技创新能力；四是促进高校专业的深入协作，打破思维局限，开拓研究视野，深化高校与高校之间、高校与企业之间的科研团队融合，形成多学科、全方位、深层次的合作模式。这些理论、制度与实践，对于四川高校具有借鉴作用。

2. 产研融合，促进创新系统中各类资源主体相互补充。湖北高校科技创新成果的高产出除了人力资源外，还包括更多创新主体的参与，例如科研机构、相关企业都是创新的主体、创新源。在整个创新系统中各类资源主体都是相互补充的，是可以充分融合的。高校拥有先进的科研设备、高技术的科研人员，但是缺乏促进科研成果转化的需求和机制，而这正是企业创新发展的需求点和关键点，将二者的优势相结合，能够有效地提高科技创新和成果的转化率。具体而言，在资源互补、协同创新的过程中，高校科技人员和教师可以为企业创新提供指导，根据企业的特点和市场需求，与企业进行新技术的联合攻关，提供现代企业制度运行的相关信息，进行企业员工的培训和教育；同时，高校通过与中小企业建立合作关系，收获了额外的科研经费，拓展了人才培养基地。

3. 实践砺能，对接企业提升科技创新能力。从湖北地方高校教师的年龄和职称组成结构来看，具有中级职称的青年教师是教学与科研的主力军。基于青年教师自身的优势，如专业的学科背景、活跃思维能力、开放的视野领域、敢于打破陈规的魄力，这一群体能够高效地产出科研成果。但是，在科研成果的转化、实践经验方面还有较大的提升空间，这就需要深入一线，加强锻炼，及时制定《高校青年教师深入企业行动计划实施方案》。一方面，通过与企业建立合作关系，与实践岗位相对接，既帮助青年教师获得实际经验，又为科技创新能力提升指引方向。另一方面，通过市场的需求、企业创新点直接经验的获得，反馈到青年教师的科技研究领域，进一步找准科研实践创新的应用方向。

4. 协同创新，践行服务地方重要职能。从更高意义上讲，高校需要履行"服务地方"的职能，产学研共同促进地方大环境营造是必然趋势。在具体实践中，湖北高校与地方联合开展建立技术研发基地、国家大学科技园、专业研究院、校企合作委员会、专项实验室等项目，以促进前沿领域技术创新、科研成果实体转化、服务企业提升产能、助力地区经济发展。例如，武汉工程大学与企业合作建立研发中心，华中科技大学凭借国家大学科技园促进科技企业发展，三峡大学与政府合作搭建资源共享平台。一方面，深化与地方政府、特色主导产业和战略新兴产业、大型骨干企业之间的合作，紧紧围绕地方经济结构转型升级和企业技术改造，积极参与各类重大产学研合作战略联盟；另一方面，通过主动服务、团队攻关，努力将地方高校科技服务能力和水平推上新的台阶，推进科技成果转化机制改革，提高科技成果转策，提高科技成果转化率，坚持市场化、社会化方式，改革转化效益分配方式，提高教师享有成果转化效益的比例。

四、陕西高校科技创新情况及分析

（一）科技创新发展情况

陕西省位于西北内陆腹地，横跨黄河和长江两大流域中部，是连接我国东、中部地区和西北、西南的重要枢纽，拥有西安交通大学、西北工业大学、西北农林科技大学、西安电子科技大学等8所"双一流"大学。截至2020年

7月，陕西高等教育在校学生 1799138 人，其中，研究生（含科研机构）在校生 146685 人，普通本科、专科在校生 1121990 人。教职工 110382 人，专任教师 72298 人，副高级以上职称占专任教师 44.81%。另有军队院校 6 所。（数据来源：陕西教育厅官方网站）基于特殊的区位环境和充分的人力资源，陕西高校的科技创新取得了长足的进步和发展。

1. 科技人力的投入呈稳步增长态势。如表 3-23，2020 年陕西高校参与全国科技数据统计的有 73 所，教学与科研人员 52605 人，其中，科学家与工程师 50902 人，所占比例为 96.76%；研究与发展人员 29521 人，其中，科学家与工程师 18954 人，所占比例为 64.21%；R&D 成果应用及科技服务人员 4109 人，科学家与工程师 3104 人，所占比例 75.54%。与 2016 年相比，科研人员总人数增幅为 65.81%，可知高校科技人力呈稳步增长态势。

表 3-23　陕西高校 2016—2020 年科技人力资源情况表

年份	学校（所）	教学与科研人员（人）		研究与发展人员（人）		研究与发展全时人员（人/年）		R&D 成果应用及科技服务人员（人）		R&D 成果应用及科技服务全时人员（人/年）	
		合计	其中：科学家与工程师	合计	其中：科学家与工程师	合计	其中：科学家与工程师	合计	其中：科学家与工程师	合计	其中：科学家与工程师
2016	54	42271	40546	12047	11694	7230	7015	2436	2377	1461	1427
2017	72	46977	44913	12769	12345	7657	7402	2639	2573	1583	1543
2018	70	48250	46140	14035	13754	8422	8253	2705	2679	1621	1605
2019	72	50864	48969	15858	15550	9509	9325	2504	2458	1504	1476
2020	73	52605	50902	29521	18954	25675	15158	4109	3104	3475	2480

资料来源：教育部科学技术司《高等学校科技统计资料汇编》(2016—2020)

此外，如表 3-24，这些科学家与工程师在职称和职务方面，教师系列中教授有 5840 人、占总人数的 16.26%，副教授 11001 人、占比达 30.6%，讲师 13602 人、占 37.87%，总体分布呈现出科研后备力量充分。在其他技术职务系列中，高级职称 4146 人、占总人数的 27.68%，中级

6915 人、占比达 46.16％，初级 3919 人、占 26.16％，说明应用类项目研发人力素质和基础力量扎实。

表 3-24 陕西高校教学与科研人员中科学家与工程师职务（职称）

学校数（所）	合计（人）	教师系列（人）						其他技术职务系列（人）			
		小计	教授	副教授	讲师	助教	其他	小计	高级	中级	初级
73	50902	35922	5840	11001	13602	4266	1213	14980	4146	6915	3919

资料来源：教育部科学技术司《2020 年高等学校科技统计资料汇编》

2. 科研经费支持力度逐年加大。在科研经费的投入和使用方面，如表 3-25，2016—2020 年数据显示上升较快。拨入经费从 2016 年的 73.76 亿元上升到 2020 年的 144.21 亿元，总量增加了 70.45 亿元，增幅为 95.51％；支出经费从 2016 年的 70.23 亿元上升到 2020 年的 122.12 亿元，总量增加了 51.89 亿元，增幅为 73.89％。2020 年，科研经费的使用率为 84.68％。

表 3-25 陕西高校 2016—2020 年科技经费使用情况表　　单位：亿元

项目		2016 年	2017 年	2018 年	2019 年	2020 年
拨入经费	科研事业费	5.35	5.24	4.81	5.71	7.56
	主管部门专项费	11.68	11.91	12.89	15.42	19.40
	其他政府部门专项费	25.36	34.61	42.20	51.58	63.02
	企事业单位委托经费	38.72	29.40	31.16	36.57	48.06
	各种收入转入科研经费	1.61	2.02	4.49	4.45	6.16
	其他	0.049	0.21	0.03	0.09	0.01
	合计	73.76	83.40	95.58	113.83	144.21
支出经费	科研人员费	8.61	8.33	10.74	12.64	14.63
	业务费	44.30	38.21	31.95	50.30	69.79
	固定资产购置费	8.40	7.75	13.06	13.80	20.41
	上缴税金	0.62	1.01	0.43	0.75	0.11
	其他	3.58	5.49	5.35	4.93	2.44
	转拨给外单位经费	4.72	9.19	13.37	12.03	13.76
	合计	70.23	69.98	74.92	94.46	122.12

资料来源：教育部科学技术司《高等学校科技统计资料汇编》(2016—2020)
注：为了数据的直观性分析，此表在原数据（单位：千元）基础上四舍五入形成（单位：亿元）

通过分析，拨入经费中主管部门专项费、其他政府部门专项费在五年间增长迅速，可知政府对高校科研攻关的重视程度提升，投入加大。企事业单位委托经费在 2017 年下降，2018 年、2019 年、2020 年稳步上升，说明高校科技创新方向有所调整，从坚持单项的经济增长目标，到贯彻"创新、协调、绿色、开放、共享"全面发展目标，高校科技创新更加注重高质量的发展。此外，如表 3-26，2016—2020 年陕西研究与发展项目、R&D成果应用及科技服务项目拨入经费总量从 2016 年的 55.40 亿元逐年升高到 2020 年的 104.00 亿元，增幅为 87.72%；支出经费从 2016 年的 42.05 亿元逐年升高到 2020 年的 70.76 亿元，增幅为 68.28%。由此可知，大量经费的高效使用能够极大地推动陕西高校研究与发展项目的实施。

表 3-26　2016—2020 年陕西高校研究与发展项目及应用经费使用情况表

单位：亿元

项目		2016 年	2017 年	2018 年	2019 年	2020 年
合计	当年拨入	42.82	47.82	55.21	66.45	84.33
	当年支出	32.07	31.60	33.21	44.43	56.02
基础研究	当年拨入	13.03	16.75	19.08	20.19	29.16
	当年支出	9.77	12.20	12.01	13.82	19.36
应用研究	当年拨入	21.60	21.19	27.36	33.93	37.53
	当年支出	16.32	13.41	16.26	23.08	25.54
试验发展	当年拨入	8.19	9.88	8.78	12.33	17.64
	当年支出	5.99	5.98	4.94	7.54	11.13
合计	当年拨入	12.58	13.12	13.65	15.41	19.67
	当年支出	9.98	9.73	10.06	11.51	14.74
R&D成果应用	当年拨入	3.55	3.76	4.39	4.50	4.12
	当年支出	2.59	2.47	2.72	2.93	3.09
科技服务	当年拨入	9.04	9.36	9.26	10.91	15.55
	当年支出	7.39	7.26	734	8.58	11.65

资料来源：教育部科学技术司《高等学校科技统计资料汇编》（2016—2020）
注：为了数据的直观性分析，此表在原数据（单位：千元）基础上四舍五入形成（单位：亿元）

3. 科研项目注重基础研究和应用研究。如表 3-27，2020 年，陕西高校研究与发展项目 35489 项，当年投入人员 23110 人，参与项目的研究生47593 人，当年拨入经费 84.33 亿元，当年支出经费 56.02 亿元。可见，高校科研项目在人力、经费方面都重视基础研究。R&D 成果应用项目数达1662 项，当年投入人员 1074 人，参与研究生达 2186 人，当年拨入经费4.12 亿元、支出经费 3.09 亿元。科技服务项目数达 6071 项，当年投入人员 1978 人，参与研究生达 4387 人，当年拨入经费 15.55 亿元、支出经费11.65 亿元。显而易见，陕西科研发展更多倾向于"取之于政，用之于民"，重视高校社会服务职能，立足自身，辐射周边。

表 3-27　2020 年陕西高校研究与发展项目统计

类型	项目数（项）	当年投入人员（人）	参与研究生（人）	当年拨入经费（亿元）	当年支出经费（亿元）
基础研究	17172	10494	24511	29.16	19.36
应用研究	13050	8573	14307	37.53	25.54
试验发展	5267	4043	8775	17.64	11.13
合计	35489	23110	47593	84.33	56.02
R&D 成果应用	1662	1074	2186	4.12	3.09
科技服务	6071	1978	4387	15.55	11.65
合计	7733	3053	6573	19.67	14.74

资料来源：教育部科学技术司《2020 年高等学校科技统计资料汇编》

在国际科技交流合作研究方面，如表 3-28，2016—2020 年陕西高校在国际交流与合作方面更加优质高效，五年间出席国际学术会议由 4515 人次增加到 9556 人次，增加人数超过一倍；收集交流论文从 2016 年的 3967 篇增加到 2020 年的 5225 篇，增幅为 31.71%。特邀报告增量为 562 篇，主办活动增量为 66 次，可见陕西高校科技创新在扩大国际视野的同时非常重视提质增效，积极参与研究国际科技前沿问题，重视实干精神。这种创新理念的坚持，使得陕西高校科技创新成果获得佳绩。2020 年获得 8 个国家技术发明二等奖，1 个国家科技进步一等奖、7 个二等奖，38 个国务院各部门科技进步奖和 228 个省级科技进步奖，获奖情况居全国第 2 名，仅次于江苏（数据来源：教育部科学技术司《2019 年高等学校科技统计资料汇编》）。

表 3—28　2016－2020 年陕西高校国际科技交流统计

年份	合作研究		国际学术会议			
	派遣（人次）	接受（人次）	出席人员（人次）	交流论文（篇）	特邀报告（篇）	主办（次）
2016	1496	1539	4515	3967	620	102
2017	1035	480	4873	3813	398	110
2018	1174	584	8179	5164	710	124
2019	1200	742	8877	5128	973	129
2020	1282	1062	9556	5225	1182	168

资料来源：教育部科学技术司《高等学校科技统计资料汇编》(2016－2020)

4. 科技产出对相关领域发展的贡献率较大。精耕细作，方成硕果。如表 3-29，2016—2020 年，高品质学术论文逐年稳增，增量为 14517 篇。其中 2020 年国外学术刊物 28252 篇，与 2016 年相比，增幅为 124.13%；国际级项目验收中，2020 年自然基金项目 34 项，比 2016 年增幅为 61.76%。可见，高水平科研项目研究更加注重前沿发展。在知识产权和专利方面，2020 年申请专利共 18548 项，其中发明专利 11713 项，实用新型 6205 项，外观设计 630 项。2020 年专利授权数 12162 项，专利出售合同数 453 项，成交金额为 1.88 亿元，实际收入 1.22 亿元，其他知识产权 2429 项，总体处于全国中上游水平。

表 3-29　2016—2020 年陕西高校科技成果统计

项目		2016 年	2017 年	2018 年	2019 年	2020 年
出版科技著作	数量（部）	669	680	687	726	683
	字数（千）	129305	125325	131497	145602	143822
学术论文（篇）	合计	43013	45510	49131	55886	62171
	其中：国外学术刊物	12605	14587	15163	22237	28252
国际级项目验收（项）	合计	461	390	234	358	298
	其中：与其他单位合作	26	18	30	15	13
	项目来源 973 计划	23	20	13	18	10
	科技攻关计划	16	13	11	2	0
	863 计划	14	19	16	15	0
	自然基金项目	13	8	33	27	34
	其他	395	330	161	296	254
知识产权与专利	专利申请数（项） 合计	8971	13500	17294	18422	18548
	发明专利	5083	7777	8816	11297	11713
	实用新型	3644	5136	5548	6493	6205
	外观设计	190	587	2930	632	630
	专利授权数（项） 合计	6816	8878	9607	11763	12162
	发明专利	3420	4089	4677	5111	5934
	实用新型	3272	4380	4424	5941	5528
	外观设计	124	409	506	711	700
	专利出售数 合同数（项）	122	203	274	297	453
	总金额（千元）	38461	75216	45153	127426	188268
	当年实际收入（千元）	24323	34037	29204	112352	122341
	其他知识产权（项）	946	1320	1256	1713	2429

资料来源：教育部科学技术司《高等学校科技统计资料汇编》（2016—2020）

　　在科研成果的技术转让方面，如表 3-30，陕西高校技术转让合同总数为 1021 项，总数全国排名第 3 位（仅次于江苏、浙江）。其中与国有企业合作 477 项，全国排名第 1 位，合同金额为 8631 万元，当年实际收入为

4904.1万元；与民营企业合作535项，合同金额18943.5万元，当年实际收入13232.6万元。由此可知，陕西科研成果的技术转让实现较为充分，可谓是科技创新领域的"黑马"。

表3-30　2020年陕西高校技术转让统计

项目	合计	国有企业	外资企业	民营企业	其他
合同数（项）	1021	477	0	535	9
合同金额（千元）	286215	86310	0	189435	10470
当年实际收入（千元）	183108	49041	0	132326	1741

资料来源：教育部科学技术司《2020年高等学校科技统计资料汇编》

（二）科技创新的经验启示

陕西具备独特的区位环境，注重实效，重视实干，取得稳中疾进的成效，尤其在技术应用和转让方面取得丰硕成果。通过具体分析陕西高校2016—2020年科技创新发展成效和有益探索，可以得出一些结论用于借鉴与启示。

1. 围绕创新链布局产业链乘势而上。陕西在发展硬科技产业方面具有得天独厚的优势，在新时代发展契机下，抢占"围绕产业链部署创新链、围绕创新链布局产业链"机遇，主动作为，大力推动技术创新，搭建公共服务体系，加快体制机制创新，促进科技、金融、产业、人才有机结合，加快培育一批创新型企业，打造一批拳头产品，推动形成具有核心技术和综合竞争力的硬科技产业集群。具体而言，2020年6月，西安高新区聚焦新一代信息技术、高端装备、航空航天、生命科学、新材料、增材制造等"六大"领域，实施包括第三代半导体、云计算、5G、特高压、数控机床、航天动力、北斗导航、精准医疗、空天复合材料、增材制造在内的"十大示范工程"[1]，这离不开高校科技创新的能量源头。此外，陕西建立面向企

---

① 杨斌鸽. 为全国硬科技创新发展提供"西安样板"[N]. 西安日报，2020-06-23.

业技术需求的项目形成机制，推进无人机、快速制造、陶瓷基复合材料等平台创新能力建设，实施集成电路、新型显示、卫星应用、种业等重点产业创新发展工程，培育更多"硬科技"企业，将切实提升科技支撑能力。

2. 对接国家战略，建设高校青年创新团队。聚焦"四个面向"的同时，陕西高校积极推动科教融合、产教融合，着重培养创新型、复合型、应用型人才。充分挖掘先进人物典型事迹，传承延安精神、西迁精神、载人航天精神、工匠精神等，坚持立德树人，激发师生热爱国家、投身陕西的内在动力。探索理论创新、知识创新、技术创新，持续完善产教融合协同育人的长效机制，为追赶超越与区域经济社会可持续发展服务。围绕数学、物理、地质学、力学、生物科学、基础医学、计算机科学等基础学科，积极布局建设一批拔尖学生培养计划 2.0 基地，创办全国首家培养应对气候变化专门人才的碳中和学院，实施"一带一路千人培训计划"。[①]

3. 着力打造西部创新港，推进政产学研用深度融合。创新港各项政策优厚、各类要素聚集，高校勇于先行先试，以最快速度和最好效果推动成果转化，支持陕西经济高质量发展。积极推动以政府为主导的环大学创新创业综合体、产业带、经济圈建设，推动以企业为主导的未来产业发展研究院建设，以高校为主导建设跨行业部门产学研用平台，整合省内高校资源，建设基础科学研究中心。深化双创教育改革、加强新工科建设、深化科教融合，积极构建创新人才和创新港发展的内循环。主动面向国家重大战略需求，围绕半导体芯片、工业软件、五代雷达、6G 通信等优势领域组建集成攻关先锋队，依托创新港这个全省最大的孵化平台，加强科技创新，加快成果转化，推动电子信息产业高质量发展。

---

① 常江. 聚焦"四个面向"不断提升高校科技创新能力［N］. 光明日报，2021-06-02.

第二节 国外高校科技创新发展的策略与启示

现代科学技术发源于西方国家，欧洲大学建制具有近 1000 年的历程，现代大学在创新活动中长期供给新知识、新发现和新技术。因此，研究国外特别是发达国家的高校创新活动，有助于归纳发现高校科技创新的基本理论、基本规律和发展趋势。本部分选取美国、德国、日本等发达国家的高校和印度等发展中国家的高校作为分析对象，总结其科技创新活动的成功经验和现行问题，对我国高校科技创新迈上新台阶可以提供有益借鉴。

一、美国高校科技创新选择及启示

第二次世界大战以后，美国利用自身优势致力于科技、军事、经济、教育的发展，营造激励创新的组织体系和研究环境，极大地激发了人才潜能的发挥，培育出世界知名的科学家、工程师。这极大地促进了美国高校的科技创新发展进程，稳固了美国在全球的科技领先地位。2018 年，美国共有 4313 所授予学位的高等教育机构，其中包括 2828 所四年制高等院校，1485 所两年制社区学院，另有 2189 个非学位授予机构。[①] 其中哥伦比亚大学、哈佛大学、麻省理工学院、斯坦福大学、宾夕法尼亚大学、杜克大学、耶鲁大学、约翰斯·霍普金斯大学、密歇根大学安娜堡分校、加利福尼亚大学伯克利分校、加利福尼亚大学洛杉矶分校、华盛顿大学、明尼苏达大

[①] National Center for Education Statistics. Digest of Education Statistics [EB/OL]. https://nces. ed. gov/programs/digest/2018menu _ tables. asp.

学双子城分校、威斯康星大学麦迪逊分校为顶尖研究型大学，科研实力非常强。

（一）科技创新选择

美国高校科技创新的浪头式发展绝不是偶然的，是在国家政治和军事需要的基础上产生的，是经济发展驱动使然，也是国家文化、价值观的直接导向的成果。通过分析美国高校科技创新的路径选择，可以扩大我国高校科技创新领域的视野，获得一些发展的新思路。

1. 政府高度重视高校科技创新。高等学校是美国科学研究的中坚力量，主要从事基础科研工作，在美国 4000 余所高等院校中，有条件从事科研的研究型大学约有 700 所。美国的很多国家科学实验室、多领域杰出研究中心等都设立在大学内，由相关部门和大学共同管理。劳伦斯伯克利国家实验室（Lawrence Berkeley National Laboratory）隶属美国能源部，由加州大学负责运行。伯克利实验室下设 18 个研究所和研究中心，涵盖了高能物理、地球科学、环境科学、计算机科学、能源科学、材料科学等多个学科。隶属于美国国防部、由麻省理工学院（MIT）运行管理的林肯实验室（MIT Lincoln Lab），是美国大学第一个大规模、跨学科、多功能的技术研究开发实验室，研究范围包括空间监控、导弹防御、战场监控、空中交通管制等领域。因此，美国科研体制以高校为核心，国家自然科学基金、各地政府及相关机构与高校科研中心均有对接，并对高校的科研活动提供多方位资助。高校重视核心技术研发，企业完成科技成果转化，并运用于国家发展的产业中，由此构成了"国家—高校—企业"整体创新系统。在高校的建设中，以研究型大学、创业型大学为发展的两条线，将教学、科研、成果转化、建设产业高度融合，确立"以国家为主导、以高校为核心、以企业为载体"的科技创新发展道路。而在具体的管理方面，美国政府以立法拨款和科研拨款来实现高校的管理，这种宏观调控保持了高校自治、竞争和开放的原则，将个体的价值追求实现与国家战略相融合，实现了发展目标的统一。

2. 完备的科技创新法律规范体系。美国的科技创新能够如此高效地实现技术的应用与转化，除了政府的强力支持外，还有完备相关法律规范的保驾护航。美国涉及高校科技创新的法律政策，覆盖科技创新及其成果转化的各个阶段。科技创新法律制度包括政策法律体系、知识产权权属制度、知识产权利益分配制度、知识产权管理机构与组织制度，以及知识产权保护与管理制度。此外，还有完备的科技创新激励机制，主要是财政税收和奖励制度[①]。如表 3-31 所示，美国从 20 世纪 80 年代起就非常重视科技政策和法规的完善。从 1980 年《拜杜法案》《史蒂文森—威德勒法案》，到 1984 年《国家合作研究法案》和《商标明确法案》，再到 1986 年《联邦技术转移法案》，以及到后来的《国家竞争力技术转移法》《国家技术转移与促进法案》《合作研究与技术促进法案》等，标志着国家与高校、企业的合作进程的逐步深入，具体到合作协议、设备投入、贷款、技术转让等方面。美国科技创新法律规范体系的完善为前沿技术的突破提供了强大的保障条件。

表 3-31　美国高校科技创新中有关知识产权制度的法案[②]

年份	法案名称	法案主要内容
1980	《拜杜法案》	允许高校对政府资助所得的研发成果拥有知识产权，并能以专有或者非专有方式授权给产业界，进行技术转让
1980	《史蒂文森—威德勒法案》	允许国家的研究机构将技术转移给产业界，在大学成立产业技术导向的研究中心
1984	《国家合作研究法案》	允许大学与企业不受反托拉斯法的限制组成技术转移联盟

---

① 夏季亭，帅相志. 创新驱动发展战略与高校科技创新研究 [M]. 北京：科学出版社，2014：147.

② 金明皓. 高校科技创新中的知识产权制度研究——以专利制度为中心 [D]. 武汉：华中科技大学，2007：55. 栾春娟；美国高校科技成果转化路径的实证分析与启示 [J]. 中国科学院院刊，2018（3）：267.

年份	法案名称	法案主要内容
1984	《商标明确法案》	允许大学的实验室在一定条件下拥有发明权
1986	《联邦技术转移法案》	允许国家实验室与企业、大学、州政府进行合作研发
1989	《国家竞争力技术转移法》	允许政府所有并运作的实验室与大学和私营企业签署CRADA和其他合作协议
1995	《国家技术转移与促进法案》	允许将联邦贷款、租借和多余的科学设备赠送给大学
2004	《合作研究与技术促进法案》	明确排除了对内公开、对外保密的"背景科技信息"对高校与产业界多方合作小组科研成果"创造性"的影响
2007	《美国竞争力法案》	扩大基础研究影响，减轻联邦资助项目行政管理负担，加强科学、技术、工程、数学（STEM）教育，撬动私营部门创新、制造业创新，加速技术转移与商业化主题
2010	《美国竞争力再授权法案2010》	目的是"通过研发来投资创新，提高美国的竞争力"，法案规定"10年内（2007—2017财年）DOE科学办公室、NSF和NIST的研发预算翻番；改善科学、技术、工程与数学（STEM）教育；促进创新与技术转移"
2016	《美国创新与竞争力法案2015》（最终版）	增加NSF的物质科学与工程学资助，但地球科学、社会学与行为科学、STEM教育计划资助锐减；削减DOE科学办公室全球气候变化研究资助，并要求DOE停止现有气候变化重复资助计划

如表3-32，从美国高校设置知识产权管理与技术转移机构的情况来看，美国技术转移机构就在不断完善，依托不同的办公室，对于技术的许可、转移、发展有了进一步的改进。

表3-32 美国高校设置知识产权管理与技术转移机构情况[①]

技术转移机构名称	依托大学	成立时间
技术授权办公室	威斯康星大学麦迪逊校区	1925年
	艾奥瓦州立大学	1935年
	麻省理工学院	1940年
技术许可办公室	斯坦福大学	1970年
科技发展办公室	哥伦比亚大学	1982年

---

① 雷朝滋，黄应刚. 中外大学技术转移比较 [J]. 研究与发展管理，2003（10）：49.

技术转移机构名称	依托大学	成立时间
技术许可办公室	麻省理工学院	1986 年
技术与商标许可办公室 和技术许可办公室	哈佛大学	20 世纪 80 年代初
科学技术商业化中心	康涅狄格大学	1997 年
技术转移办公室	卡内基·梅隆大学	1993 年
技术转让项目机构	东北大学	1991 年
康乃尔科研基金会	康奈尔大学	成立于 1932 年，20 世纪 80 年代初被授予技术转让责任
技术转移中心	宾夕法尼亚大学	
研究与项目管理办公室	普林斯顿大学	20 世纪 80 年代初

1974 年，美国为了促进高校科技创新技术转移，成立了大学专利管理者协会（Society University Patent Administrators，SUPA）。在 20 世纪 80 年代，SUPA 意识到其责任和作用不仅仅局限于"专利管理"的范畴后，将 SUPA 更名为大学技术管理人协会（Association for University Technology Managers，AUTM）。AUTM 是非营利性的专业组织，其会员来自高校或教学医院，他们都是知识产权和专利许可方面的专家。AUTM 每年为会员提供大量的教学活动，让会员接受最先进的教育，通过与技术转移领域的资深人士建立联系，分享他们的经验和知识。通过参加 AUTM 的各种活动，会员可了解和掌握商业开发、许可、专利和研究开发方面的最新资讯，以及重大立法及法律问题，从而开阔眼界，拥有更好地完成自身机构使命的能力。此外，美国高校十分重视知识产权保护与管理，学校知识产权保护与管理制度健全，主要表现为：①将知识产权保护条款纳入教师雇佣合同中；②重视实验室记录的维护；③重视签订《保密协议》（*Confidential Disclosure Agreements*）。[1]

---

① 夏季亭，帅相志. 创新驱动发展战略与高校科技创新研究［M］. 北京：科学出版社，2014：149.

3. 重视研究型大学的建设。美国的科学研究和技术创新主要依托高校来完成，研究型大学的建立和完善对于整个国家的发展有着重要意义。以哈佛大学、斯坦福大学和麻省理工学院为例，在研究型大学的建设方面，科技创新能力的培养与提升贯穿于课程设置、多能人才培养、启发式教学方法、多元评价制度等方面。如表 3-33，美国研究型大学的课程建设，重视自然科学、人文艺术及社会科学的多维平衡，各高校都注重培养目标的全面性、知识体系的基础性和创新能力的突出性，同时适应人才的个性化需求，为科学研究提供更加宽松的学术环境。

表 3-33 美国三所知名高校课程设置一览表①

高校名称	课程类别	比例	涉及领域	课程目的	基本要求
哈佛大学	核心课	31.0%	文学艺术、历史、科学、外国文化、伦理道德、社会分析、定量推理	引导学生知识、智力技能与思考习惯	每生必须选修 8 门
	专业课	41.4%	各门学科（专业）	培养学生专业素养	
	选修课	27.6%	人文交叉领域	适应学生个性需求	
斯坦福大学	公共课	30%	文化、哲学、理想与价值、社会与宗教、文学与艺术自然科学、社会与行为等	引导学生进入这些领域，加深知识深度	每生必须选修 11 门
	专业课	45%	各门专业学科	培养学生专业素养	
	任选课	25%	主要为人文交叉领域	满足学生个性需求	
麻省理工学院	核心课程	50%	自然科学、人文艺术及社会科学等共 180 单元	达成科学与人文知识的平衡	至少修读 17 门
	系要求课程	30%	150 个单元专业领域课程	培养学生专业素养	
	自由选修课	20%	48 个单元几百门课程	适应学生个性需求	

在复合型人才培养方面，哈佛大学更加突出"扩大学生分析问题的视野，为学生学习专业课程提供认识问题、分析问题和解决问题的方法，促

---

① 白强. 美国名校科技创新人才培养的实践经验与启示——基于哈佛大学、斯坦福大学和麻省理工学院的考察 [J]. 教师教育学报，2015，06 (3)：113.

进学生创新能力的发展";斯坦福大学旨在通过课堂教学、科学研究、社区实习、社会服务培养学生的合作与领导能力，成为适应和引领社会发展的创新人才；麻省理工学院以"关注现实，勇于创新"为培养目标，重视培养兼具科学与人文素养、为社会发展所需要的具有实际动手能力的人才。

在创新教育方式上，美国高校都注重启发式的教学方法。课堂属于学生，教师仅是引导者，通过让学生进行大量的阅读、调研和写专题报告的方式培养学生独立学习、独立思考、独立解决问题的能力。在课堂实践中，3所高校经常使用角色扮演法和模拟法，通过场景的体验获得深刻的认知，在自由的学术环境和交流氛围中，学生可以积极拓展思维空间，自由思考问题、自由发表观点、自由探索答案，养成独立、科学、实证的良好品质。美国高校学生评价制度呈现出开放性和多元性特征，从应用性的考试内容到多种形式的测试方式，再到相关论文的写作、考试成绩的反馈都贯穿创新思维。在课外，斯坦福大学通过各种渠道和措施鼓励师生进行科技创新和创业，重视产学研的转化。

（二）科技创新能力提升对我国的启示

美国高校科技创新发展离不开政府的大力支持，离不开科学研究相关法律的保障，更需要研究型大学的自我内涵式发展，自由探索和自主的科学精神、基础研究和应用的互动、多元化的投资机制、激励创新的文化环境的创建对我国高校的科技创新有着深刻的启示意义。

1. 完善科技创新制度体系建设。伴随着新时代前沿科技的突破，相关的科技创新法律也需要与时俱进，科技制度需要进一步深入完善。我国现行的促进科技创新的相关法律有《科学技术进步法》《促进科技成果转化法》《专利法》《著作权法》《计算机软件保护条例》《集成电路布图设计保护条例》《发明奖励条例》《自然科学奖励条例》《科学技术进步奖励条例》《国家科学技术奖励条例》《省、部级科学技术奖励管理办法》《科学技术普及法》等，虽然许多单行条例内容较为丰富，但作为整个法律体系来说，还需要不断完善科技创新相关立法、执法、司法、守法的各个环节。同时，不断完善各级科技创新的相关政策、法规，形成一套具有权威性和稳定性的相互协调的有效运行系统，在科技投入、科技成果保护和转化，以及科技创新激励机制等方面进行具体的完善。

2. 继续加大政府扶持科技创新的力度。美国的科技创新取得突出的成果在于政府给予的资金、设备、政策、环境的大力支持。我国现有高校经费来源主要是科研事业费、主管部门专项经费、其他政府部门专项经费、企事业单位委托经费、各种收入转为科技经费，且政府拨款为主项，2019年我国高校科技经费总额为 2052.69 亿元，而美国高校 2018 年的科研经费就达到了 5730 亿美元，来源包括联邦政府、高校自有经费、州和地方政府、企业以及其他组织。科技创新取得成果最核心的因素则是人才，这一点斯坦福大学等高校非常重视。因此除了经费的投入，我国政府还需要在机会方面提供扶持，对于成果的转化和企业的合作给予更大的支持。在宏观上注重人才培养的实践导向，重视国家重点支持项目的使命导向，关注高校与企业的融合导向；在微观上重视基础研究和应用的互动。

3. 促进高校科技成果转化专业化。科技创新从实验室到生产线有一个转化的过程，伴随着高校社会服务职能的逐步深化，技术转化、技术转移产业化、商业化已经成为高校科技创新的关键环节，因此，增强转化的效率和质量就成为当前需要解决的问题。美国斯坦福大学应对这一问题设置了技术转让办公室，配备懂法律、懂经营、有战略发展眼光以及技术背景的专业人员来负责技术转化工作。我国可借鉴这种专业化模式，技术转让办公室联结教授与产业界，工作内容包括发现和评估技术成果、推荐有兴趣和有能力的企业进行投资，代表学校或教授谈判、签约等。这一桥梁不仅解决了作为象牙塔的高校缺乏实践的机遇的缺点，更能够及时掌握科研最新突破及市场发展动态，为整条研究线、转化线、生产线、成果线提供理论和实践的先导，从更高意义上促使高校更好地服务社会。此外，加强大学科技园建设也是当前促进科技创新实践的重要环节，在科技成果集聚、转化、孵化过程中，逐步提升创新科技项目组织及投资融资运作的专业人才建设，建立新的创新创业文化。

二、德国高校科技创新道路及启示

德国历来非常重视科技创新，至今已有 103 位德国人获得诺贝尔奖，其中阿尔伯特·爱因斯坦及马克斯·普朗克成为近代物理学的重要奠基者。2019 年 9 月，德国联邦教育与研究部（Bundesministerium für Bildung und Forschung，BMBF）发布《高科技战略 2025》进展报告① （The High-Tech Strategy 2025 Progress Report，HTS2025）。该战略聚焦应对社会挑战、构建德国未来能力、树立开放创新和风险文化三大行动领域，聚焦"健康和护理""可持续发展、气候保护和能源""交通工具""城市和乡村""安全保障"及"经济与工作 4.0"六大主题领域，以《研究与创新公约》《加强大学教学水平公约》和《高校教育创新公约》三大科学领域的重要公约为基础，建立一种以开放、敏捷、远见和信任为特征的创新文化。这为德国高校科技创新指明了方向，在核心技术发展、高质量专业人才的培训和持续的继续教育、社会参与方面有重要的实践意义。

（一）科技创新道路

1. 政府在高校科技创新中承担重要角色。作为德国科研体系三大支柱（高等院校、国立科研机构及企业科研机构）之一的科技创新主体，在基础理论研究、应用科学研究、社会科学研究方面发挥着主要功能，德国政府在高校科技创新中起着重要作用。一方面通过制定科研政策管理高校。德国的高校管理模式为"联邦政府—各州部门"的主管与合作二级管理科研

---

① https：//www. bmbf. de/en/high－tech－strategy－2025. html.

形式。这是基于州政府和联邦政府对科学、技术和教育事业的发展需要承担同样的法律义务，且各州政府对科研事业有一定的主体管理权利。如表 3-34，为适应高校科研体系的发展，德国政府逐步建立了较为合理的科技管理体制，为高校科研创新提供了制度保障。

表 3-34 德国政府主导高校科技创新发展历程①

年份	成立机构或开展工作	主要职能
1994	联邦教育与研究部	承担制定有关教育法令与政策负责科学与教育事业的国际合作与交流促进基础研究促进国际科技合作等任务
1951	德意志研究联合会	代替政府进行部分科研项目的审查和经费分配，其资助对象主要是大学的研究开发机构
1970	联邦和州教育及研究促进委员会	专门协调联邦政府与州政府之间的科技政策和规划
1974	由联邦总理和各部部长组成的内阁教育、科学和技术委员会	负责协调联邦政府内各职能部门间的科技政策
2006	高科技战略首次提出	包括设立一系列激励机制，大力促进产研结合和技术转让，以推动经济增长和促进就业
2007	高科技战略改革	高科技战略进一步扩展到环境保护领域
2010	高科技战略发展	该战略计划的重点从单纯技术领域转移到需求领域，在气候与能源、健康与营养、移动交通、安全、通信方面，从需求角度寻求最佳解决方案，应对全球性挑战
2014	高科技论坛组织取代了科研联合小组	高科技战略主旨修订为：应对全球挑战，使德国成为世界科技创新的领导者。内容扩展到数字经济及社会等六大领域，包括我们熟知的"工业 4.0"
2018	高科技战略 2025	作为未来 4 年德国促进科技创新进步的指导方针，该战略聚焦三大行动领域，包含 12 个优先发展主题和 12 项重点任务，涵盖了德国联邦政府研究和创新政策的各个领域，采用了一种以任务为导向的方法，有利于促进来自知识界、企业界和社会的不同主体共同参与到战略实施过程中。该战略的最终目的是通过研究与创新实现竞争力提升、环境保护和社会公平的有效耦合

① 叶根银. 德国政府在高校科技创新中的作用及启示 [J]. 中国高校科技，2014（6）：65.

另一方面通过科技投入实现调控。德国的科研经费资助主要通过政府财政拨款、私人基金会或者以科研委托合同的形式实现。在二级管理机制中，联邦政府通过德意志研究联合会为高等院校以项目的方式提供支持，并承担大学约 50％的基建投资，州政府则通过主要负责大学的工资、行政费用和另外 50％的基建投资来支持高等院校。统计资料表明，德国大学科研约占国家研发投入的 18％，大学科研的 21％为技术工程，29％为自然科学，24％为医学，4％为农业科学，其余为人文科学和社会科学。[①] 此外，德国自 2016 年起实行的精英大学计划、卓越计划、创新型大学资助计划，至今已投入近百亿欧元。

2. 应用科技大学的广泛实践。20 世纪 60 年代末，为满足高新技术产业发展对高层次应用型人才的需求，德国开始着手高等教育改革，在不断地探索中应用科技大学（Fachhochschul-en，FH）顺势而生。如表 3-35，2018 年高校数量达到 429 所，其中应用科技大学达到 218 所，占比达到 50.8％。可见德国对应用科技大学的重视。

表 3-35　德国 2015—2018 年高校数量[②]

年份	综合性大学		应用科技大学		其他类别大学		高校总数（所）
	数量（所）	比例（％）	数量（所）	比例（％）	数量（所）	比例（％）	
2015—2016	107	25.12	215	50.47	104	24.41	426
2016—2017	106	24.77	217	50.70	105	24.53	428
2017—2018	106	24.71	218	50.82	105	24.48	429

应用科技大学以职业定位为目标，重点培养具有极强实践能力的人才，科学研究倾向于应用性，研究成果的转化率非常高，与企业衔接密切。从教学过程看，FH 的实践性主要表现在四个方面[③]：

---

① 叶根银. 德国政府在高校科技创新中的作用及启示 [J]. 中国高校科技，2014（6）：65.
② 杜作娟等. 德国应用科技大学教育体系模式及启示 [J]. 高教学刊，2020（4）：18.
③ 薛晓萍等. 德国应用科技大学创建发展、办学特色及其启示 [J]. 河北师范大学学报（教育科学版），2017（3）：52.

一是高比例的实践课程。应用科技大学坚持以"实基础，适口径，重应用"为课程设计理念，以应用技能培养为目标，以系统合理的课程结构为支撑，构建系统的专业知识与较强实践能力相融合的课程体系。FH 有 50％左右的实践性课程，同时还有专门的企业实习，一般累计 1 年的时间，工科学生要实习 15 个月以上。

二是系统性和实践性的教学内容。学校根据行业市场需求，设计系统性专业理论课程，使学生掌握"够用、实用"的基础知识与方法；了解科技发展动态，及时更新教学内容；邀请企业一线专家，共同制订应用人才培养方案，使教学标准与行业能力标准相对接。

三是项目化的教学方法。由教授根据现实生产中的疑难问题导入教学内容，组织课堂主题学习活动，项目执行期限一般为 7～14 天。在项目化学习期间，学生可到其他学校或者企业进行为期几周的调研或案例分析，以增长实践经验，开拓专业视野；也可以去欧洲其他国家进行学术考察。学校也可以根据学生的兴趣或难点，请行业专家或者其他高校的教授来校进行专业讲座。

四是"双元制"的育人模式。学校邀请企业参与实习基地建设，或直接邀请企业来校办厂。学生在学习专业理论知识之后，由学校专业教师和企业师傅共同指导，在由行会进行管理与监督的企业进行实践学习。校企携手合作，交替传授理论课程与实践课程，形成以"用"导"学"、以"用"促"学"的育人模式，巩固所学知识和技能。

从考核制度看，FH 要求学生必须通过所有实践能力测试，才可以进入毕业设计环节。学生在撰写毕业设计报告或论文之前，也要到相关行业进行实践学习活动，时间最少 12 周。在整个学习环节中，FH 的学生可以不去听教授讲课，不完成课堂作业，但是必须去做教授布置的实验。毕业考核有笔试、技能测试、撰写毕业设计报告或论文、由学校教授和企业导师组成的答辩委员会进行答辩等不同形式。FH 70％以上毕业设计的题目或论文的主题，都与实习企业现实中不合理的或者需要改进的事宜有关，工科类专业的基本全部如此。

3. 产学研结合，促进科技协同创新。德国高校科技创新能够取得高效成果，源自作为"产—学—研"环节的有效衔接，高校科研为新产品的开发提供技术服务，而许多应用开发研究课题则直接来自产业界的委托。这种深入合作不仅使企业在科技和社会技术服务创新力上获得长足发展，也为大学提供了教学与科研相结合的有效途径，为德国的科技创新储备了大量卓越人才。德国"产—学—研"体系通过三种方式来实现：一是建立科技行业联盟引导协同创新，要求大学与工业界联合申请项目。二是支持开展应用型科研。1985 年，修订《高等学校总纲法》，赋予应用技术大学从事应用性科研与发展的使命，应用性科研成为应用技术大学的一项必需的或选择性的任务。三是助力大学实现科学成果转化。2014 年，德国科学委员会发表《德国科学发展展望》，提出现代化大学不但要为科研和教学服务，而且应为"知识转化"和"提供科学基础设施服务"贡献力量。[①] 此外，德国重视国际的合作，以全球视野开展创新科研，与西欧、北美科技发达国家合作，侧重于尖端技术合作、大型科研设施共建、青年科学家培养；与发展中国家科研创新合作，侧重于延揽国际尖端科技人才，促进国家间科技人才流动和技术转移。

（二）创新道路对我国的启示

1. 增加政府对高校的科技投入。高校科技投入主要包括高校科技人力资源和高校科研经费的投入，是实现科技创新的基础要素。高校科研经费主要来源于政府，也包括企业和金融机构。德国经验告诉我们，要增强自

---

① 魏海勇，李少杰. 德国大学科研创新的政策机制与实践借鉴［J］. 中国高等教育，2018
（20）：61.

主创新能力必须增加科技投入。因此，我国政府应该制定相关政策鼓励加大高校科技投入，即明确我国高校科技投入战略，对高校科技投入主体、客体及研究类型的范围予以明确规定；建立政府、企业和其他金融机构合作的多元化高校科研投入机制；增加高校科技人才投入数量；加强对基础研究的投入等。此外，加强对高校科技成果投入力度，这是关键因素。国务院发布的《国家中长期科学和技术发展规划纲要（2006—2020 年)》明确指出建立多元化、多渠道的科技投入体系，为我国高校科技事业和自主创新活动提供强大的支撑条件。

2. 重视高校的专业化和实践化改革。在我国"大众创业、万众创新"升级的时代背景下，高校教育要从制度设计上与社会、企业密切结合，贯穿到组织管理、教学和科研每个环节。一是强化高等教育科技创新的独立意识和创新意识。在创新创业课程中，以就业要求为指标反作用于教学设计，引导学生在充分认识自我的优势和劣势的同时，树立长远的职业规划。二是改革高校大学生的评价制度体系。以专业建设为龙头、以课程体系改革为重点，将校内实践教学条件建设、教材建设、教学内容更新、教学方法手段创新等落到实处，深度联系产学结合、校企合作的评价方式，推进应用型人才培养模式改革。三是着力提高师资水平和内涵要求。强化教师为企业提供专业服务的能力，形成发展技术本科教育的基础条件，从根本上确立技术本科教育的地位，推动技术本科教育的发展。

3. 构建具有中国特色的创新创业教育模式。一是建立动态的校企合作创业研究中心，打通政策落实"最后一公里"。以研究中心的组织形式整合学校和企业资源，把科学研究、社会服务、创新创业人才培养和国际化紧密相结合。由企业提出明确的项目，企业和高校组成相关的科研团队入驻创业研究中心，在项目周期内进行科研活动，项目结束撤出中心。最终研究成果由企业孵化进入市场，相关案例进入高校创业教育体系，以此培养学生的创新思维和国际视野。二是多方合作建立创业教育课程体系。联合清华大学、复旦大学、南开大学、华东师范大学、大连理工大学等已经有20余年创新创业教育经验的高校，针对不同层次的学生，开发成体系的创新创业教育课程，辐射到全国高校，使各地方院校快速建立起可行的创新创业教育课程体系。课程体系应该包括从创新思维开发、创业意识培养到创业能力提升的整个过程，以此引领不同层次、不同阶段的大学生开展创新创业活动。三是重视企业牵头的大学生创业比赛活动。企业支持的大学生创业竞赛有明确的市场指引，都是以解决实际问题为导向的，通过政府支持、学校学分认定，推动大学生广泛参与，以这些创业实践活动作为大学生创新创业能力提升的平台，培养符合市场需求的高素质创新型人才。

三、日本高校科技创新经验及启示

第二次世界大战之后，日本经济遭到了严重创伤，为扭转经济发展态势，日本结合本国国情并借鉴西方发达国家科技发展成果，形成了一套适合日本科技创新的道路。在具体发展过程中，注重产学研合作，重视实用型人才的培养，建立委托研究制度，着力发展高新技术产业。支持和保障要素，日本政府通过制定相关制度来规范合作过程，引导和支持企业、高校及科研机构的合作，通过共同研究、委托研究、委托研究院制度、设立共同研究中心、企业捐赠制度、日本学术振兴会、建立科技园区来实现。正是由于自身不断地改革与创新，日本的科研技术始终能够在世界范围内保持较高的水平。因此，日本高校科技创新路径选择对我国相关领域发展有着重要的借鉴和参考价值。

（一）科技创新经验

1. 高效的法律制度保障。日本政府重视对经济的宏观调控，积极制定保障与鼓励科技创新的政策机制，以预防市场垄断的产生。政策法律是高校科技创新的重要保障。纵览发达国家的高校科技创新之路，可以得出同样一个结论，那就是政府通过制定有利于相关政策法规，为本国的高校科技创新创设了宽松的发展环境。日本高校科技迅猛发展的重要保障在于其完善的知识产权法律体系，促进产学研的重要政策。

表 3-36　日本高校科技创新主要政策变迁

年度	主要政策	主要理念与核心内容
1995	颁布《科学技术基本法》制定《科学技术基本计划》	"科学技术的振兴必须促进各领域研究开发能力的均衡发展和提升，基础研究、应用研究、开发研究之间和谐发展，国立实验机构、大学、民间机构等之间充满活力的合作。""通过研究开发机构以及研究者等之间相互交流谋求研究者多样性知识的融合是引发新的研究开发的源泉，而且相互交流对于研究开发效率的提高必不可少。必须制定促进通过研究者之间的交流、研究机构的共同研究开发、研究开发机构设施的共同利用等有关促进研究交流的相关政策。"规定通过五年一期的《科学技术基本计划》制定具体的促进能力提升的产学合作政策
1998	颁布《大学等技术转移促进法》（TLO 法）	推动大学设置"技术转移机构"（TLO：Technology Licensing Organization）
	修订《研究交流促进法》	提升产学等部门间研究设施的共用程度；国有土地用于产学合作的廉价使用
1999	颁布《中小企业技术革新制度》	如减免专利转让费、设置研发专项资金等经费支持，建立政府、大学、企业、担保公司等多方参与的风险分担机制，降低设立股份公司的准入门槛等
	颁布《产业活力再生特别措施法》	通过"大学等技术研究成果的专利权以及使用专利权限的让渡""促进大学研发技术向民间企业转移"等途径提高企业活力
	设立"日本工程教育认证委员会（JABEE）"并制定"日本工程教育认证基准"	"日本工程教育认证基准"的核心内容是：（1）以培养工程技术人才为目标的办学理念、课程设置、学分导向、教学大纲等都应以社会需求为导向；（2）工程技术研发人才与工程技术经营人才并重；（3）鼓励大学个性化办学

续表

年度	主要政策	主要理念与核心内容
2000	颁布《产业技术力强化法》	(1) 认可设置 TLO 的国立大学的设施无偿使用许可;(2) 允许大学教员在 TLO、科研成果活用型企业、股份公司等校内外企业兼职
2001	颁布《大学 3 年孵化 1000 个风险型公司计划》	提出大学孵化风险型公司主要操作模式:(1) 大学利用研发成果直接创办风险公司;(2) 共同研究、委托研究、学生研发、利用学校设施等与大学进行技术开发合作的风险公司
2003	修订《学校教育法》	(1) 创设研究生院专业学位制度,其核心是人才培养目标从过去的"研究者养成＋高级专业职业人才养成"目标向"高级专门职业人才"目标转型,为此设置专业硕士和专业博士两个层次,强化人才的技术创新能力和技术转移能力;(2) 学部、学科设置的弹性化以适应社会、特别是科学技术发展的趋势
2004	颁布《国立大学法人法》	(1) 教职员身份非公务员化;(2) 办学经费管理的自主性;(3) 批准大学向 TLO 出资
2005	颁布新《特许法》	即使发明为职务范围内的行为,发明人仍取得原始的发明所有权,使日本成为"雇员优先"模式的代表国家之一
2008	制定《研究开发力强化法》	41 个独立行政法人科研机构中的 32 个被定位为研究开发法人
2012	制定《独立行政法人制度与组织的重新审视的基本方针》	把现有的 103 个独立行政法人进一步分类为"成果目标达成法人"和"行政执行法人"

资料来源:根据日本文部科学省和经济产业省网站公布的相关法律文本总结而成。

如表 3-36,为了推动技术进步和高科技产业的发展,日本制定了《科学技术基本法》《大学等技术转移促进法》《大学 3 年孵化 1000 个风险型公司计划》《国立大学法人法》等一系列法律法规,为日本促进高校与企业深度合作的科技创新提供了强有力的法律保障。由于在法律制度上的完善性,日本对科技研发立项、执行,以及成果审核的管理都十分严格。日本政府专门设置了独立的科研咨询机构,即综合科学技术会议,这是一个从职能和工作方式来讲在国际上都比较特别的咨询机构,法律规定首先必须要遵守这个咨询机构提交上来的咨询报告,具体的工作方式如下:虽然综合科学技术会议本身并没有高水平的研究能力，但是他们可以根据实际的需要设定一些面向专门项目的专业委员会，专业委员会通常都会具有强大的组织能力，足够完成具体的科研工作，而且委员会还会对相关科研活动组织进行调研，调研的结果会直接呈现在上交的咨询报告中，真实地反映现实情况[①]。

2. 产学官合作模式的建立。产学官合作模式作为日本创新立国的重要措施，日本文部省学术审议会（1999）给出的定义是"大学和企业等产业界之间的研究方面的合作、协作"。由此可知，这种合作模式与中国的产学研合作模式类似，具体而言，通过企业（产）与具有高端技术、高级专业知识的大学（学）以及公立研究机构（官）合作，以促进新技术、新产品、新工程的实施和发展。如表3-36，日本高校科技创新主要政策变迁亦是产学官的变迁。2002年6月，产学官合作推进会首次由内阁府、总务省、文部科学省、经济产业省、日本经济团体联合会和日本学术会议共同主办，此后每年定期举行。2004年国立大学法人化，产学官合作被定位为大学的重要作用之一。同时，技术转移机构（TLO）的相关出资制度，以及人事、会计等各种相关规定大幅度放开，在产学官合作中专利等知识产权得到了更有效的利用。2006年施行的新《教育基本法》规定：继教育、研究之后，研究成果的社会返还成为大学的又一使命[②]。

以早稻田大学为例，该校建立了产学官研究推进中心，如图3-1所示，该中心作为政府、企业、大学联结的中央处理器，实现了"学校向产业界提供研究成果贡献社会、产业界将研究成果商品化并返利于学校、学校进一步发掘研究成果激活教育"的三螺旋创新模式，其中技术转移机构

① 夏季亭，帅相志. 创新驱动发展战略与高校科技创新研究［M］. 北京：科学出版社，2014：172.

② 唐向红，胡伟. 日本产学官合作机制分析及启示——以早稻田大学产学官合作为例［J］.东北财经大学，2012（3）：30.

（TLO）和创业孵化推进室构成处理器的双核，在地方政府、官公厅、专利厅的政策支持下，更好地进行合作研究。

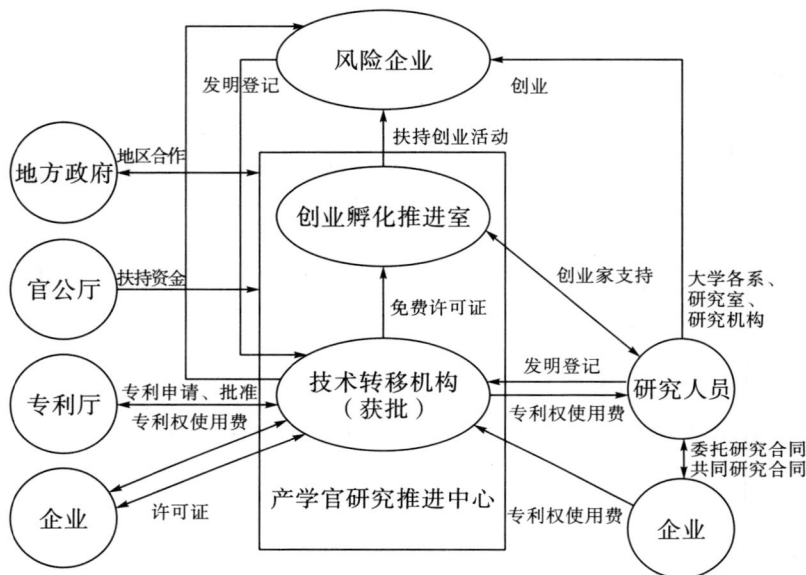

图 3-1　早稻田大学产学官研究推进中心

3. 高度重视人才培养。基于明治维新"求知识与世界"的教育主张，日本高度重视创新型人才的培养，教育民主化、个性化、法制化逐步完善，对教育的投入不断增加。文部科学省公布的数据显示，2018 年度科学研究费补助金及学术研究助成金，共收到新申请科研立项 103672 件（较 2017 财年增加 2425 件），通过 25796 件（较 2017 财年增加 483 件），审批通过率 24.9%。当前累计科研项目 75095 件（现行历史立项 49299 件），总划拨经费 2118 亿日元，本年度申请立项及经费额度皆创历史新高。（数据来源：文部科学省官方网站，https://www.mext.go.jp/）这极大地激励了日本科研的深度发展，从经费、人力、政策方面给予教育和科研充分的支持。

（二）科技创新模式对我国的启示

1. 完善高校科技创新相关法律法规。高效的科研法律法规体系为创新提供充分保障。我国现有的《中华人民共和国科学技术进步法》等一系列法律法规已经解决了一些问题，但是，目前仍旧缺乏针对有利于技术创新、技术引进和科技成果转化的相关法律法规，例如类似于日本的《产业活力再生特别措施法》。同时在健全知识产权执法和管理体制方面，加强司法保护体系和行政执法体系建设，深化知识产权行政管理体制改革，形成决策科学、权责一致、分工合理、执行顺畅和监督有力的知识产权行政管理体制，为产学研合作研究产生的知识产权的归属权、使用权的划分提供法律依据。

2. 拓展高校科技创新研究中心的功能。大学创业孵化中心、IOC 和产学官合作等模式可以激发科研活力，改善我国当前产学研形式单一、内容单调的问题，我国应结合自身特点，从理论和实践的角度建立产业、大学、科研机构和政府合作创新的研究中心。学习早稻田大学建立创新研究中心的做法，积极筹建并鼓励外界参与建设创业孵化基地、大学科技园等研究中心。如政府批准用地，由企业和校方共同组建合作基地，企业注入资金供运营开支，校方安排研究员和学生并提供设备与技术支持，校方按企业的要求设置培养方案为企业培养人才，并长期承担企业的培训及继续教育工作。从提供经费支持、进行项目合作、加强知识转移、共同组织培训和建立研发联盟等方面进行深层次的产学研合作，并逐渐向国际产学研合作研究中心发展，进而促进地方经济发展。

3. 创新人才培养制度。日本高校致力于"Big5（Big Five personality）推荐入学考试"模式，从开放性、诚实性、外向性、合作性、神经症倾向等五个方面深入，着重考查学生的性格特点、行为特点以及基础学力，在高中和大学阶段分别进行测试，并为成绩优秀的学生提供各类奖学金。这是能够充分将理论和实践结合起来，改变唯成绩、轻素养的一种培养模式。

结合我国现有人才培养制度，适当改革和创新培养方案，更加具体、有效地将素质教育和实践教育相结合，为我国未来高素质高技能人才培养打下坚实基础。此外，亦可参考日本文部科学省实施的"全球 COE 计划"[①]，推动建设世界级一流教育科研基地建设，重点支持大学的硕、博士生培养，深层次提升我国高科技研究水平，培养具有国际视野、高质量实践能力、超强国际竞争力的创新型人才。

四、印度高校科技创新情况及反思

印度作为中南亚科技创新的前沿国家，致力于信息、生物、空间、核能等领域的科技研发的突破，这使得印度在全球创新指数中排名不断上升。如表 3-37，在全球创新综合指数排名中，印度 2018 年位于 57 名，2019 年升至 52 名，2020 年为 48 名；创新投入方面，2018—2020 年印度从 63 升至 57；创新产出方面，2018—2020 年印度从 57 升至 45。

表 3-37　2018—2020 年印度在全球创新指数中的排名

项目	2018 年	2019 年	2020 年
全球综合指数排名	57	52	48
创新投入排名	63	61	57
创新投入排名	57	51	45

来源：全球创新指数报告（2018—2020）数据分析

此外，"印度连续四年在中等收入经济体创新质量方面中排名第二，在科学出版物质量（第二位）和高校质量（第三位）方面名列前茅，这主要是由于印度排名前三的高校——印度理工学院德里分校和孟买分校以及班

---

① 唐卫民等：日本一流学科建设的经验与启示——以早稻田大学为例［J］. 辽宁工程技术大学学报（社会科学版），2020（2）：61.

加罗尔印度科学理工学院的表现优异。"[①] 印度为何有如此强劲的推动力，这也为我国科技创新提供了启示。

（一）科技创新情况

1. 立体化的科研布局。印度科研领域主要面向化学、地球和大气、工程、生命、数学、物理等基础领域，政府重点投资和布局针对农业、电信、能源、水资源、健康医药、物质科学、环境与气候变化等七大方面，并在政策上给予高校科技创新充分支持，如表 3-38，印度自建国以来制定的五套中长期科技创新政策确保了战略布局的有效实施，为全方位、立体化的科技创新指明了方向。

表 3-38　印度自建国以来制定的五套科技政策发展历程[②]

序号	名称	年份	内容
1	《科学政策决议》	1983	完成了国防、核能、空间和海洋领域的科学布局
2	《技术政策声明》	1983	着重推动了计算机、通信、生物、制药等高技术产业的发展
3	《科学技术政策》	2003	加大研发投入，强调科技成果转化，强调创新创业
4	《科学技术和创新政策》	2013	提出 2017 年要跻身全球科技六强，2020 年要跻身全球科技五强。其实质是科技与创新
5	印度制造计划	2016	提出未来要注重 15 个优先发展的颠覆性技术，包括数据挖掘、物联网、生物技术、网络安全、智能制造等

2019 年印度实施了网络安全系统、铁路科技、量子技术、甲醇燃料、电动交通五大科技任务，印度科技优势逐步显现，电脑软件产业和生物制

① 世界知识产权组织. 2019 全球科技创新报告 [R]. 2019-7-29.
② 张秋. 印度科技创新能力分析及对我国的启示 [J]. 科技中国，2020（8）：28.

药产业、空间技术、核技术成为优势领域。如今印度已成为世界上最重要
的软件和金融等服务出口国。[①] 因此，完备的科技战略布局成为印度科技创
新的重要基石。

　　2. 科研创新投入加大。印度科技创新投入主要体现在科技人力、科研
经费、基础设施等方面。从科技人力角度看，据联合国教科文组织
（UNESCO）统计，如图3-2，2000—2018年，印度每百万人口中R&D人
员数量变化较大，其中2014年增长最快，研发人员达到43.73万人，每百
万人口中R&D人员数量为345人年，之后的年份人才流失较为严重。截
至2015年末，累计1557万印度人移民海外，其中流向美国的约197万人，
占一成以上。美国吸引的印度移民数量仅次于墨西哥人（1205万）、中国
人（210万），排在第三。2018年情况相对有所好转。

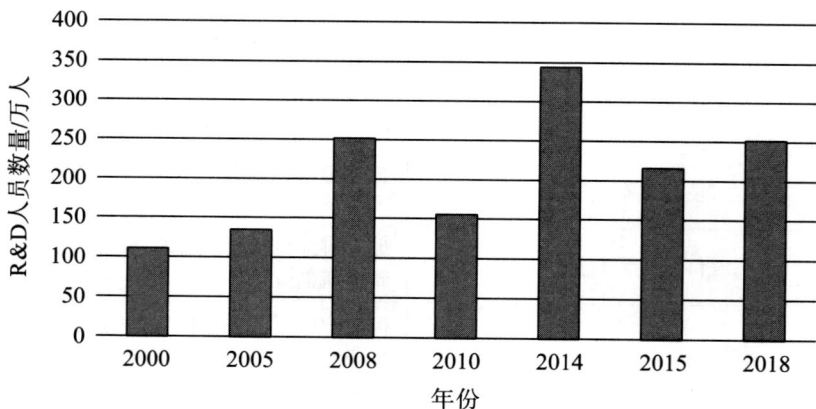

图3-2　2000—2018年印度每百万人口中R&D人员数量

数据来源：世界数据图谱分析平台

　　从研发经费来看，2011年以来印度研发投入保持微弱增长趋势，2018
年投入研发资金约为832.7亿美元，研发经费在GDP中占比0.85%，排名
全球第六，同比增速在大国中最高，增速达到了8.27%。但印度研发经费

----

　　① 张秋. 印度科技创新能力分析及对我国的启示 [J]. 科技中国，2020（8）：28.

的增速一直低于 GDP 增速。[①] 研发投入较少的原因之一是，本国相对薄弱的环节较多，其中包括基础设施落后，使其没有太多的资金投入到研发领域。此外，印度大型的科研基础设施投入集中于天文、信息技术、航空航天、新能源、国防五大领域，部分设施达到了世界先进水平，但总体水平相对薄弱。

3. 知识创新力度增强。印度的国家创新体系效率很高，科技产出的论文量较多，以 2008—2019 年度为例，见图 3-3，印度科研人员发表的科技论文 10 年的总量为 77 万篇。从论文学科分布来看，前 10 个研究方向为：化学和多学科（142658 篇）、工程（97132 篇）、物理（92611 篇）、材料科学（84826 篇）、科学技术其他主题（48934 篇）、药理药学（37410 篇）、生物化学分子生物学（35281 篇）、环境生态学（27757 篇）、农业（26881篇）、计算机科学（25575 篇）[②]。不仅数量较大，还具有高被引量的优势，2019 年比 2009 年增长了 2.8 倍，增幅较为明显，印度引文被引比例达到 71.3%。

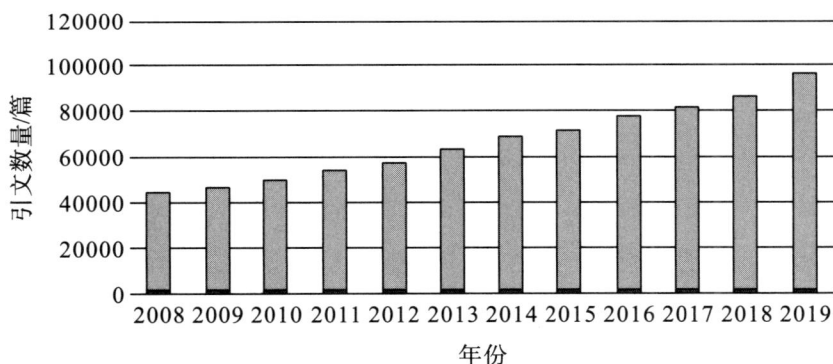

图 3-3　2008—2019 年发表的论文数量

数据来源：Web of Science

---

① 张秋. 印度科技创新能力分析及对我国的启示 [J]. 科技中国，2020 (8)：29.
② 张秋. 印度科技创新能力分析及对我国的启示 [J]. 科技中国，2020 (8)：29.

除了高被引的论文数量，印度还特别重视知识产权的保护，已实现版权法、商标法及专利法与 TRIPS 接轨，将极具特色的资源，如保护遗传资源、传统文化和民间艺术，包括印度医药、瑜伽及印度民间文学艺术作为自己知识产权战略的重点。与此同时，印度在许多国际谈判场合积极推动制定传统知识、基因资源保护的国际规范。

（二）科技创新发展的启示与反思

1. 制定有利于科技创新的法律法规。印度政府在 2010—2020 年间围绕国家创新体系，出台了一系列加强科技创新管理的举措。在推进科技创新的宏观管理作用方面取得积极成效。特别是通过设立专门的国家创新机构，促进了政府与大学、产业界、科研机构的合作，形成了以产业发展为特征的创新生态系统。这是印度在发展基础较薄弱的现实条件下，保护和鼓励科技创新活动的制度实践。

2. 重视科技外交的开拓性。在国际科技合作方面，印度通过设计顶层国际科技外交模式，提升了国家的科技创新实力。通过科技外交、技术协同和技术获取等方式，拓宽了国际科技合作的渠道，促进了国际双边科技合作活动数量的成倍增长，提升了印度国家的科技创新实力。当前我国也提倡的创新发展与开放合作可以借鉴印度的国家科技外交政策，以开放的姿态同世界各国交流互鉴，广泛汇聚各方面创新资源，吸引和培养高精尖稀缺人才，提升科技创新能力，推动经济高质量发展，提升国家核心竞争力。在具体的国际科技交流合作中，中印可在现有科技合作基础上，巩固政府间创新合作机制，拓展新的合作平台，规划和指导中印新时期的科技与创新合作，并在技术转移方面加快建立国家层面的中印技术转移中心。

3. 创新人才培养激励制度。2003 年，印度科技部推出"女性科研人员资助计划"，其中"女性科研人员资助计划 A"主要致力于帮助因攻读学位、进修等造成科研生涯有所中断的女性科技工程人才完成学业并回到职场。2008 年，印度启动了"激励追求科学研究创新"（INSPIRE）计划。其中设立高等教育奖学金（SHE）的目的就是吸引优秀的青年人在高等教育阶段进入科学密集型专业领域。该奖学金每年为 18～22 岁的优秀青年提供 1 万个名额，平均每人可获得 8 万卢比（约合人民币 8000 元）的奖学金，以支持他们在自然科学和基础科学领域接受学士和硕士教育。此外，印度还推出了面向杰出科研人才的计划、面向科研人才再利用的计划、利用 IT 等技术推动远程高等教育人才计划等众多创新举措，将科技创新融入教育体系，培养了大量的高科技人才。这也为我国高校的科技发展提供了重要参考。

4. 高校创新能力整体不高。印度在学生数量方面是紧随中国、美国的世界第三大高等教育系统，拥有庞大复杂的高等教育体系。但是，印度教育水平整体低下，社会贫富分化严重，高等教育整体质量不高，还存在资源分配不公、高度官僚化、缺乏优秀教师等结构性矛盾和体制性弊端。印度人口体量接近中国，但印度高等教育发展水平和创新能力与中国相比，还有较大差距。在最新的 2022 年 QS 世界大学排名公布名单中，印度没有高校进入前 100 强，以前排名更是没有；而中国有 6 所高校进入前 100 强，并在逐年增长。印度高校科技创新的经验教训和现实困难对于我国加快提升高校创新能力有一定的启示。

第四章

高校科技创新能力提升的思路与方法

习近平总书记指出："提升自主创新能力，尽快突破关键核心技术，是构建新发展格局的一个关键问题。我国高校要勇挑重担，释放高校基础研究、科技创新潜力，聚焦国家战略需要，瞄准关键核心技术特别是'卡脖子'问题，加快技术攻关。"① 而技术攻关的关键是要理清科技创新能力的思路和方法，加快科技平台前瞻性、战略性布局。结合国家"十四五"规划需求制定中长期高校科技发展规划，进一步深入实施"高等学校基础研究珠峰计划"，加强高校重大科技基础设施和条件保障类基地建设，深入推进高校科技成果转化和技术转移，加强与全球高水平大学的实质性合作。同时，坚持科技创新的基本原则，优化科技创新各要素间的配置，改革科技创新能力评价机制，极大地激发高校科技创新的活力。进一步分析研判我国高校科技创新所处的历史方位和面临的新形势、新机遇和新任务，对于科学选择创新道路、采用合理方法具有重要作用。

---

① 习近平：在教育文化卫生体育领域专家代表座谈会上的讲话［N］. 新华社，2020-09-22.

第一节　高校科技创新的新形势与新任务

党的十九大以来，我国开启了建设世界科技强国的新征程，我国的科学技术从"三跑并存"正在向部分"领跑"转型，科学技术发展取得巨大成就，中国前沿科技研究正蓬勃发展。面向 2035 年完成现代化建设进程中，创新是第一动力，科技创新自然成为现代化国家建设的关键支撑。作为科技创新的重要主体，高校应顺应国内外科技发展新形势，明确新发展任务，积极主动地承担起推进科技体制深化改革、加快推进实施创新驱动发展战略的重大使命。

一、高校科技创新的新形势

2021 年《政府工作报告》提出："依靠创新推动实体经济高质量发展，培育壮大新动能。促进科技创新与实体经济深度融合，更好发挥创新驱动发展作用。"[①] 这就意味着科技创新推动经济发展的动能更加强劲，作用越来越重要。党和国家将以更大力度推动提升科技创新能力、运用市场化机制激励企业创新、优化和稳定产业链供应链等重大任务落地。在这种契机之下，高校科技创新也迎来新的发展机遇。

1. 推进国家实验室建设。2018 年 6 月 26 日，科技部发布《关于加强国家重点实验室建设发展的若干意见》，指出"到 2025 年，国家重点实验

---

① 政府工作报告：培育壮大新动能　促进科技创新与实体经济深度融合［N/OL］. 人民网，2021-03-05.

室体系全面建成，科研水平和国际影响力大幅跃升。"① 截至 2020 年，已拥有 549 个国家重点实验室，包含材料科学、信息、能源与矿业、地球科学、化学科学、数理科学等。从依托单位来看，全国（含港澳台）国家重点实验室的建设依托单位高校数量最多，有 234 个，占比达 42.62%。② 在完善创新基地布局方面，优化提升国家工程研究中心、国家技术创新中心，支持发展新型研究型大学、新型研发机构等。

2. 关键核心技术需要加快攻关。"十四五"期间要开展攻关的更具体领域：人工智能、量子信息、集成电路、生命健康、脑科学、生物育种、空天科技、深地深海等前沿领域，新发突发传染病和生物安全风险防控、医药和医疗设备、关键元器件零部件和基础材料、油气勘探开发等领域关键核心技术。2021 年《政府工作报告》指出，发展疾病防治攻关等民生科技。这是在新冠肺炎疫情爆发以来，防治攻关方面的重点研究方向。研究内容包括：脑重大疾病机理与干预研究，癌症、重大传染病、慢性病等临床医学与健康等。这为医学类高校科技创新发展指明了重要方向。

3. 建设重大科技创新平台。支持北京、上海、粤港澳大湾区形成国际科技创新中心，建设北京怀柔、上海张江、大湾区、安徽合肥综合性国家科学中心，支持有条件的地方建设区域科技创新中心。强化国家自主创新示范区、高新技术产业开发区、经济技术开发区等创新功能。适度超前布局国家重大科技基础设施，提高共享水平和使用效率。集约化建设自然科技资源库、国家野外科学观测研究站（网）和科学大数据中心。加强高端科研仪器设备研发制造。构建国家科研论文和科技信息高端交流平台。③

4. 更加重视基础研究。2021 年《政府工作报告》指出，要制定实施

① 关于加强国家重点实验室建设发展的若干意见［Z］.科技部，财政部，2021-06-25.
② 李佩娟.2021 年中国国家重点实验室市场现状与发展趋势分析 未来加快筹建国家重点实验室［Z］.前瞻产业研究院，2021-06-16.
③ 新华社.中华人民共和国国民经济和社会发展第十四个五年规划和 2035 年远景目标纲要［Z］.2021-03-13.

基础研究十年行动方案，健全基础研究的稳定支持机制。高校是我国基础研究的重要基地，是原始创新的主阵地。在"十四五"发展阶段，高校将进一步强化应用研究带动，鼓励自由探索，制订实施基础研究十年行动方案，重点布局一批基础学科研究中心。党和国家将加大基础研究财政投入力度、优化支出结构，形成持续稳定投入机制。同时，将建立健全符合科学规律的评价体系和激励机制，对基础研究探索实行长周期评价，创造有利于基础研究的良好科研生态。此外，高校自身还需要加强基础研究和世界前沿学术研究，努力提高"从 0 到 1""从 0 到 N"的原始创新能力。

5. 科研诚信建设进一步加强。2018 年中共中央办公厅、国务院办公厅印发《关于进一步加强科研诚信建设的若干意见》，这意味着高校科研作风学风深层次问题逐步解决，形成覆盖全面、导向明确、规范有序、统筹协调的科技伦理治理体系。"十四五"期间，科技创新将更加注重完善科技伦理治理学术研究机制，加强科技伦理研究队伍建设，完善科技伦理研究资助和激励机制，完善人才引进机制，健全多学科研究协同机制，健全科技伦理监管制度。这对于高校科技创新提供了明确的研究方向，也需要在思想上、制度上、机制上和文化环境方面下深水、下功夫、动真格解决问题，切实净化学术环境。

6. 科技人才发展形成新机制。遵循人才成长规律和科研活动规律，培养造就更多国际一流的战略科技人才、科技领军人才和创新团队，培养具有国际竞争力的青年科技人才后备军，注重依托重大科技任务和重大创新基地培养发现人才，支持设立博士后创新岗位。加强创新型、应用型、技能型人才培养，实施知识更新工程、技能提升行动，壮大高水平工程师和高技能人才队伍。加强基础学科拔尖学生培养，建设数理化生等基础学科基地和前沿科学中心。实行更加开放的人才政策，构筑集聚国内外优秀人才的科研创新高地。完善外籍高端人才和专业人才来华工作、科研、交流的停居留政策，完善外国人在华永久居留制度，探索建立技术移民制度。

健全薪酬福利、子女教育、社会保障、税收优惠等制度，为海外科学家在华工作提供具有国际竞争力和吸引力的环境。①

二、高校科技创新的新任务

新形势催生新任务，我国加快推进科技创新战略，深化科技体制改革，以提升我国综合科技创新能力。高校作为科技创新战略的重要组成部分，要立足自身优势，在科技创新、体制机制改革、人才培养、创新活力激发等方面着力，推进高校科技创新发展体系建设。

1. 制定中长期高校科技发展规划。科学制定实施《高等学校中长期科技发展规划纲要（2021—2035年）》《高等学校"十四五"科技发展规划》，结合我国高校具体实际，制定相应的科技创新规划，突出前瞻性、引领性和可操作性，更多地在数据和实证分析基础上，有针对性地提出重点项目、重点计划和重点政策。

2. 进一步深入实施高等学校基础研究"珠峰计划"。在推动高等学校基础研究全面发展基础上，组建世界一流创新大团队，建设世界领先科研大平台，培育抢占制高点科技大项目，持续产出引领性原创大成果。② 国家层面，成立高等学校基础研究战略咨询专家委员会，推动高等学校基础研究全面发展，为率先取得基础研究重大突破夯实基础。积极参与国家实验室建设，争取新建一批重大科技基础设施、国家重点实验室等重大科技创新基地，完善教育部重点实验室布局和管理。高校层面，积极争取牵头或参与国家重大科技计划任务，服务国家战略需求和经济社会发展，鼓励高校加大自主科研布局，支持科研人员根据兴趣自主选题，开展好奇心驱动

---

① 新华社. 中华人民共和国国民经济和社会发展第十四个五年规划和2035年远景目标纲要[Z]. 2021-03-13.

② 教育部启动实施高等学校基础研究"珠峰计划"[EB/OL]. 人民网，2018-08-02.

的基础研究和非共识的创新研究。加强人才队伍建设，着力发现、培养、集聚一批战略科学家、科技领军人才和创新团队，倾斜支持优秀青年科技人才，大力加强实验技术队伍建设，加强对从事基础性、公益性研究的拔尖人才及优秀创新团队的稳定支持。

3. 加快前沿科学中心建设，加强高校重大科技基础设施和条件保障类基地建设。前沿科学中心是依托高校组建的实体机构，实行新的管理运行机制。按照物理空间实、研究队伍实、目标任务实、投入保障实的要求独立运行。以研究团队为基本单元，聚焦重要前沿领域方向长期持续攻关。建设前沿科学中心要求的基础包括：主要依托学科已经列入"双一流"建设方案，具有学科集聚优势；具有长期自然形成的跨学科高水平大团队，部分研究领域和方向处于"并跑"或"领跑"，有望取得重大原创性成果；具有运行良好的国家级创新平台、重大科技基础设施、高水平国际化新型研发机构等作为支撑；学校能够给予中心发展需要的物理空间、经费、人才培养、队伍建设、管理等各方面支持，并建设成政策特区。目前，教育部已批准清华大学、北京大学、浙江大学、上海交通大学等 14 所高校依托"双一流"学科建设了 14 个前沿科学中心，涉及领域包括量子科学、脑科学、合成生物学、航空发动机、下一代移动通信技术等；计划到 2025 年，总体批准建设 40 个左右的前沿科学中心。

4. 围绕国家战略急需领域新建若干关键核心技术集成攻关大平台。近年来，教育部启动实施"关键领域自主创新五五行动"，立项建设了 11 个关键领域核心技术集成攻关大平台，大力提升高校原始创新和关键核心技术攻关能力。完善高校科技创新基地平台布局，推动建立以"三纵一横"为核心的科技创新基地建设体系，支撑高水平科学研究工作开展。

5. 推动产学研深度融合，深入推进高校科技成果转化和技术转移。2019 年 2 月，教育部认定了首批 47 所高等学校科技成果转化和技术转移基地,其中,中央直属高校 22 家,地方高校 25 家。① 在今后的发展中产学研的融合程度应该进一步加强。一方面,高校主动融入以企业为主体的技术创新体系,联合企业着力解决制约产业发展的行业共性关键技术和涉及社会民生的重大科技问题,同时结合地方重点产业发展需求,建设高校产学研融合创新平台,聚集高层次产学研合作创新团队,实施产学研合作项目,推动取得重大产学研合作成果。另一方面,建立产学研人才共育机制,构建产学研合作服务体系。深化校企合作、校所合作、校地合作,不断优化创新型人才培养模式,完善产教融合、协同育人机制,提高人才培养质量。同时,加强产学研供需对接,构建功能完善、信息畅通、资源共享、便捷有效的产学研合作云服务平台;改革评价机制,不断完善高校科研管理体系;大力培育和引进市场化科技中介机构,铺设科技成果转移转化的"绿色通道"。

6. 加强与全球高水平大学的实质性合作。我国越来越多的高校与国外高校开展了学分互认、学历互认联合培养项目,在教材建设、授课内容、授课模式、授课语言方面均与国际接轨,为学生将来赴国外高校深造构建了顺畅的衔接机制。在未来这种实质性合作将有助于高水平大学吸引并培育教研人才,厚植国家人力资源。通过国家、省市、校内的各种人才引进计划,引入具有国际竞争力、创新能力和实践能力的国际领军人才,为国内高校的科研发展带来强劲的活力与冲击;邀请海外学者来校讲学,探索教学、科研、管理的新体制,将国际前沿科研成果与学术信息带进高校;鼓励高校教师和教育工作者走出国门交流,及时获取前沿学术信息,并将其引入教学当中。此外,通过老带新,建立人才梯队,培养并扶植后备力量。联合培养适应新时期社会及产业发展需求的顶尖人才。通过引进国外

---

① 教育部办公厅. 关于公布首批高等学校科技成果转化和技术转移基地认定名单的通知 [Z]. 2019-03-01.

优质的教学资源，我们的教学工作得以进一步完善，通过海外实习项目、学生交换项目、中外高校联合培养等方式，学生可接触国际先进的教学模式、感受国外先进课程体系与内容，体验多元文化，丰富创新思维模式，培养国际竞争力。提升高水平大学科研水平和办学实力。提升科学研究水平是我国建设一流大学和一流学科的迫切需求。共建实验室、共同举办国际学术交流活动，共同申请科研课题，共同指导并培养学生，是科研国际化的重要途径。与国外优秀大学共同开展高水平、实质性、成机制的合作研究和学术交流，有助于我国高校的科研工作与世界前沿接轨，实现人才、资金和学术思想的交融，加速我国高校学术水平和科研水平的发展进程。

7. 加强高校科研平台实体化建设。高校创新平台依据国家、行业等提出重大科学问题，利用人才、知识、资源展开理论和实践研究。高校科研平台实体化建设以重点实验室、工程技术研究中心、人文社会科学研究平台形式产生。"十三五"全国高等学校科研创新平台立项名单中，山东省有重点实验室 167 个、工程技术研究中心 51 个、人文社会科学研究平台 76 个①。高校科研平台实体化建设取得了一定的发展成果，但在全国的涉及面还需要拓宽，加快科技平台前瞻性、战略性布局需要高校科研平台的支持，因此也是高校科技创新的重要发展内容。同时，加快建设省部共建协同创新中心，教育部办公厅发布《关于认定 2019 年度省部共建协同创新中心的通知》，认定省部共建协同创新中心共 64 个，省部共建协同创新中心建设期为 2020—2023 年②。在未来，省部共建协同创新中心将在高校科技创新进程中发挥重要作用。

8. 围绕国家安全和经济社会发展关键领域，研究推动顶尖学科建设。

---

① 山东省教育厅. 关于公布"十三五"山东省高等学校科研创新平台立项名单的通知［Z］. 2017-04-07.

② 教育部办公厅. 关于认定 2019 年度省部共建协同创新中心的通知［Z］. 2019-09-11.

根据 2020 年软科世界一流学科排名①，我国内地高校排名世界前十的学科集中在工学门类。包括清华大学的通信工程、哈尔滨工业大学的仪器科学、同济大学的土木工程、江南大学的食品科学与工程、北京航空航天大学的航空航天工程、上海交通大学的船舶与海洋工程、北京交通大学的交通运输工程、武汉大学的遥感技术、北京科技大学的冶金工程、中南大学的矿业工程都位居世界第一。西安交通大学的机械工程、东南大学的通信工程、清华大学的纳米科学与技术排名世界第二。除了工学门类，内地大学排名靠前的学科还包括中国农业大学的农学（世界第二）、中国科学技术大学的化学（世界第十一）、南京信息工程大学的大气科学（世界第十三）等。

围绕国家安全和经济社会发展关键领域，目前一些高校已经提出了自己的顶尖学科建设计划。2017 年，天津大学宣布未来五年将实施"TOPS 计划"，系统推进顶尖学科、优势学科、潜力学科和学科交叉支撑平台建设，重点支持若干顶尖学科和优势学科达到世界一流水平。2020 年 12 月 12 日清华大学微电子学研究所成立 40 周年纪念大会上，工信部副部长王志军致辞称，期待清华大学和微电子所加快建设成为世界顶尖大学和顶尖学科的步伐。因此，顶尖学科建设的鲜明指向，是服务国家科技创新的战略性需求，也是未来科技发展的重要方向。

9. 规范科技伦理，大力弘扬新时代科学家精神。2019 年 6 月 11 日，中共中央办公厅、国务院办公厅印发《关于进一步弘扬科学家精神加强作风和学风建设的意见》，提出要大力弘扬胸怀祖国、服务人民的爱国精神，弘扬勇攀高峰、敢为人先的创新精神，弘扬追求真理、严谨治学的求实精神，弘扬淡泊名利、潜心研究的奉献精神，弘扬集智攻关、团结协作的协同精神，弘扬甘为人梯、奖掖后学的育人精神，营造崇尚学术民主、坚守诚信底线的正向科研作风，从思想上引领科研工作者为国家的科技创新贡

---

① 黄辛，卜叶. 2020 软科世界一流学科排名发布［N］. 中国科学报. 2020-06-28.

献力量。党的十九届四中全会提出"健全科技伦理治理体制",将健全科技伦理治理体制作为国家治理体系的重要组成部分,是以习近平同志为核心的党中央在全球范围新一轮科技革命和产业变革蓬勃兴起、人类发展面临前所未有的新机遇和新挑战的历史时刻作出的重大部署,对于克服科技领域存在的伦理问题、促进我国科技事业健康发展具有重大意义。我国目前亟须完善科技伦理治理学术研究机制,健全科技伦理监管制度,建立科技人员自律机制。在未来,高校科技发展将会继续加大对学术不端行为的查处力度,推动形成鼓励创新、潜心研究、水到渠成的创新文化。

第二节　高校科技创新活动的基本原则与规律

高校肩负着科技创新的重要职能,也承担着人才培养的输出功能。习近平总书记在全国教育大会上强调,要提升教育服务经济社会发展能力,调整优化高校区域布局、学科结构、专业设置,建立健全学科专业动态调整机制,加快一流大学和一流学科建设,推进产学研协同创新,积极投身实施创新驱动发展战略,着重培养创新型、复合型、应用型人才。[①] 因此,坚持高校科技创新活动基本原则、遵循科技创新活动规律是取得重大科技突破的理论前提。

一、高校科技创新活动的基本原则

高校科技创新需顺应国际和国内前沿科技发展的趋势,致力于原创性

---

① 习近平：坚持中国特色社会主义教育发展道路　培养德智体美劳全面发展的社会主义建设者和接班人 [N]. 光明日报,2018-09-10.

成果的产出，在科研创新的过程中培养科技人才，持续提升高校科技创新能力，更好地发挥高校在科技创新中的基础性作用和孵化性功能，在具体科研活动过程中应遵循以下基本原则。

（一）坚持政治性和科学性相统一

十八大以来，我国科技创新成果丰硕，这是遵循坚持政治性和科学性相统一原则基础上取得的成就。明确高校科技创新为谁研究是重要前提，也是弘扬科学家精神的重要指南。科学无国界，但科学家有国籍，浓烈的爱国之情是科技创新的内生动力，也是终极目的。因此，坚定政治立场，坚持科学理想，在高校形成尊重知识、崇尚创新、尊重人才、热爱科学、献身科学的浓厚氛围，激发强大创新动力，将政治性和科学性相统一是高校科技创新活动的首要原则。

1. 服务人民，明确科技创新的政治立场。习近平总书记在 2020 年 9 月的科学家座谈会上，对科技创新作出"四个面向"的战略部署："面向世界科技前沿、面向经济主战场、面向国家重大需求、面向人民生命健康"①。科技创新的源头在人民，过程在人民，成果更是由人民共享。因此，作为国家综合国力增长的重要支柱，高校更是要将为人民服务作为科技创新活动的宗旨，只有这样，我们才能够在今后的科技创新活动中始终坚定方向。

2. 为国育才，明确科技创新的科学定位。高校科技创新活动还有一个重要的职能，那就是培养优秀的科技人才，加强青年价值观和科技观培育，使其正身而行，为科技强国的发展贡献自身力量。从李四光、钱学森、钱三强、邓稼先等一大批老一辈科学家，到陈景润、黄大年、南仁东等一大批新中国成立后成长起来的杰出科学家，都是爱国科学家的典范，学习他

---

① 习近平：面向世界科技前沿面向经济主战场 面向国家重大需求面向人民生命健康 不断向科学技术广度和深度进军［N］. 人民日报，2020-09-12.

们胸怀祖国、服务人民的爱国精神是每一位从事科技创新工作者的必修课，无论取得多大的成就，青年们都将始终心系国家、报效国家，从而真正做到为党育人、为国育才。

3. 追求真理，明确科技创新的精神气质。求真是高校科技创新的核心，要遵循科研规律进行创新。这对于高校科技工作者来说需要付出大量的时间和精力，耐得住寂寞，守得住初心，坚守科研底线。中国核潜艇之父黄旭华隐姓埋名 30 年，只为造出强大的集海底核电站、海底导弹发射场和海底城市于一体的尖端工程，一生追求真理，报国终不悔。他常用"三面镜子"来勉励年轻人：一是放大镜——跟踪追寻有效线索；二是显微镜——看清内容和实质；三是照妖镜——去伪存真，为我所用。[①] 高校科技创新更需要学习和弘扬这种追求真理、严谨治学的求实精神。

（二）坚持价值性和伦理性相统一

科技创新带来的不仅是机械化、工业化的便捷，更是程序化、智能化的便利，顺应科技发展的需要，产生了许多有价值的成果和技术。但从伦理角度来看，新技术需要厘清自身象限，坚持"科技造福人类"的价值准则，对影响人类发展的伦理关系进行深入思考，坚持价值性与伦理性相统一。

1. 严控内容伦理，实现科研价值的合理化。在高校科技创新活动中，将科研伦理作为教育的重要部分，对于自然科学类专业，数据的采集、管理与所有权，人体试验、动物实验的伦理要求，以及利益冲突与履行承诺应该成为教育的主要内容；对于社会科学类专业，加强科研合作，严惩科研不端行为。具体操作上，应将高校科研伦理教育课程化，这是系统、持

---

① 熊金超，冯国栋. 黄旭华：隐"功"埋名三十载，终生报国不言悔［N］. 新华社，2019-09-23.

续、深入地开展创新活动的一种有效方式，而且更容易实施。此外，拓展高校科研伦理教育的实践维度，即利用学术会议研讨、学术讲座宣传、参与科研伦理教育课题研究等多种形式，全方位、多层次促进研究者对于科研伦理的情感认同。

2. 恪守程序伦理，实现科研价值的合法化。高校不断完善科研伦理委员会、科研伦理审查委员会、科研伦理审查办公室、科研伦理督查办公室，对申请开展研究科研项目，依照伦理审查制度的严格程序进行，按要求提交学校科研伦理机构审查，省级以上课题则交由省级乃至国家科技伦理机构审查。通过科研伦理机构的审查，所有的科研项目负责人均会在认真思考自己的研究目的、研究内容、研究过程、研究结果是否符合现有的科研伦理审查标准之后做出研究决定，这个过程在长期的机制建设中会逐步内化于科研人员或研究者的内心，外化于其科研活动过程的每一个细节，从而实现科研价值的合法化。

3. 契合社会伦理，实现科研价值的合矢化。当面临个人与社会关系处理的问题时，应该引导研究者遵循基本的伦理规范及其道德精神，承担相应的社会责任，将科研伦理与社会伦理相契合，坚决维护社会和国家利益，做到爱国、敬业、诚信、友善。任何科学研究的最终目的都是促进社会的进步、经济的发展、生态的改善，而高校对科研工作的支持是驱动科研伦理规范的关键条件。因此，科技的发展需要与人的价值实现紧密结合在一起，实现科技和人权的伦理和解，实现两者之间的协调和可持续发展，达到科技与人文的高度统一。

（三）坚持原创性和协同性相统一

高校作为科技创新重要动力源，致力于科技原始创新能力、科技战略前沿突破能力、科技体系化建设能力、研发主体创新能力、科技开放合作能力提升。原创性是取得前沿科技领先地位的重要法宝，协同性是实现创新的重要驱动力。

1．掌握技术主动权，增强原始创新的持续拓展性。当前，我国科技创新的重点在于解决一些"卡脖子"的重要技术难题，作为科技创新的重要载体，高校要积极推进国家实验室、国家重点实验室、学科交叉国家研究中心等高水平平台基地的培育与建设，充分发挥高水平平台的集聚效应，依托平台汇聚优质创新资源，承担重大科研任务，产生有影响力的原创成果。同时，主动对接国家基础研究布局，在国家重大科技基础设施、国家科技创新中心等建设中发挥更大作用。

2．掌握人才主动权，增强原始创新的核心驱动性。人才是最大的竞争力，掌握人才的主动权，就能够极大地提升原始创新力。高校要改革完善人才育、引、留机制，依托高层次人才引进和培养计划，培养会聚一批具有国际影响力的科技创新高端人才，组建若干具有重要国际影响的协同创新团队。建立对创新团队进行稳定支持的倾斜政策，鼓励潜心开展持续的基础科学研究与探索。进一步加强人才梯队建设，大力培养中青年和后备科技人才，保证研究投入与成果产生的连续性。

3．掌握融合主动权，增强原始创新的空间延伸性。高校科技创新需要打破传统壁垒，跨学院、跨学科、跨院所组建符合大科学时代科研规律的科研组织，促成多学科协同攻克复杂的综合性问题。借助"双一流"建设的有利契机，完善学科布局，凝练重点发展领域和优先发展方向，鼓励学科交叉与学科融合，大力推进基础学科与应用学科、自然科学与人文社会科学之间的前沿交叉研究。

二、高校科技创新活动的规律

高校科技创新应当遵循科学规律，明确"为什么研究，研究什么，如何研究，研究会解决什么问题"等问题，依照"问题缘起—寻求经验—经验不足—提出观点—论证观点—成果呈现"的逻辑思路展开。

（一）逻辑向度：研究者的思维溯源

高校科技创新规律的形成，源于整个研究过程的思维导向，反映的是研究发展过程中内在的、本质的、必然的联系。通过研究者对概念的认知，形成理性的判断，再经过去伪存真的推理，来实现客观的结果运用。

1. 求知：提出问题。科技创新源于人的求知，在对事物产生好奇的时候开始探索，发现问题：自然界、人类社会是如何形成的？为什么会与人类产生联系？……"研究真问题""真研究问题""致力于解决实际问题"的理论于是被提出。随着科技革命的更迭，更多的问题被提出、被分析、被解决，然后又出现新的问题……看似周而复始，但却是推动科技水平螺旋上升的直接动力，也是实现创新的源头。

2. 求实：发现事实。实事求是是我们习惯运用的方法论，研究者通过实地考察、访谈、调研的方式，获取一手资料，作为下一阶段的研究基础。这个过程具有较强的客观性，需要研究者从众多联系中发现关键要素进行分析，从而为下一个阶段研究奠定坚实基础，这也是科学精神的核心要素之一。因此，高校科技创新要正确反映客观现实，克服主观臆断规则。

3. 求真：去伪验证。求真，是探求事物联系中主观符合客观的过程，这在唯物主义辩证法中体现明显，马克思主义理论的表述为："实践是检验真理的唯一标准。"通过对获得的材料进行分析，从而得到核心要素，在此基础上进行去伪验证，得出研究结果，进行再思考、再验证，最终探求到真理，习得真知识。

4. 求新：应用发展。依照马克思主义认识论，认识来源于实践，并且在实践基础上不断深化和发展。由此，可以形成"认识—实践—认识—实践……"的辩证发展过程，也是真理的应用阶段。不同的是，每一次认识都是对之前认识的更新，新的认识催生新的实践，而从新的实践中又得到更新的认识，这本身就是创新的过程。

所以，高校科技创新包括了求知、求真、求实、求新组成的探索过程。

从问题和假设出发，通过科学实验和社会实践反复验证，这就是从事实出发，回归于真理，最终不断拓宽认识的疆域，到达真理的彼岸。

（二）时空向度：研究过程立体呈现

在具体的研究过程中，从研究的背景、研究主题的选择、文献综述的形成，到研究的突破点和创新点、新观点的提出和论证是一个立体的过程，从时空上来看较为丰富。

1. 理论源头：科研问题的缘起。高校科技创新在产学研协同发展方面取得了长足发展，但高校科研与产业发展对接不够紧密，科技成果转化应用滞后，科技创新合力还没有形成，对产业转型升级、经济结构调整的支撑还不够强。因此，高校要提升原始创新力，就必须聚焦国家重大战略和地方经济社会发展需求，强化应用领域功能的发挥，拓宽学科专业、实验设施、智力资源等优势辐射范围，积极融于产业技术攻关，着力当下亟待解决的科技难题，以问题为导向开展研究。

2. 现状扫描：文献综述的形成。在高校科技创新研究领域，研究者有很多新的观点，例如，抓好优势学科和特色专业建设，打造一批在全国有影响力的一流学科；推动产学研用深度融合，打造高水平协同创新平台，源源不断催生新技术、新业态、新行业；加快破除科技成果转化及产业化应用的制度性障碍，完善科技成果转化体系，加强成果转移转化平台建设，落实以增加知识价值为导向的分配政策，充分激发高校科研人员投身产业技术攻关的积极性、主动性和创造性。对这些观点提炼、分析，形成文献综述，为新观点的提出奠定基础。

3. 分析变量：发现创新探索点。通过对文献的深入分析，结合研究者调研过程的思考，这个阶段会发现前人未触及的部分，随之会从另外角度提出新观点，进行新论证，从而形成了该研究的创新点，也是研究领域最为关注的部分。例如，从交叉学科的角度分析，以课堂育人为基础，以实践育人为主体，以创新创业育人为过程，深化高水平人才跨学科交叉培养，构建全方位全过程深度融合的协同育人新机制。

4. 研究范式：凝结成果并应用。高校科技创新活动产生的重要意义在于，研究产出的成果可以持续地供给国家和社会的发展，在理论或技术层面产生极大的推动力，深刻地改变人们的生活方式。这种成果的运用过程也逐步地形成一种研究范式，进一步推动研究者开展更加前沿的探索。随着时间的推移，研究范式逐步影响人们的思维方式，进而形成一种创新文化，培养出更多应用型、复合型、创新型人才。

（三）实践向度：研究成果多维贡献

高校科技创新的实践向度集中反映了研究的现实价值。主要从宏观、中观、微观角度来实现，也决定了创新研究活动意义的重要程度。

1. 宏观层面：推动经济社会强力发展。科技创新的最高意义在于不断满足人民对美好生活的需要，解决发展不平衡不充分问题。以乡村振兴为例，将高校农学相关学科建设与服务地方经济社会发展结合起来，推动构建循环农业、生态农业、绿色农业创新产业链，通过产教融合实现学科高质量发展。以疫情防控为例，清华大学、复旦大学、四川大学、浙江大学、中山大学、厦门大学等高校利用中央高校基本科研业务费、"双一流"建设经费等资源，开拓企业合作渠道，主动设立了新型冠状病毒防控科技攻关应急专项，以更精准的数据为打赢疫情防控攻坚战提供了保障。

2. 中观层面：实现专业领域纵深发展。高校科技创新在中观层面的价值体现在对专业领域的直接贡献。一是促进科技的原始创新能力提升。我国化学、材料、物理等学科处在世界前列，取得了以量子通信、铁基超导、干细胞为代表的一批重大原创性科技成果。二是致力科技的战略前沿突破能力提升。深海、深空、深地、深蓝等领域不断取得重大进展。三是辅助科技的体系化建设能力提升。在加快建设国家实验室、重组国家重点实验室体系、散裂中子源等科技基础设施建设成功的契机之下，不断发展壮大高校科技人才队伍，进一步增强创新活力。

3. 微观层面：提升个体价值全面发展。研究者在参与高校科技创新活动过程中，能够不断提升个体发现问题和解决问题的能力，养成善于观察、独立思考并勇于挑战的优秀品质，契合社会竞争的需要。大学生在参与重大项目的学习和研究过程中也能够历练出灵活运用知识能力、语言表达能力、团队协作能力、吃苦耐劳能力，逐步符合市场经济急需创新型人才的需求，能得到更多的就业机会，将来成为国家机构及企事业单位的工作骨干。将个人价值实现融入科技创新的伟大事业中，实现个体的全面发展。

第三节　高校科技创新能力的要素与评价

高校科技创新能力建设是一项系统工程，集创新主体、创新目的、创新内容、创新过程、创新方法、创新结果等要素为一体。因此，对于高校科技创新能力的评价也需要从要素体系中分析结果。

一、高校科技创新能力的要素体系

高校科技创新能力的要素体系，"是指高校在科技创新活动中创新能力构成的基本要素及其相互组合的联结方式"[①]。表现为知识、技术、队伍、管理、环境等诸多要素组成的有机统一体。在实施创新驱动发展战略中，

---

① 夏季亭，帅相志. 创新驱动发展战略与高校科技创新研究［M］. 北京：科学出版社，2014：214.

科技创新队伍在科技创新能力要素体系中起决定性作用，是整个体系中最活跃的因素。硬件基础包括开展科研活动所需的设备、土地、劳动、数据等资源，是高校科技创新成果产出的重要前提。软件基础是高校科技创新的战略整体规划，包括组织、指挥、协调、监督和控制科研创新活动的能力。科技创新投入主要指经费投入，科技创新产出表现为科技创新效益，是实施创新驱动发展战略成效的重要检验标准。所以，提升高校科技创新力，要充分利用科技创新资源，激发各类要素活力，有效支撑科技创新过程，使基础研究和应用研究效率最大化。

（一）科技创新队伍是科技创新的核心要素

科技创新的根本要素在于拔尖人才，科技人才队伍的发展壮大是提升高校科技创新能力的重要支撑。目前，全球在前沿科技领域的变革与竞争日趋激烈，特别是以云计算、物联网、大数据、边缘计算、智能传感为代表的技术研发及其在各个领域的广泛运用，推动着工业 4.0 的前沿发展。在这种历史契机下，高校科技人才培养要在不断加强数理基础、强化实践能力、夯实专业素养的前提下，更侧重思维能力和原创能力的培养，结合实践凸显科技工程需求。将人才队伍科技创新能力培养的重点放在突破常规、发现问题、迸发灵感、解决难题上，重视广博视野、缜密逻辑、强烈的好奇心、对探索新事物保持极大兴趣的素质养成，以培养适应人工智能发展趋势下科技创新的新变化、新要求的高水平人才队伍。

（二）硬件基础是科技创新的保障要素

据统计，我国高校现有 154 个国家重点实验室、14 个前沿科学中心、96 个国家工程技术研究中心、64 个国家工程实验室，还有一批省部级重点实验室、工程研究中心。[①] 持续地加强对关键核心技术的投入和研发，完善产学研深度融合的创新体系，以开放姿态加强国际交流合作，这为科技创新奠定了坚实基础。此外，国家科技基础条件平台初步建成了以研究实验基地和大型科学仪器设备、自然科技资源、科学数据、科技文献等六大领域为基本框架的国家科技基础条件平台建设体系，形成信息网络技术的科技资源共享体系，有效配置和系统优化科技资源，为高校科技创新能力提供了重要支撑。

（三）软件基础是科技创新的枢纽要素

软件基础主要体现在科技伦理规范、科学家精神的弘扬，以及风清气正的科研环境的创设。健全高校科技伦理治理体制，完善科技伦理治理学术研究机制，健全科技伦理监管制度，建立科技人员自律机制，对于克服科技领域存在的伦理问题、提升高校科技创新能力具有重要意义。进一步弘扬科学家精神，鼓舞和激励广大科技工作者争做重大科研成果的创造者、建设科技强国的奉献者、崇高思想品格的践行者、良好社会风尚的引领者，不断向科学技术广度和深度进军。此外，对论文造假等学术违规行为持"零容忍"态度，维护科研诚信、构建良好科研生态，营造风清气正的科研环境。

（四）科技创新投入是科技创新的关键要素

科技创新投入包括科技人力、科研经费、科技机构、研究项目、国际科技交流等部分。根据教育部统计数据，2019 年，全国高校共投入各类科技人力 1650157 人，各类科技经费 20.52694 亿元，科技机构 10853 个，科

---

① 林焕新. 支持和激励更多高校教师成为"大先生"——论重视和加强高校教师队伍建设[N]. 中国教育报，2021-06-17.

研项目 576260 项，国际科技交流合作研究派遣 47029 人次，主办国际学术会议 2250 次。① 强力的科技创新投入是科技攻关创新的关键因素，通过充分发挥人力、物力、财力投入的引导和拉动作用，激发研究主体开展研发活动的积极性，进一步加强对前瞻性科学研究和原始创新能力的建设。此外，深化高等院校、科研院所与企业、科技服务机构的协同创新机制，建立高等院校、科研机构对企业的科技资源开放共享机制也是促进高校科技创新能力提升的重要措施。采取稳定性投入和竞争性投入相结合的方式对基础条件好、方向明确、优势特色突出、与经济社会发展结合紧密的科研院所及高校给予支持，对行业支撑引领作用强、科研项目任务完成质量高、考核评价好的科研院所及高校进行滚动支持。支持科研机构与高等院校、骨干企业合作，通过新建、共建和科研机构内建或整体转型等方式建立新型研发机构，以加快促进"政产学研金服用"创新要素的融合创新，构建创新创业共同体。

（五）科技创新产出是科技创新的结果要素

科技创新各要素资源聚合的目的是驱动科技创新的高质量产出，科研成果能够直接或间接地推动国家发展和社会进步。科技创新产出的类型有四类：一是有重大科学前沿创新成就。例如，清华大学创立的人居环境科学、北京大学建立的汉字信息处理与激光照排系统、首都医科大学创立的脑干结构与功能可塑性理论等。二是关键核心技术突破。例如，北京邮电大学创立的 TDD 移动宽带传输与组网理论、技术及应用，同济大学突破的航天重大工程的遥感空间信息可信度理论与关键技术，中国人民解放军陆军军医大学对烧伤的救治与研究等。三是显著效益成果转化。例如，中国农业大学对黄淮海平原中低产地区农业综合治理的研究与开发，清华大学

---

① 中华人民共和国教育部科学技术司. 2019 年高等学校科技统计资料汇编［R］. 2020-07.

创立的第二代居民身份证专用芯片（THR9904）及模块，广西大学对高活力α-乙酰乳酸脱羧酶的研制与应用等。四是标志性事件或人物。例如，重庆三峡学院三峡水库消落区植被生态修复与重建研究团队，云南大学侯先光研究团队对澄江生物群的发现、研究与保护的贡献等。

二、高校科技创新能力的评价体系

2021 年，国务院办公厅《关于完善科技成果评价机制的指导意见》，明确科技成果评价要坚持以质量、绩效、贡献为核心的评价导向，把握科研渐进性和成果阶段性的特点，科学确定评价标准，开展多层次差别化评价，这对于完善高校科技创新能力评价体系有着重要意义。具体而言，高校科技创新评价包含了对"评什么""谁来评""怎么评""怎么用"的重要回答，旨在激励高校科技工作者致力于"研究真问题""真研究问题""解决实际问题"。

（一）创造多元价值的能力

全面准确评价科技成果的科学、技术、经济、社会、文化价值解决的是"评什么"的问题，包括对新发现、新原理、新方法方面的独创性贡献的科学价值评价，对重大技术发明、关键核心技术问题成效的技术价值评价，在解决人民健康、国防与公共安全、生态环境等重大瓶颈问题方面成效的社会价值评价，在倡导科学家精神、营造创新文化、弘扬社会主义核心价值观方面的文化价值评价等。破除"四唯"的单一评价机制，纠正单纯重数量指标、轻质量贡献等不良倾向，鼓励高校科技工作者致力研究为经济社会发展和国家安全做出突出贡献的高质量成果。

（二）完善分类评价体系的能力

基于现有评价体系，科技成果分三类进行评价，具体到评价主体，解决了"谁来评"的问题。基础研究成果以同行评议为主，鼓励国际"小同行"评议，推行代表作制度，实行定量评价与定性评价相结合。应用研究成果以行业用户和社会评价为主，注重高质量知识产权产出，把新技术、新材料、新工艺、新产品、新设备样机性能等作为主要评价指标。不涉及军工、国防等敏感领域的技术开发和产业化成果，以用户评价、市场检验和第三方评价为主，把技术交易合同金额、市场估值、市场占有率、重大工程或重点企业应用情况等作为主要评价指标。探索建立重大成果研发过程回溯和阶段性评估机制，加强成果真实性和可靠性验证，合理评价成果研发过程性贡献。[①]

（三）创新评价工具和模式的能力

加强科技成果评价理论和方法研究，利用大数据、人工智能等技术手段，开发信息化评价工具，综合运用概念验证、技术预测、创新大赛、知识产权评估以及扶优式评审等方式，推广标准化评价。充分利用各类信息资源，建设跨行业、跨部门、跨地区的科技成果库、需求库、案例库和评价工具方法库。发布新应用场景目录，实施重大科技成果产业化应用示范工程，在重大项目和重点任务实施中运用评价结果。同时，完善高校科技成果评价激励和免责机制，把科技成果转化绩效作为核心要求，纳入高校创新能力评价体系，细化完善有利于转化的职务科技成果评估政策，激发科研人员创新与转化的活力。

总之，高校科技创新能力的要素与评价作为对高校科技创新成果的量化指标，能够对现有科技创新能力进行直观反映，也为今后的高校科技创新能力的发展提供了重要参考依据。

---

① 国务院办公厅. 关于完善科技成果评价机制的指导意见［Z］. 2021-08-02.

第五章

四川高校科技创新发展的成效与贡献

高校承担着科技创新人才培养的重要任务，是提升原始创新力的重要载体，也是推动经济高质量发展的动力来源和重要途径。因此，高校科技创新在经济发展由要素推动转化为创新驱动的过程中发挥着至关重要的作用。四川从教育大省发展为教育强省的过程，高校科技创新如何发挥作用？这就是本章内容要回答的问题。这部分将从四川高等教育事业的发展现状切入，总结"十三五"时期四川高校科技创新取得的成绩。从高校科技人力资源建设、创新经费投入与使用、创新平台建设、创新成果与产出、国际科技合作与交流等方面进行客观分析，以8所四川"双一流"高校科技创新为主要研究对象，深入探讨其科研基础、创新能力、主要特色。通过分析现状，找出存在的主要问题，提出解决措施，为提升高校科技创新能力、促进科技与经济深度融合在理论和实践上提供实证依据与重要参考。

第一节　四川高等教育事业发展现状

在政治、经济、历史、文化、人口等多种因素的综合作用下，我国高等教育资源区域分布不均，不同区域高等教育发展状况差距较大。近年来，四川抢抓机遇，乘势而上，教育规模在国内处于中等偏上水平，省内高校不仅在数量上占优势，而且在质量上也领先大多数省份。

一、四川高等教育发展概述

四川简称川或蜀，位于中国西南部，地处长江上游，素有"天府之国"的美誉。全省面积 48.6 万平方公里，辖 21 个市（州）、183 个县（市、区），与重庆、贵州、云南、西藏、青海、甘肃和陕西等七省（自治区、直辖市）接壤，有全国最大的彝族聚居区、第二大藏族聚居区和唯一的羌族聚居区。2020 年末全省家庭户人口 7709.3 万、常住人口 8367.5 万，其中少数民族人口 568.8 万。

四川科教实力雄厚，是国家系统推进全面创新改革试验的八个区域之一，拥有中国（四川）自由贸易试验区、成都国家自主创新示范区、天府新区、绵阳科技城、攀西战略性资源创新开发试验区等多个重大区域创新平台。有各级各类学校 2.5 万所，其中普通高校 132 所，有国家级重点实验室 14 家，128 家省级重点实验室，两院院士共计 61 名（62 人次）。[①]

强省必先强教，兴川必先兴才。改革开放以来，四川省教育优先发展战略进一步落实，高等教育事业稳步推进，高校的人才培养、科学研究、服务社会、文化传承与创新、国际合作交流等能力大大增强，日益成为推动四川经济发展的重要生力军。

在高等教育的发展规模方面，根据教育部 2020 年公布的最新《全国高等学校名单》[②]，全国高等学校共计 3005 所（不包含港澳台地区），位于四

---

① 四川概况 ［Z］. 四川省人民政府网，2021-06-07.
② 2020 年全国高等学校名单 ［Z］. 中华人民共和国教育部，2020-07-09.

川省的普通高校共有 132 所，从数量上来看，位居全国 31 个行政区的第五位，仅次于江苏、山东、河南。其中公办高校 79 所，民办高校 53 所。详情见表 5-1、5-2。

表 5-1 全国各省市拥有普通高校数量排名情况

排名	省市名称	普通高校（所）
1	江苏省	167
2	广东省	154
3	山东省	152
4	河南省	151
5	四川省	132
6	湖北省	129
7	湖南省	128
8	河北省	125
9	安徽省	120
10	辽宁省	116
11	浙江省	109
12	江西省	105
13	陕西省	96
14	北京市	92
15	福建省	89
16	山西省	85
17	云南省	82
17	广西壮族自治区	82
19	黑龙江省	80
20	贵州省	75
21	重庆市	68
22	吉林省	64
23	上海市	63

续表

排名	省市名称	普通高校（所）
24	天津市	56
24	新疆维吾尔自治区	56
26	内蒙古自治区	54
27	甘肃省	50
28	海南省	21
29	宁夏回族自治区	20
30	青海省	12
31	西藏自治区	7

表5-2 四川省高等学校名单（2020年）

序号	学校名称	主管部门	所在地	办学层次	备注
1	四川大学	教育部	成都市	本科	
2	西南交通大学	教育部	成都市	本科	
3	电子科技大学	教育部	成都市	本科	
4	西南石油大学	四川省	成都市	本科	
5	成都理工大学	四川省	成都市	本科	
6	西南科技大学	四川省	绵阳市	本科	
7	成都信息工程大学	四川省	成都市	本科	
8	四川轻化工大学	四川省	自贡市	本科	
9	西华大学	四川省	成都市	本科	
10	中国民用航空飞行学院	交通运输部（中国民用航空局）	德阳市	本科	
11	四川农业大学	四川省	雅安市	本科	
12	西昌学院	四川省	凉山彝族自治州	本科	
13	西南医科大学	四川省	泸州市	本科	
14	成都中医药大学	四川省	成都市	本科	
15	川北医学院	四川省	南充市	本科	

序号	学校名称	主管部门	所在地	办学层次	备注
16	四川师范大学	四川省	成都市	本科	
17	西华师范大学	四川省	南充市	本科	
18	绵阳师范学院	四川省	绵阳市	本科	
19	内江师范学院	四川省	内江市	本科	
20	宜宾学院	四川省	宜宾市	本科	
21	四川文理学院	四川省	达州市	本科	
22	阿坝师范学院	四川省	阿坝藏族羌族自治州	本科	
23	乐山师范学院	四川省	乐山市	本科	
24	西南财经大学	教育部	成都市	本科	
25	成都体育学院	四川省	成都市	本科	
26	四川音乐学院	四川省	成都市	本科	
27	西南民族大学	国家民委	成都市	本科	
28	成都大学	四川省	成都市	本科	
29	成都工业学院	四川省	成都市	本科	
30	攀枝花学院	四川省	攀枝花市	本科	
31	四川旅游学院	四川省	成都市	本科	
32	四川民族学院	四川省	甘孜藏族自治州	本科	
33	四川警察学院	四川省	泸州市	本科	
34	成都东软学院	四川省教育厅	成都市	本科	民办
35	成都艺术职业大学	四川省教育厅	成都市	本科	民办
36	电子科技大学成都学院	四川省教育厅	成都市	本科	民办
37	成都理工大学工程技术学院	四川省教育厅	乐山市	本科	民办
38	四川传媒学院	四川省教育厅	成都市	本科	民办
39	成都银杏酒店管理学院	四川省教育厅	成都市	本科	民办
40	成都文理学院	四川省教育厅	成都市	本科	民办
41	四川工商学院	四川省教育厅	成都市	本科	民办

序号	学校名称	主管部门	所在地	办学层次	备注
42	四川外国语大学成都学院	四川省教育厅	成都市	本科	民办
43	成都医学院	四川省	成都市	本科	
44	四川工业科技学院	四川省教育厅	德阳市	本科	民办
45	四川大学锦城学院	四川省教育厅	成都市	本科	民办
46	西南财经大学天府学院	四川省教育厅	绵阳市	本科	民办
47	四川大学锦江学院	四川省教育厅	眉山市	本科	民办
48	四川文化艺术学院	四川省教育厅	绵阳市	本科	民办
49	西南科技大学城市学院	四川省教育厅	绵阳市	本科	民办
50	西南交通大学希望学院	四川省教育厅	南充市	本科	民办
51	成都师范学院	四川省	成都市	本科	
52	四川电影电视学院	四川省教育厅	成都市	本科	民办
53	吉利学院	四川省教育厅	成都市	本科	民办
54	成都纺织高等专科学校	四川省	成都市	专科	
55	民办四川天一学院	四川省教育厅	成都市	专科	民办
56	成都航空职业技术学院	四川省	成都市	专科	
57	四川电力职业技术学院	四川省	成都市	专科	
58	成都职业技术学院	四川省	成都市	专科	
59	四川化工职业技术学院	四川省	泸州市	专科	
60	四川水利职业技术学院	四川省	成都市	专科	
61	南充职业技术学院	四川省	南充市	专科	
62	内江职业技术学院	四川省	内江市	专科	
63	四川航天职业技术学院	四川省	成都市	专科	
64	四川邮电职业技术学院	四川省	成都市	专科	
65	四川机电职业技术学院	四川省	攀枝花市	专科	
66	绵阳职业技术学院	四川省	绵阳市	专科	
67	四川交通职业技术学院	四川省	成都市	专科	
68	四川工商职业技术学院	四川省	成都市	专科	

续表

序号	学校名称	主管部门	所在地	办学层次	备注
69	四川工程职业技术学院	四川省	德阳市	专科	
70	四川建筑职业技术学院	四川省	德阳市	专科	
71	达州职业技术学院	四川省	达州市	专科	
72	四川托普信息技术职业学院	四川省教育厅	成都市	专科	民办
73	四川国际标榜职业学院	四川省教育厅	成都市	专科	民办
74	成都农业科技职业学院	四川省	成都市	专科	
75	宜宾职业技术学院	四川省	宜宾市	专科	
76	泸州职业技术学院	四川省	泸州市	专科	
77	眉山职业技术学院	四川省	眉山市	专科	
78	四川职业技术学院	四川省	遂宁市	专科	
79	乐山职业技术学院	四川省	乐山市	专科	
80	雅安职业技术学院	四川省	雅安市	专科	
81	四川商务职业学院	四川省	成都市	专科	
82	四川司法警官职业学院	四川省	德阳市	专科	
83	广安职业技术学院	四川省	广安市	专科	
84	四川信息职业技术学院	四川省	广元市	专科	
85	四川文化传媒职业学院	四川省教育厅	成都市	专科	民办
86	四川华新现代职业学院	四川省教育厅	成都市	专科	民办
87	四川铁道职业学院	四川省	成都市	专科	
88	四川艺术职业学院	四川省	成都市	专科	
89	四川中医药高等专科学校	四川省	绵阳市	专科	
90	四川科技职业学院	四川省教育厅	成都市	专科	民办
91	四川文化产业职业学院	四川省	成都市	专科	
92	四川财经职业学院	四川省	成都市	专科	
93	四川城市职业学院	四川省教育厅	成都市	专科	民办
94	四川现代职业学院	四川省教育厅	成都市	专科	民办
95	四川幼儿师范高等专科学校	四川省	绵阳市	专科	

序号	学校名称	主管部门	所在地	办学层次	备注
96	四川长江职业学院	四川省教育厅	成都市	专科	民办
97	四川三河职业学院	四川省教育厅	泸州市	专科	民办
98	川北幼儿师范高等专科学校	四川省	广元市	专科	
99	四川卫生康复职业学院	四川省	自贡市	专科	
100	四川汽车职业技术学院	四川省教育厅	绵阳市	专科	民办
101	巴中职业技术学院	四川省教育厅	巴中市	专科	民办
102	四川希望汽车职业学院	四川省教育厅	资阳市	专科	民办
103	四川电子机械职业技术学院	四川省教育厅	绵阳市	专科	民办
104	四川文轩职业学院	四川省教育厅	成都市	专科	民办
105	川南幼儿师范高等专科学校	四川省	内江市	专科	
106	四川护理职业学院	四川省	德阳市	专科	
107	成都工业职业技术学院	四川省	成都市	专科	
108	四川西南航空职业学院	四川省教育厅	成都市	专科	民办
109	成都工贸职业技术学院	四川省	成都市	专科	
110	四川应用技术职业学院	四川省教育厅	凉山彝族自治州	专科	民办
111	西昌民族幼儿师范高等专科学校	四川省	凉山彝族自治州	专科	
112	眉山药科职业学院	四川省教育厅	眉山市	专科	民办
113	天府新区信息职业学院	四川省教育厅	眉山市	专科	民办
114	德阳城市轨道交通职业学院	四川省教育厅	德阳市	专科	民办
115	德阳科贸职业学院	四川省教育厅	德阳市	专科	民办
116	江阳城建职业学院	四川省教育厅	泸州市	专科	民办
117	天府新区航空旅游职业学院	四川省教育厅	眉山市	专科	民办
118	天府新区通用航空职业学院	四川省教育厅	眉山市	专科	民办
119	阿坝职业学院	四川省	阿坝藏族羌族自治州	专科	
120	达州中医药职业学院	四川省	达州市	专科	
121	内江卫生与健康职业学院	四川省	内江市	专科	

续表

序号	学校名称	主管部门	所在地	办学层次	备注
122	南充科技职业学院	四川省教育厅	南充市	专科	民办
123	攀枝花攀西职业学院	四川省教育厅	攀枝花市	专科	民办
124	资阳口腔职业学院	四川省教育厅	资阳市	专科	民办
125	资阳环境科技职业学院	四川省教育厅	资阳市	专科	民办
126	南充文化旅游职业学院	四川省教育厅	南充市	专科	
127	南充电影工业职业学院	四川省教育厅	南充市	专科	民办
128	绵阳飞行职业学院	四川省教育厅	绵阳市	专科	民办
129	德阳农业科技职业学院	四川省教育厅	德阳市	专科	民办
130	泸州医疗器械职业学院	四川省教育厅	泸州市	专科	民办
131	广元中核职业技术学院	四川省教育厅	广元市	专科	民办
132	四川体育职业学院	四川省	成都市	专科	

资料来源：教育部《2020 年中国高等学校名单》

从发展质量上来看，近年来四川高校发展从规模扩张转向质量提升，领先于大多数省份。全国 985 高校共有 32 所，四川占 2 所，分别是四川大学和电子科技大学；全国 211 工程高校共有 115 所，四川占 5 所，分别是四川大学、电子科技大学、西南交通大学、四川农业大学、西南财经大学。在 2017 年公布的全国首批 137 所"双一流"高校中，四川有 8 所高校入选，除了上述 5 所 211 高校外，还有西南石油大学、成都理工大学、成都中医药大学。从对比数据看，四川省 211 高校数量居全国第六，"双一流"大学数量居全国第四、西部第一，仅次于北京市、江苏省和上海市。

表 5-3 "双一流"大学各地分布情况① 单位：所

省份	"双一流"建设高校	"一流大学"建设高校		"一流学科"建设高校	
北京	31	北京大学、中国人民大学、清华大学、北京航空航天大学、北京理工大学、中国农业大学、北京师范大学、中央民族大学	8	北京交通大学、北京工业大学、北京科技大学、北京化工大学、北京邮电大学、北京林业大学、北京中医药大学、北京外国语大学、中国传媒大学、中央财经大学、对外经济贸易大学、中国政法大学、华北电力大学、北京体育大学、中央音乐学院、中国人民公安大学、外交学院、中国音乐学院、中央美术学院、中央戏剧学院、北京协和医学院、首都师范大学、中国科学院大学	23
江苏	15	南京大学、东南大学	2	中国药科大学、南京农业大学、南京师范大学、苏州大学、南京航空航天大学、南京理工大学、中国矿业大学、河海大学、江南大学、南京林业大学、南京信息工程大学、南京中医药大学、南京邮电大学	13
上海	13	复旦大学、同济大学、上海交通大学、华东师范大学	4	上海大学、华东理工大学、东华大学、上海外国语大学、上海财经大学、上海体育学院、上海海洋大学、上海中医药大学、上海音乐学院	9
四川	8	四川大学、电子科技大学	2	西南交通大学、四川农业大学、西南财经大学、西南石油大学、成都理工大学、成都中医药大学	6

---

① 《教育部　财政部　国家发展改革委关于公布世界一流大学和一流学科建设高校及建设学科名单的通知》（教研函〔2017〕2 号）.

续表

省份	"双一流"建设高校	"一流大学"建设高校		"一流学科"建设高校	
湖北	7	2	武汉大学、华中科技大学	5	中国地质大学（武汉）、武汉理工大学、华中农业大学、华中师范大学、中南财经政法大学
陕西	7	3	西安交通大学、西北工业大学、西北农林科技大学	4	长安大学、西安电子科技大学、西北大学、陕西师范大学
天津	5	2	南开大学、天津大学	3	天津医科大学、天津工业大学、天津中医药大学
广东	5	2	中山大学、华南理工大学	3	暨南大学、华南师范大学、广州中医药大学
辽宁	4	2	大连理工大学、东北大学	2	辽宁大学、大连海事大学
黑龙江	4	1	哈尔滨工业大学	3	哈尔滨工程大学、东北农业大学、东北林业大学
吉林	3	1	吉林大学	2	延边大学、东北师范大学
浙江	3	1	浙江大学	2	宁波大学、中国美术学院
安徽	3	1	中国科学技术大学	2	安徽大学、合肥工业大学
山东	3	2	山东大学、中国海洋大学	1	中国石油大学（华东）
湖南	3	2	中南大学、湖南大学	1	湖南师范大学
军事系统	3	1	国防科技大学	2	第二军医大学、第四军医大学
福建	2	1	厦门大学	1	福州大学
河南	2	1	郑州大学	1	河南大学
重庆	2	1	重庆大学	1	西南大学
新疆	2	1	新懿大学	1	石河子大学
河北	1			1	河北工业大学（异地办学，计入河北）
山西	1			1	太原理工大学

省份	"双一流"建设高校	"一流大学"建设高校		"一流学科"建设高校	
内蒙古	1			1	内蒙古大学
江西	1			1	南昌大学
广西	1			1	广西大学
海南	1			1	海南大学
贵州	1			1	贵州大学
云南	1	1	云南大学		
西藏	1			1	西藏大学
甘肃	1	1	兰州大学		
青海	1			1	青海大学
宁夏	1			1	宁夏大学
合计	137	42		95	

注：中国石油大学（北京）、中国矿业大学（北京）、中国地质大学（北京）、华北电力大学（保定）未单独计入；军事系统院校单列，未计入地方

在我国，公办本科高校办学水平是一个地区高等教育水平的体现。在上海软科的2020中国大学排行榜中①，四川省有33所公办本科高校进入榜单。其中，四川大学、电子科技大学、西南交通大学、西南财经大学入围全国前百强。西南石油大学、四川农业大学、成都理工大学、四川师范大学等进入前200强。如表5-4，33所入榜高校中，31所入围500强。可见，四川高等教育水平总体较强。

表5-4 2020年四川高校排名（软科）

内地排名	省内排名	学校名称
16	1	四川大学

① 2020软科中国大学排名发布 85所双一流高校位列百强［EB/OL］. 中国教育网，2020-05-15.

续表

内地排名	省内排名	学校名称
32	2	电子科技大学
53	3	西南交通大学
67	4	西南财经大学
133	5	西南石油大学
141	6	四川农业大学
156	7	成都理工大学
171	8	四川师范大学
202	9	西南科技大学
219	10	成都信息工程大学
236	11	成都中医药大学
247	12	西华师范大学
247	13	西南医科大学
252	14	西南民族大学
255	15	西华大学
268	16	成都大学
313	17	四川轻化工大学
377	18	乐山师范学院
381	19	中国民用航空飞行学院
386	20	成都工业学院

二、"十三五"四川高校科技创新成效显著

　　走内涵式发展道路是我国高等教育发展的必由之路。据《四川日报》报道[①]，"十三五"以来，四川省高等教育风雨兼程，走过了极不平凡的征

――――――――――

　　①　四轮驱动　四川教育鼎兴之路［N］.四川日报，2020-12-17.

程，跨入高等教育大省行列，成为西部高等教育高地。

1. 优势学科的行业影响不断扩大。全省 8 所高校进入国家"双一流"建设名单，其中两所进入国家"世界一流大学"建设高校。在全国第四轮学科评估中，有 19 所高校的 199 个学科进入全国前 70％，学科数超过西部 12 省份平均数的 1 倍多。同时，四川共有 14 所高校的 49 个学科进入 ESI 全球排名前百分之一、6 个学科进入前千分之一①。以优势特色学科为载体，建成了一批高水平科研平台，产出了一批高质量研究成果。目前，全省高校拥有国家级、省部级科研创新平台 358 个，其中国家级平台 71 个，省部级 287 个。全省高校获国家科学技术奖励总数处于 6～7 位，省属高校获奖总数处于 5～7 位②。

2. 高校是基础研究的主力军和创新源头，是创新人才培养和会聚的主阵地，"十三五"时期，四川高校坚定不移走内涵式高质量高水平办学道路，奋力把科教优势转化为创新优势。据四川省教育厅③和四川在线④报道，2019 年四川省 76.9％的发明专利授权数、88.1％的科技著作、91％的国家级科技奖励来自高校，每年为社会提供技术开发、技术咨询、技术服务、技术转让近万项，充分展示了高校在全省科技创新中的担当作为。

3. 科研队伍不断壮大。至"十三五"末的 2020 年，全省高校理工农医类科技人员 5.9 万人，人文社科人员 4.2 万人，分别较"十二五"末的 2015 年增长 1.3 倍、1.5 倍。科研人员中高级职称占 29.9％，硕士及以上学位人员占 61.7％。全省高校共有省级以上高层次人才 2488 名，其中：两院院士 16 名（在职 7 名），长江学者 76 名；国家海归高层次人才"引进计

① 全国第四轮学科评估结果（最新）［Z］. 中国学位与研究生教育信息网，2017-12-28.
② 陈淋. 四川高等教育改革发展情况发布 全省共有高校 139 所［N］. 四川新闻网，2019-07-23.
③ 全省高校科研工作现场会在成都召开，展现科研担当力争"三个倍增"［N］. 四川省教育厅，2021-06-25.
④ "十三五"四川高校科研经费年均增速 14％［N］. 四川在线，2021-06-24.

划"人员占全省 76.7%，省学术和技术带头人占全省 73.9%。高校引才聚才优势逐步显现，科研人才高原建设初见成效。

4. 科研经费稳步增长。"十三五"期间，全省高校实施各级各类科研项目 32.1 万项，筹集科研经费 468.6 亿元，分别较"十二五"增长 67.2%、62.2%。其中，理工农医类经费 422.2 亿元，社科经费 46.4 亿元。"十三五"高校科研经费年均增速 14%。2020 年科研经费总量居全国第 9 位，8 所国家"双一流"建设高校科研经费占总量 85% 以上。

5. 科研成果产出持续提升。"十三五"期间，全省高校获专利授权数 4.6 万件，较"十二五"增长 2.8 倍。出版科研著作 9429 部，较"十二五"增长 43.9%；提交研究与资讯报告 4921 篇，其中被各级部门采纳 2540 篇，分别较"十二五"增长 67.6%、69.1%。2019 年，高校主持获得国家科学技术奖励 10 项，占全省 90.9%；2020 年，高校获四川省科学技术奖 147 项，占总数 55%，其中一等奖高校占 81%，自然科学奖占 100%，技术发明奖占 86%。高校在服务全省经济社会发展中发挥了创新源头供给的重要作用。

6. 服务地方发展效果明显。《2019 年全省科技成果转化报告》显示：高校牵头搭建的研发、转移机构、转化服务等产学研合作平台 230 余个，占全省 61%，产出科技成果 2 万余项，占全省 80%，为社会提供技术开发、技术咨询、技术服务、技术转让等"四技服务"近万项，占全省 62%。高校实现科技成果转化 1315 项，较上年增长 23.6%，占全省 35%，实现转化总收益 6.4 亿元，高校转化的成果中 90% 落地到四川境内企业，1/3 转化到中小微企业，转化领域主要分布在先进制造、电子信息、地球空间与海洋、新材料、现代农业、生物医药与医疗器械等重点产业领域。"十三五"期间，高校技术转让合同金额 28.1 亿元，较"十二五"增长 1.7 倍；技术转让合同数 4263 项、实际收入 12.3 亿元，分别较"十二五"增长 1.8 倍、3.7 倍。

7. 支撑体系进一步健全。全省高校拥有国家重点实验室 11 个，占全省 68%；国家协同创新中心 10 个，数量居全国第 5；依托高校建设的国家级和省级科研平台总量达 562 个，占全省 70% 以上。高校全面参与首批 4 家天府实验室建设，其中牵头建设 3 家；全省共有研究生学位授权点 826 个（其中博士点 150 个）。8 所高校 14 个学科进入国家"双一流"建设行列，14 所高校 56 个学科进入全球排名前 1%，15 所高校 32 个学科列为"省级一流学科"重点建设，高校创新平台和优势学科对全省科研提质增效形成了有力支撑。

8. 科技国际交流合作活跃。2020 年，按照常态化疫情防控要求，全省高校平安有序主办国际学术会议 69 次，出席国际学术会议 8319 人次、交流论文 2461 篇；合作研究派遣 2856 人次、接受 2096 人次。国际交流合作主要指标均位列全国前 4，充分发挥了高校科研国际交流的平台载体优势，有力推进了具有全球影响力的国际会展之都和高端创新资源承载地建设。

第二节　四川高校科技创新的投入与建设

高校科技活动开展过程中需要投入大量的人力和财力。科技投入是高校科技创新研究资源综合实力的体现，高校的科技投入包括人力资本、基础建设、科技经费等方面。在新形势下，我们要充分认识到增加科技投入是提升创新能力的重要手段和有效途径，要把科技投入作为战略性投资，作为提高科技创新能力、提升核心竞争力的重要保障。

一、四川高校科技人力资源建设

（一）高校科技人力资源概述

高校科技人力资源是我国科技创新的重要力量。建设一支稳定的服务国家目标、献身科技事业的高水平研究队伍，是发展我国科学技术事业的希望所在。由于科技工作具有原创性的特点，因此，一所高校科技人力资源的科学研究水平的高低，在很大程度上决定了该学校的综合实力和品牌。世界知名大学都把科技人力资源的水平以及所取得的研究成果，作为衡量一所大学水平高低的重要标志。

1. 高校科技人力资源的内涵。高校科技人力资源主要是指在高校教学、科研、管理等岗位上，具有教学、科学研究与技术开发或管理能力，并取得国家认定和合法的相应资格证书的科技人力资源和管理者。高校中的科技人力资源是高校人力资源的重要组成部分，是学校知识的创造者、传播者、人力资源的培养者，以及物质资源的开发者、掌握者和利用者。[①]

高校科技人力资源在高校科技活动所需的各种要素中居主导地位，在科技、经济和社会的发展中具有极其重要的作用。高校科技人力资源是高校科技活动的主体，具有能动性，可使用、支配其他科技资源，开展科技活动，进行科技创新，从而推动科技进步、经济发展和社会前进。

2. 高校科技人力资源的测度研究。高校科技人力资源的测度体系可以归纳为3个方面：一是高校科技创新人力资源的规模测度；二是高校科技创新人力资源的结构测度，包括学科、学历、年龄、性别等结构分布状况；三是科技研究类型测度，包括基础研究、应用研究、试验发展三类活动。

---

① 夏季亭，帅相志. 创新驱动发展战略与高校科技创新研究［M］. 北京：科学出版社，2014：214.

3. 高校科技人力资源的层次。高校科技人力资源是科技人力资源的重要组成部分。一般来说，科技人力资源的构成，可分为专门人才、专业技术活动人员、科技活动人员、R&D 人员和工程师几个层次。高校科技人力资源只包括科技活动人员、R&D 人员及科学家和工程师。三者既有交叉又有区别，在研究四川省高校科技人力资源情况时将进行进一步细化。

（二）四川高校科技人力资源建设情况

近年来，四川省高校科技人力资源连年持续增加，为高校科技创新提供了人才支撑。

1. 总体情况。2016 年，全省高校科技人员 43814 人，到 2020 年，全省高校科技人员发展到 51576 人。四川省高校科技人员规模呈梯度上升发展态势，详见表 5-5。

表 5-5　2016—2020 年四川省高校科技人力资源统计表　　　　单位：人

年份	教师系列人员	其他技术职务系列人员	合计
2016	30117	13697	43814
2017	32130	14005	46135
2018	33439	12187	49037
2019	36088	15892	51980
2020	36305	15271	51576

资料来源：教育部科学技术司《高等学校科技统计资料汇编》（2016—2020）

2. 人力资源规模。按照高校科技人员的工作性质，结合四川省高校科技人力资源层次情况，将四川省高校科技人力资源分为三类：教学与科研人员、R&D 人员、R&D 成果应用及科技服务人员。

教学与科研人员。它是指高校在册职工在统计年度内，从事大专以上教学、R&D、R&D 成果应用及科技服务的工作人员，以及直接为上述工作服务的人员，包括统计年度内从事科研活动累计工作时间一个月以上的外籍和高教系统以外的专家和访问学者。

R&D 人员。它是指统计年度内，从事研究与发展工作时间占其本人教学、科研总时间 10％以上的教学与科研人员。

R&D 成果应用及科技服务人员。R&D 是研究与试验发展的简称，是指在科学技术领域，为增加知识总量及运用这些知识去创造新的应用进行的系统的创造性活动，包括基础研究、应用研究和试验发展 3 类活动。R&D 是科技活动的核心指标，是衡量一个国家和地区科技发展水平的主要指标。

按照此分类方法，四川省 2016—2020 年的高校科技人力资源统计情况如下，见表 5-6。

表 5-6　四川高校 2016—2020 年分类别科技人力资源情况表

年份	学校（所）	教学与科研人员（人）		R&D 人员（人）		R&D 全时人员（人/年）		R&D 成果应用及科技服务人员（人）		R&D 成果应用及科技服务全时人员（人/年）	
		合计	其中，科学家与工程师	合计	其中，科学家与工程师	合计	其中，科学家与工程师	合计	其中，科学家与工程师	合计	其中，科学家与工程师
2016	80	45883	43814	17373	17304	10423	10383	1921	1857	1151	1130
2017	88	48872	46135	18606	18499	11161	11100	2184	2169	1309	1300
2018	89	33958	31815	10216	10131	6126	6073	707	693	424	414
2019	94	36466	34348	11600	11490	6958	6889	1017	992	609	594
2020	96	37655	35840	15441	14026	12614	11217	1379	1213	1133	968

数据来源：教育部科学技术司《2020 年高等学校科技统计资料汇编》

3. 人力资源研究类型测度情况。高校科技人员从事的主要是 R&D 活动，主要包括基础研究、应用研究和试验发展研究三种活动。

基础研究是指为了获得关于现象和可观察事实的基本原理的新知识（揭示客观事物的本质、运动规律，获得新发现、新学说）而进行的实验性或理论性研究。基础研究属于科学研究范畴。通俗地讲就是发现新知识的活动。从研究目的看，基础研究不以任何专门或特定的应用或使用为目的，它只是通过试验分析或理论性研究，对事物的特性、结构和各种关系进行分析，加深对客观事物的认识，解释现象的本质，揭示物质运动的规律或提出和验证各种设想、理论和定律。从研究结果来看，基础研究的结果具有一般的或普遍的正确性，通常表现为一般的原则、理论和规律，其成果以科学论文和科学著作为主要形式。

应用研究是指为获得新知识而进行的创造性研究，主要针对某一特定的目的或目标。应用研究也属于科学研究范畴。通俗地讲就是在发现新知识的基础上、探索新知识应用可能性的活动。

试验发展是指利用从基础研究、应用研究和实际经验所获得的现有知识，为产生新的产品、材料和装置，建立新的工艺、系统和服务，以及对已产生和建立的上述各项做实质性的改进而进行的系统性工作，其成果形式主要是专利、专有技术、新产品原型或样机样件等。通俗地讲就是在基础研究发现新知识、应用研究发现新知识的能被人类应用可能性的基础上，探索怎么用的方法的过程。

根据以上分类，四川高校科技创新人力资源从事三类研究的情况见表5-7。

表 5-7　2016—2020 年四川高校从事三类研究的科技人力情况　　单位：人

年份	基础研究	应用研究	实验发展
2016	5942	4676	959
2017	5038	6026	1335
2018	5562	6925	1025
2019	5561	7773	1217
2020	8202	10814	1784

数据来源：教育部科学技术司《2020 年高等学校科技统计资料汇编》

从表5-7可以看出，四川省高校科技人员从事三类研究类型的人员数量分布不均衡。2016年，从事基础研究的人员占51.3%，从事应用研究的人员占40.4%，而从事试验发展的人员所占的比例仅仅只有8.3%。到2020年，从事基础研究的人员占39.4%，从事应用研究的人员占52%，从事应用研究的人员的数量逐年增长，但从事试验发展的人员所占的比例仍仅为8.6%，所占比例过小，这在一定程度上将影响基础研究和应用研究所获得的新知识和成果的运用与转化。

（三）部分高校科技人力资源情况

高校科技人力资源是高校所有资源中最具有能力性的资源，是可以使用、支配高校其他资源的资源，是开展科技活动的主体，在科技、经济和社会发展中发挥着极其重要的作用。根据各高校官方网站最新公布数据（统计口径和人才归类有差异，存在不完全统计），现将四川8所"双一流"高校的科技创新人才队伍作具体介绍。

1. "双一流"高校科技创新人才队伍情况。

四川大学有专任教师4578人，中国科学院和中国工程院院士20人（其中双聘院士9人），四川大学杰出教授7人，国家自然科学杰出青年基金获得者58人，国家优秀青年科学基金入选者64人；"973"首席科学家7人（9项）；国家级教学名师15人；国家科技重大专项课题负责人4人（4项）；国家重点研发计划项目负责人54人；国家社科基金重大招标（委托）及各类专项项目获得者61人（67项）；国家创新人才推进计划"中青年科技创新领军人才"22人、"重点领域创新团队"3个。

电子科技大学大力实施人才优先发展战略，现有教职工3800余人，其中教师2500余人，教授640余人。学校共有中国科学院、中国工程院、欧洲科学院院士等高层次人才300余人。

西南交通大学大力实施人才强校主战略，现有专任教师2700余人，其中，中国科学院院士 10 人（含 8 名双聘院士）、中国工程院院士 17 人（含 15 名双聘院士），国家人才计划入选者 89 人，国家杰出青年科学基金获得者 20 人，国家优秀青年科学基金获得者 12 人；国家自然基金委创新群体 1 个，教育部创新团队 6 个，国家级教学团队 8 个、国家级教学名师 6 人。

成都理工大学现有教职员工 3454 人，其中，有教授（级）338 人，副教授（级）729 人。柔性引智高端专家（院士）58 人。获国家级人才称号和国家级人才计划的 152 人次，其中国家杰出青年基金获得者 5 人、国家有突出贡献的中青年专家 5 人、国务院学科评议组成员 3 人次、中国青年科技奖获得者 5 人。

西南财经大学现有教职工 2000 余人，专任教师 1300 余人，其中，教授 336 人、副教授 567 人，博士生导师 320 余人，全职海归博士 300 余人，国家级人才 113 人，形成了海内外人才的"群聚效应"。

四川农业大学现有教职工 3600 余人，其中：教授 426 人、副教授 574 人；博士生导师 272 人、硕士生导师 833 人；中国工程院院士 1 人，国家杰出高级专家 1 人，长江学者特聘教授 3 人、青年学者 3 人，国家级教学名师 1 人，国家杰出青年科学基金获得者 2 人，国家优秀青年科学基金获得者 4 人。

西南石油大学现有教职工 2731 人，有正高级专业技术职务人员 355 人，副高级专业技术职务人员 780 人。专任教师 2037 人，其中有中国工程院院士 3 人，教育部科学技术委员会学部委员 1 人，教育部教学指导委员会委员 3 人，国家杰出青年科学基金获得者 2 人，"长江学者奖励计划"入选者 6 人。

成都中医药大学有国医大师 3 人，全国名中医 3 人，国家级教学名师 5 人，全国中医药杰出贡献奖获得者 2 人，国家"973 计划"项目首席科学家 1 人，全国优秀科技工作者 3 人，长江学者 2 人，国家杰出青年科学基金获得者 1 人，国家优秀青年科学基金获得者 3 人。

2. 各高校人才队伍情况比较。

为更清楚呈现四川 8 所"双一流"高校的人才队伍情况，现以 2019 年四川教育年鉴①统计资料为基础，对 2018 年各高校人才队伍情况作介绍。见表 5-8。

表 5-8　2015－2018 年四川"双一流"高校教职工构成情况　　单位：人

学校	年份	教职工总数	专任教师	院士	正高级职称	副高级职称	硕士生导师	博士生导师	长江学者特聘教授	博士后流动站
四川大学	2018	8465	4466	9	1507	1969	1794	1443	40	37
	2017	8472	4511	8	1531	2059	1965	1388	43	37
	2016	10986	4525	14	1888	2647	1754	1314	41	37
	2015	10845	4366	15	1824	2598	1749	1198	42	37
电子科技大学	2018	3789	2482	4	789	1137	1926	603	20	13
	2017	3847	2447	4	643	1220	1893	548	19	13
	2016	3806	2421	4	561	1055	1748	499	18	13
	2015	3879	2425	7	500	1044	1616	529	14	13
西南交通大学	2018	4570	2642	4	495	1195	—	—	28	0
	2017	4628	2726	4	519	1184			29	—
	2016	4665	2640	4	523	1185	1429	401	24	—
	2015	4504	2578	4	533	1125	1325	363	24	
四川农业大学	2018	3650	2616	1	361	579	714	253	—	7
	2017	3547	2538	1	365	638	640	243	—	7
	2016	3476	2217	1	336	617	637	234	—	7
	2015	3002	2342	1	322	556	548	233	—	7
西南财经大学	2018	2168	1415	0	287	574	508	285	4	4
	2017	2213	1412	0	282	565	523	280	3	4
	2016	2236	1401	0	284	562	767	254	3	4
	2015	2231	1396	0	265	559	498	272	2	4

① 四川省教育厅. 四川教育年鉴［N］，四川教育出版社，2016－2019.

学校	年份	教职工总数	专任教师	院士	正高级职称	副高级职称	硕士生导师	博士生导师	长江学者特聘教授	博士后流动站
成都理工大学	2018	2562	1960	0	279	555	482	77	1	0
	2017	2520	1879	0	262	582	478	77	1	4
	2016	2508	1870	0	236	561	493	86	1	4
	2015	2511	1850	0	227	501	496	102	1	4
西南石油大学	2018	2520	1797	2	257	631	692	134	4	4
	2017	2411	1669	2	230	593	599	134	4	4
	2016	2412	1664	2	230	574	635	107	3	4
	2015	2303	1593	2	220	551	584	87	2	4
成都中医药大学	2018	2145	1618	0	259	455	—	—	0	0
	2017	2157	1639	0	254	447	—	—	0	0
	2016	2128	1602	0	247	432	—	—	0	0
	2015	1896	1485	0	240	422	—	—	0	0

资料来源：四川教育出版社《四川教育年鉴》（2016—2019）

高校科技人才主要是在学校内从事教学科研的群体。从表 5-8 可见，8 所"双一流"高校人才队伍建设发展不均衡，四川大学无论是教职工总数、专任教师数还是高层次人才数量都是一枝独秀，但是从 2015－2018 年教职工总数上看，呈减少趋势，院士、副高级以上高层次人次也呈递减趋势，需要在引进和培养高层次人才上持续下功夫；电子科技大学、西南交通大学尽管在教职工总数上与四川大学分别差 4556 人、3895 人，但副高级职称人数只相差 832 人、774 人；四川农业大学、西南财经大学、成都理工大学、西南石油大学、成都中医药大学在高层次人才队伍建设上，与四川大学差距较大，还需进一步提升高层次人才队伍数量和质量。

二、经费投入与使用

科研经费的投入与使用，直接影响到科技研发活动的开展，影响着高校科研水平和质量的提高，以及科技成果的转化和应用。近年来，随着四川省高校承担项目层次的提高和数量的增加，四川省科研经费投入持续攀升，为实现创新驱动发展与科技创新人才互动奠定了较好的基础。

（一）经费投入

为了更好地反映四川省高校 2016—2020 年科技创新经费的投入情况，本部分将根据《高等学校科技统计资料汇编》（2016—2020 年）数据统计，以总体情况介绍和比较的形式来呈现分析。

1. 经费年度投入情况。

总体来看，四川省高校科技创新经费投入逐年递增。2016—2020 年，四川省高校科技经费投入总量约为 380 亿元，在 5 年时间里，科技创新经费的投入数量增长了约 66%。

表 5-9　2016—2020 年四川省高校科技创新经费投入　　　单位：亿元

年份	投入总量	科研事业费	主管部门专项费	其他政府部门专项费	企事业单位委托经费
2016	59.10	2.39	5.00	20.80	26.48
2017	62.54	2.86	5.20	18.71	29.55
2018	72.56	3.21	4.28	26.80	31.72
2019	84.79	3.64	6.42	33.65	34.80
2020	98.07	5.67	10.47	35.25	37.52

资料来源：教育部科学技术司《2020 年高等学校科技统计资料汇编》
注：为了数据的直观性分析，此表在原数据（单位：千元）基础上四舍五入形成（单位：亿元）

科研事业费是指学校上级主管部门从科学事业费、教育事业费中通过切块和按项目戴帽下达，以及学校从教育事业费中安排的研究经费。它是科研项目的主体对承担单位在项目执行过程中付出的间接成本的必要资金补偿，其支出范围主要包括设备费、材料费、差旅费、会议费、国际合作费、出版费和专家咨询费等。四川高校 2016—2020 年科研事业费投入稳步上升。

主管部门专项费是指学校上级主管部门从科技三项费（新产品试制费、中间试验费和重大科研项目补助费）和技术措施改造费中为学校安排的研究经费。2016—2020 年，四川省高校主管部门专项费投入呈波动上升趋势，2020 年达到了 10.5 亿元，较 2016 年增长 109.51％。

其他政府部门专项费，是指非学校上级主管部门通过切块或项目安排的科研专项费，包括国家发展和改革委员会、科技部、国家自然科学基金委员会等国务院各部门专项经费，以及学校所在省（自治区、直辖市）各部门专项经费。2016—2020 年，该项经费投入持续上涨，为高校科技创新工作的开展提供了更大范围的支持。

企事业单位委托经费，是指学校从校外企事业单位按合同、协议获得的科研经费。在协同创新的背景下，高校与企业的科研合作也显得日益重要。2016—2020 年，四川省高校加强协同创新，吸纳企事业单位资金的能力日渐增强，企事业单位委托经费的投入稳步上升。

2. 经费投入比较情况。

为呈现四川省高校科技创新经费投入水平在全国的位置，本部分将比较 2019 年四川省高校与东中西部部分省（自治区、直辖市）的经费投入情况。东部省（自治区、直辖市）选取的是山东省和浙江省，中部省（自治区、直辖市）选取的是湖南省和安徽省，西部省（自治区、直辖市）选取的是陕西省和重庆市。

从总体经费投入看，2016 年至 2020 年，四川省高校科技创新经费的投入金额逐年增长，其中，2020 年四川省高校科技创新经费的投入金额为 98

亿元，这一数额超过全国分地区的平均水平 19 亿元（2020 年全国分地区高校科技创新经费平均水平 79 亿元）。作为西部高等教育大省，与其他省（自治区、直辖市）相比，四川省高校科技创新的经费投入略高于中部高校的投入水平，但是也应看到，四川省高校科技创新经费的投入跟东部省（自治区、直辖市）相比，还存在较大差距。不仅如此，四川省高校科技创新的经费投入还远低于同为西部省份的陕西省。详情见表 5-10、5-11、5-12。

表 5-10　2016—2020 年四川高校科技经费投入发展情况

年份	学校数（所）	经费（亿元）	学校经费平均值（亿元）
2016	79	59.10	0.75
2017	86	62.54	0.73
2018	95	72.56	0.76
2019	98	84.79	0.87
2020	102	98.07	0.96

资料来源：教育部科学技术司《2020 年高等学校科技统计资料汇编》
注：为了数据的直观性分析，此表在原数据（单位：千元）基础上四舍五入形成（单位：亿元）

表 5-11　2020 年部分省（自治区、直辖市）高校科技创新经费投入比较

地区	学校数（所）	经费（亿元）	每学校经费平均值（亿元）
四川	102	98.07	0.96
山东	121	131.07	1.08
浙江	94	148.97	1.58
湖南	94	80.71	0.86
安徽	101	76.70	0.76
陕西	72	144.21	2.00
重庆	55	52.13	0.95

资料来源：教育部科学技术司《2020 年高等学校科技统计资料汇编》
注：为了数据的直观性分析，此表在原数据（单位：千元）基础上四舍五入形成（单位：亿元）

表 5-12　2020 年各地区高校科技创新经费投入比较

地区	学校数（所）	经费合计（亿元）	每学校经费平均值（亿元）
西部	537	399.10	0.74
东部	915	1652.70	1.81
中部	555	406.40	0.73

资料来源：教育部科学技术司《2020 年高等学校科技统计资料汇编》
注：为了数据的直观性分析，此表在原数据（单位：千元）基础上四舍五入形成（单位：亿元）

表 5-13　2020 年部分省（自治区、直辖市）高校科技创新经费分项目投入比较

地区	学校数（所）	科研事业费（亿元）	主管部门专项费（亿元）	企事业单位委托经费（亿元）
四川	102	5.67	10.47	37.52
山东	121	8.53	33.91	24.07
浙江	94	5.87	19.53	34.03
湖南	94	4.91	18.44	21.74
安徽	101	9.38	22.99	11.12
陕西	72	7.56	19.40	48.06
重庆	55	3.67	8.41	13.79

资料来源：教育部科学技术司《2020 年高等学校科技统计资料汇编》
注：为了数据的直观性分析，此表在原数据（单位：千元）基础上四舍五入形成（单位：亿元）

在与其他部分省市分项目比较方面（见表 5-13），从科研事业费看，2020 年，四川省高校的科研事业费约 5.67 亿元。与其他 6 个省份相比，四川省高校的科研事业费仅高于湖南省和重庆市。可见，四川省高校的上级主管部门对科研项目的必要资金补偿不够多，这在一定程度上会影响科技工作者的积极性，难以保证科研项目高质量地完成。

从主管部门专项费看，2020 年，四川省高校的主管部门专项费约为 10.47 亿元，仅高于重庆市的投入水平，山东省的投入水平是四川省的 3 倍多，安徽省是四川省的 2 倍多，浙江省、湖南省、陕西省均高于四川省。可见，四川省高校的上级主管部门从新产品试制费、中间试验费、重大科

研项目补助费和技术措施改造费中为高校安排的研究经费不是很多。

从企事业单位委托经费看，2020 年，四川省高校企事业单位委托经费超过 37 亿元，这一水平跟陕西省相比，还存在一定差距。这说明四川省高校吸纳企事业单位资金的能力还有待继续加强，在协同创新方面还有很大的发展空间。

从分研究类别经费投入看，根据研究内容，科技创新型研究可分为基础研究、应用研究和试验发展。2020 年四川省高校投入基础研究的费用约为 2.13 亿元，投入应用研究的费用约为 40 亿元，投入试验发展的费用约为 7 亿元，见表 5-14。可见，四川省高校投入应用研究的费用最高，占各类研究费用总数的 59%；投入试验发展的费用最低，仅占各类研究费用总数的 10%。

表 5-14　2020 年四川高校各研究类别经费投入比较

研究类别	经费（亿元）
基础研究	2.13
应用研究	40.21
试验发展	6.93
合计	68.42

资料来源：教育部科学技术司《2020 年高等学校科技统计资料汇编》
注：为了数据的直观性分析，此表在原数据（单位：千元）基础上四舍五入形成（单位：亿元）

（二）经费使用

本部分将用数据呈现四川省高校 2016—2020 年科技创新经费的使用情况。

1. 经费年度使用情况。

从总体上看，与高校科技创新经费投入情况相对应，2016—2020 年四川省高校科技创新经费的支出逐年增长，从近 58 亿元增长到超 84 亿元，5 年间高校科技创新的经费支出增长了约 26 亿元，见表 5-15。与 2016—2020

年四川省高校科技创新经费投入情况相比，四川省高校近 5 年的科技创新经费支出平衡，未出现支出赤字情况。

表 5-15　2016—2020 年四川省高校科技创新经费支出　　单位：亿元

年份	总支出经费	科研人员费	业务费	固定资产购置费
2016	57.98	9.08	33.17	6.38
2017	60.34	10.05	33.90	6.42
2018	67.00	11.39	39.34	7.28
2019	77.50	14.49	45.84	7.83
2020	84.14	17.72	47.23	9.08

资料来源：教育部科学技术司《2020 年高等学校科技统计资料汇编》
注：为了数据的直观性分析，此表在原数据（单位：千元）基础上四舍五入形成（单位：亿元）

从科研人员费看，科研人员费主要包括科研人员劳务费、引进人才费等。2016—2020 年，四川省高校科技创新的科研人员费逐步增长，共增长了约 7.6 亿元。这与四川省高校科技创新经费整体支出情况是一致的。以 2020 年为例，四川省高校科技创新支出中科研人员费占全部支出费用的比例为 21.1%。

从业务费看，业务费是指从事科技活动的全部消耗性支出，如药品材料费、水电费、差旅费、计算机机时费、资料印刷费等。2016—2020 年，四川省高校的业务费总体呈持续增长趋势。以 2020 年为例，四川省高校科技创新支出中业务费占全部支出费用的比例为 56.1%，超过全部支出费用的一半。

固定资产购置费，是指使用非基建项目资金购置的按固定资产管理的仪器设备费用和为研究所（室）设备改造、维修支付的费用等。2016—2020 年，四川省高校用于科技创新的固定资产购置费呈现上升趋势，从 6.42 亿元增长至 9.08 亿元。以 2019 年为例，四川省高校科技创新支出中固定资产购置费占全部支出费用的比例为 10.8%。

2. 经费支出比较。

从总体情况看，2020 年，四川省高校科技创新经费的支出金额约为 84 亿元，低于湖南省和陕西省，见表 5-16。科技创新经费支出水平与科技创新经费投入水平息息相关，充足的经费投入为内部支出和转拨给合作单位提供了支持。

从科研人员费看，2020 年，四川省高校的科研人员费支出 17.72 亿元，与其他 6 个省（自治区、直辖市）相比，四川省高校的科研人员费支出排第 3 位；四川省高校科技创新业务费的支出约为 47.23 亿元，在 7 个省（自治区、直辖市）中处于第 3 位；2020 年，四川省高校科技创新的固定资产购置费约 9.08 亿元，这一水平在 7 个省（自治区、直辖市）中处于第 6 位。

表 5-16　2020 年部分省份高校科技创新经费支出情况

地区	学校数（所）	经费支出（亿元）	科研人员费支出（亿元）	业务费支出（亿元）	固定资产购置费支出（亿元）
四川	102	84.14	17.72	47.23	9.08
山东	121	11.31	17.61	6.31	22.27
浙江	94	71.14	17.85	28.07	16.88
湖南	94	19.40	41.94	79.00	43.64
安徽	101	51.25	12.73	24.19	11.27
陕西	72	122.12	14.63	69.79	20.41
重庆	55	48.70	13.40	19.39	10.21

资料来源：教育部科学技术司《2020 年高等学校科技统计资料汇编》
注：为了数据的直观性分析，此表在原数据（单位：千元）基础上四舍五入形成（单位：亿元）

本部分选取我国东中西部教育部直属高校四川大学、山东大学、浙江大学、中南大学、合肥工业大学、西安电子科技大学和重庆大学，比较其 2017 年的科技创新经费支出情况，见表 5-17。

2017 年，四川大学的科技创新经费支出约为 1.66 亿元，仅次于浙江大学。浙江大学的科技创新经费支出是四川大学的 2.5 倍，是合肥工业大学的 24.9 倍。具体到各项目，四川大学支出的劳务费在 7 所高校中排在第 4 位，业务费仅低于浙江大学，在转拨合作单位经费方面，四川大学在 7 所高校中排在第 2 位。

表 5-17   2017 年部分高校科技创新经费支出比较   单位：亿元

学校名称	地区	劳务费	业务费	转拨外单位	其他	合计
四川大学	四川	0.14	1.08	0.29	0.10	1.66
山东大学	山东	0.14	0.97	0.16	0.12	1.39
浙江大学	浙江	1.26	1.35	0.50	1.12	4.21
中南大学	湖南	0.17	0.75	0.12	0.08	1.12
合肥工业大学	安徽	0.03	0.10	0.016	0.03	0.17
西安电子科技大学	陕西	0.09	0.51	0.07	0.36	1.02
重庆大学	重庆	0.32	0.31	0.13	0.14	0.90

资料来源：教育部科学技术司《2020 年高等学校科技统计资料汇编》
注：为了数据的直观性分析，此表在原数据（单位：千元）基础上四舍五入形成（单位：亿元）

从分研究类别经费支出看，四川高校 2020 年在基础研究、应用研究和试验发展方面的经费支出情况见表 5-18。2020 年，四川省高校在基础研究方面的支出费用约为 17.74 亿元，在应用研究方面的支出费用约为 31.14 亿元，在试验发展方面的支出费用约为 5.63 亿元。可见，四川省高校在应用研究方面的支出费用最高，占各类研究费用支出总数的 57.1%；在试验发展方面的支出费用最低，仅占各类研究费用总数的 10.3%。这与四川省高校在这三方面研究的经费投入比例基本对应。

表 5-18   四川高校 2020 年各研究类别经费支出比较

研究类别	经费（亿元）
基础研究	17.74
应用研究	31.14

续表

研究类别	经费（亿元）
试验发展	5.63
合计	54.51

资料来源：教育部科学技术司《2020 年高等学校科技统计资料汇编》
注：为了数据的直观性分析，此表在原数据（单位：千元）基础上四舍五入形成（单位：亿元）

三、四川高校科技创新平台建设

高校科技创新平台作为科技创新平台的一种重要形式，利用其学科优势，将学科建设、人才培养、科学研究统一起来，凝聚研究方向、集成创新资源、会聚专业人才，是开展高水平研究、培养高层次人才的重要基地，是开展创新活动、优化高校自身科技资源、推广高校科技成果的重要载体，其形式包括重点实验室、工程技术研究中心、人文社会科学研究平台等。四川高校创新平台通过产学研合作，增强区域创新能力，为四川省创新驱动发展提供了有效支撑。目前，全省高校拥有国家级、省部级科研创新平台 358 个，其中国家级平台 71 个，省部级 287 个。[①]

（一）重点实验室

此类研究平台主要围绕国家产业发展战略目标，开展基础性与应用基础性研究，探索科学前沿，以增强科技储备为原始创新能力和获取自主知识产权为目标，由国家实验室、国家重点实验室、省部级重点实验室组成。

1. 国家重点实验室及其特色。

国家重点实验室是国家组织高水平基础研究和应用基础研究、聚集和培养优秀科学家、开展高层次学术交流的重要基地。国务院部门（行业）

---

① 四轮驱动　四川教育鼎兴之路［N］. 四川日报，2020-12-17.

或地方省市科技管理部门是行政主管部门，实验室依托单位主要以中国科学院各研究所、部属高校、重点大学为主体。综合四川省教育厅、四川日报社、各高校官网数据，目前，四川省拥有 9 家国家重点实验室，详见表5-19。

表 5-19　四川高校国家重点实验室情况

序号	实验室名称	所属高校
1	口腔疾病研究国家重点实验室	四川大学
2	生物治疗国家重点实验室	四川大学
3	高分子材料工程国家重点实验室	四川大学
4	水力学与山区河流开发保护国家重点实验室	四川大学
5	电子薄膜与集成器件国家重点实验室	电子科技大学
6	通信抗干扰技术国家重点实验室	电子科技大学
7	地质灾害防治与地质环境保护国家重点实验室	成都理工大学
8	油气藏地质及开发工程国家重点实验室	西南石油大学 成都理工大学
9	牵引动力国家重点实验室	西南交通大学

四川大学口腔疾病研究国家重点实验室：以严重危害人类健康的重要口腔疾病为研究主线，运用生命科学、材料科学、工程科学以及信息科学的新技术和新方法，对口腔感染性疾病、颌面部先天性发育畸形、口腔肿瘤等的发病机制和防治技术进行研究，并在口腔修复新材料、牙再生工程技术、天然药物防龋等领域开展具有原创性的基础探索和应用研究，以推动我国口腔医学的科学发展和人才培养，提升中国口腔医学学科水平。

四川大学生物治疗国家重点实验室：建立了从基因发现到药物研发及临床治疗等一系列关键技术平台，如基因组学、蛋白质组学、模式生物，生物技术药物、基因治疗、干细胞与组织工程、纳米生物技术、化学生物学、天然小分子药物、计算机辅助药物设计等药物研发关键技术平台；已建成了生物技术药物及天然药物的 GMP 中试生产车间、国家新药临床前评价中心和国家新药临床试验基地。

四川大学高分子材料工程国家重点实验室：在高分子材料应用基础研究和工程化方面有鲜明特色，拥有一支朝气蓬勃、结构合理的高水平科研队伍，承担国家重要科研任务，取得显著科研成果，并在高层次人才培养方面取得卓越成绩，开展了卓有成效的对外交流与合作，现已成为我国高分子材料科学与工程领域规模最大的科研和教学基地之一。

四川大学水力学与山区河流开发保护国家重点实验室：实验室科研设施齐全，设备精良，是我国水利水电科学领域的一支重要力量。在高速水力学与高坝工程、河流动力学与山区河流工程、环境水利学与山区河流保护、大坝与库岸安全、水信息学与水利新技术等方面取得了一批创新性研究成果，多数科研成果均已应用于三峡、二滩、小湾、溪洛渡等大型工程设计，产生了很大的经济效益。

电子科技大学电子薄膜与集成器件国家重点实验室：实验室紧密围绕国家 IT 领域的战略目标，立足于电子信息材料与器件的发展前沿，坚持需求与发展并举、理论与实践并重，致力于新型电子薄膜材料与集成电子器件的研究和开发，促进材料—器件—微电子技术的交叉和集成，形成了磁电薄膜与微型器件、功率半导体器件及集成技术、电子聚合物与微结构传感器三个重点研究方向。

电子科技大学通信抗干扰技术国家重点实验室：实验室围绕国家科技战略目标和高新技术的发展趋势，开展探索性、创新性和重大关键技术的基础与应用基础研究，建立了无线与移动通信技术领域具有国际先进水平的开放式科学研究平台；实验室的无线与移动通信技术研究水平处于国内前列，在国际上有一定影响，为我国无线与移动通信技术的发展做出了突出贡献。

成都理工大学地质灾害防治与地质环境保护国家重点实验室：是我国

地质灾害防治领域唯一的国家重点实验室。实验室所培养的高层次人才大多已成为我国地质工程及相关领域重要的学术和技术骨干，他们中不少已经成长为高等院校、科研院所和重要工程建设单位的学术和技术带头人。据不完全统计，我国高校中"地质工程"学科的学术带头人或学科带头人大多数具有该校研究生毕业或博士后出站的背景。

成都理工大学、西南石油大学油气藏地质及开发工程国家重点实验室：以培养石油地质与勘探学科高层次专门人才为主，具有连续培养能参与国际竞争的博士后、博士、硕士级专门人才的能力，已成为我国培养油气藏地质及开发工程高层次人才的重要基地之一。实验室按照"联合、流动、开放、特色、竞争"的方针，已形成联合实体和向国内外开放，同时与国内外机构和组织进行了广泛的交流，已成为我国油气藏地质及开发工程的学术交流中心之一。

西南交通大学牵引动力国家重点实验室：实验室以轨道交通车辆为研究对象，重点开展以高速、重载列车为核心的基础性、前瞻性、战略性创新研究。根据世界轨道交通发展趋势和轨道交通技术特点，实验室确定了机车车辆设计理论与结构可靠性、机车车辆耦合系统动力学与控制、检测与试验技术、摩擦学理论及应用、牵引供电、传动与控制、悬浮列车技术等6个研究方向。

从9家国家重点实验室所属高校看，四川大学独占4家，6所高校均位于成都市，科技创新优势凸显，科技创新资源集中。此外，这6所高校均为四川"双一流"建设高校，利用平台开展科技创新能力较强。

2. 省部共建国家重点实验室。省部共建国家重点实验室是国家加强区域创新体系建设的重要力量，肩负着提升区域自主创新能力之重任，在国家科技创新体系中扮演着"奠基者"的重要角色，处于国家科技创新的顶端。

根据网络公开信息，据不完全统计，截至2021年3月，科技部省部共建重点实验室有53家，其中四川省有3家（见表5-20）。

表 5-20　四川省部共建国家重点实验室

序号	实验室名称	所属高校
1	省部共建环境友好能源材料国家重点实验室	西南科技大学
2	省部共建西南作物基因资源发掘与利用国家重点实验室	四川农业大学
3	省部共建西南特色中药资源国家重点实验室	成都中医药大学

西南科技大学省部共建环境友好能源材料国家重点实验室：实验室围绕建材行业、核工业、国防军工可持续发展中的材料基础理论与关键技术开展聚变裂变能利用的关键材料、核废物处理处置与辐射安全材料、能量的存储和转换机制、高效节能材料四个方向的科学研究和技术开发。

四川农业大学省部共建西南作物基因资源发掘与利用国家重点实验室：实验室聚焦国家粮食安全战略目标，面向西南地区作物生产重大需求，开展作物优异基因资源发掘、作物与有害生物互作、作物环境响应与生理、作物种质创新与品种设计等研究，发掘作物优良基因，培育作物优良品种，以此提升农业科技自主创新能力、增强粮食综合生产能力，助推农业高质量发展和现代农业强省建设。

成都中医药大学省部共建西南特色中药资源国家重点实验室：以西南地区道地药材和大宗药材等特色中药资源为研究对象，在中医药理论指导下，以"系统中药"思想为引领，开展西南特色中药资源的种质保存与创新、西南特色中药资源的多维评价和西南特色中药资源的转化机制与调控等研究，将提升中药资源研究的思想原创性和技术原创性，促进中药资源基础研究重大创新突破，助推中药产业转型升级和中药强省创新建设。

"十年树木"，从 2018 年获批省部共建环境友好能源材料国家重点实验室，再到 2021 年一次性批复两家省部共建国家重点实验室，近年来四川重大科技创新基地的快速发展，体现了科技部对四川省科技创新工作的高度信任和极大支持。以国家重点实验室为代表的四川省科技创新基地体系已蔚然成林，作为产出重大原创成果和聚集杰出科技人才的创新源头高地，立足四川、辐射全国，将继续为科技强省建设提供战略科技力量支撑，为国家科技自强自立贡献四川力量。

3. 教育部重点实验室。教育部重点实验室是国家科技创新体系的重要组成部分，高等学校创新性人才的培养基地，在高校学科建设、科技创新、人才培养和培育国家级科研基地中发挥着越来越重要的作用。四川省共有32个教育部重点实验室，涉及13所高校。

表 5-21　四川省高校教育部重点实验室

序号	实验室名称	所在高校
1	靶向药物及释药系统教育部重点实验室	四川大学
2	口腔生物医学工程教育部重点实验室	四川大学
3	辐射物理及技术教育部重点实验室	四川大学
4	绿色化学与技术教育部重点实验室	四川大学
5	能源工程安全与灾害力学教育部重点实验室	四川大学
6	人类疾病生物治疗教育部重点实验室	四川大学
7	皮革化学与工程教育部重点实验室	四川大学
8	深地科学与工程教育部重点实验室	四川大学
9	生物资源与生态环境教育部重点实验室	四川大学
10	出生缺陷与相关妇儿疾病教育部重点实验室	四川大学
11	太赫兹技术教育部重点实验室	电子科技大学
12	光纤传感与通信教育部重点实验室	电子科技大学
13	神经信息教育部重点实验室	电子科技大学
14	多频谱吸波材料与结构教育部重点实验室	电子科技大学
15	光电探测与传感集成技术教育部重点实验室	电子科技大学
16	综合电子系统技术教育部重点实验室	电子科技大学
17	高速铁路线路工程教育部重点实验室	西南交通大学
18	磁浮技术与磁浮列车教育部重点实验室	西南交通大学
19	交通隧道工程教育部重点实验室	西南交通大学

序号	实验室名称	所在高校
20	材料先进技术教育部重点实验室	西南交通大学
21	制造过程测试技术教育部重点实验室	西南科技大学
22	固体废物处理与资源化教育部重点实验室	西南科技大学
23	西南作物基因资源与遗传改良教育部重点实验室	四川农业大学
24	动物抗病营养教育部重点实验室	四川农业大学
25	石油天然气装备教育部重点实验室	西南石油大学
26	地球勘探与信息技术教育部重点实验室	成都理工大学
27	流体及动力机械教育部重点实验室	西华大学
28	医学电生理教育部重点实验室	西南医科大学
29	中药材标准化教育部重点实验室	成都中医药大学
30	西南土地资源评价与监测教育部重点实验室	四川师范大学
31	西南野生动植物资源保护教育部重点实验室	西华师范大学
32	青藏高原动物遗传资源保护与利用教育部重点实验室	西南民族大学

资料来源：青塔全景云数据平台，http：//www. cingta. com（注：因统计数据来自第三方平台，不具有权威性，且统计不够完全，仅作为参考）

4. 省级重点实验室。四川省重点实验室是全省科技创新体系的重要组成部分，是四川省开展基础和应用、基础研究，聚集和培养优秀科技人才，进行对外科技合作与交流的重要基地，是基础研究活动最主要的阵地。从2003 年启动首家四川省重点实验室建设，并在"十三五"期间对四川省重点实验室体系进行系统布局和整合优化，持续加强科技资源均衡优化配置，不断提高对全省优势产业、重点学科的覆盖率和支撑力，四川省重点实验室体系充分发挥了支撑引领创新驱动发展的战略科技力量作用。截至 2020年，四川省重点实验室总数达 130 家。

（二）依托高校建设的国家和省部级工程技术研究中心

国家工程技术研究中心，是国家科技发展计划的重要组成部分，主要依托行业、领域科技实力雄厚的重点科研机构、科技型企业或高校，拥有国内一流的工程技术研究开发、设计和试验的专业人才队伍，具有较完备的工程技术综合配套试验条件，能够提供多种综合性服务，与相关企业联系紧密，同时具有自我良性循环发展机制的科研开发实体。

四川省工程技术研究中心是依托科技型企业、科研机构和高等院校建设的面向全省产业发展需求的技术创新平台，是四川省科技创新体系的重要组成部分。四川省科技厅有关数据显示，目前，四川省共有工程中心265家，其中国家级16家、省级249家。

四川工程中心从依托单位布局来看，整体结构表现为依托企业为主、依托高校院所为辅，但从调研数据看，国家级实验室和工程中心多依托高校建设。2019年，四川省共有工程实验室12个（其中3个国家工程实验室，9个国家地方联合工程实验室），国家工程技术研究中心4个，教育部工程研究中心19个，见表5-22、表5-23和表5-24。

表5-22 四川高校工程实验室

实验室名称	所在高校
制革清洁技术国家工程实验室	四川大学
陆地交通地质灾害防治技术国家工程实验室	西南交通大学
综合交通大数据应用技术国家工程实验室	西南交通大学
环保型高分子材料国家地方联合工程实验室	四川大学
口腔再生医学国家地方联合工程实验室	四川大学
能源植物生物燃油制备及利用国家地方联合工程实验室	四川大学
高速铁路安全运营空间信息技术国家地方联合工程实验室	西南交通大学
系统可信性自动验证国家地方联合工程实验室	西南交通大学
综合交通运输智能化国家地方联合工程实验室	西南交通大学
下一代互联网数据处理技术国家地方联合工程实验室	电子科技大学
云操作系统研发与应用国家地方联合工程研究中心	电子科技大学
麻醉转化医学国家地方联合工程研究中心	四川大学

表 5-23　四川高校国家工程技术研究中心

研究中心名称	所在高校
国家生物医学材料工程技术研究中心	四川大学
国家烟气脱硫工程技术研究中心	四川大学
国家轨道交通电气化与自动化工程技术研究中心	西南交通大学
国家电磁辐射控制材料工程技术研究中心	电子科技大学

表 5-24　四川高校教育部工程研究中心

研究中心名称	所在高校
医疗信息化技术教育部工程研究中心	四川大学
后续能源材料与器件教育部工程研究中心	四川大学
环境友好高分子材料教育部工程研究中心	四川大学
磷资源综合利用与清洁加工教育部工程研究中心	四川大学
口腔转化医学教育部工程研究中心	四川大学
现代交通管理系统教育部工程研究中心	四川大学
空天动力燃烧与冷却教育部工程研究中心	四川大学
先进驱动节能技术教育部工程研究中心	西南交通大学
隐身材料与技术教育部工程研究中心	电子科技大学
电子测试技术与仪器教育部工程研究中心	电子科技大学
新型微波探测技术教育部工程研究中心	电子科技大学
人机智能技术与系统教育部工程研究中心	电子科技大学
天然气开发教育部工程研究中心	西南石油大学
油田化学教育部工程研究中心	西南石油大学
生物质材料教育部工程研究中心	西南科技大学
智能空地融合载具及管控教育部工程研究中心	西华大学
西南作物育种教育部工程研究中心	四川农业大学
动物抗病营养生物技术教育部工程研究中心	四川农业大学
西部中药材综合开发利用教育部工程研究中心	成都中医药大学

数据来源：青塔网全景云数据平台，http://www.cingta.com（注：因统计数据来自第三方平台，不具有权威性，且统计不够完全，仅作为参考）

从表内数据我们看到，四川国家工程重点实验室、工程中心发展布局不够合理，从区域看主要集中在成都市，特别是高度集中在四川大学、电子科技大学、西南交通大学等"211工程"学校，其余均分布在"双一流"建设高校，仅有西南科技大学、西华大学两所非"双一流"建设高校各拥有1家教育部工程研究中心。

（三）哲学社会科学创新基地

此类平台主要为繁荣哲学社会科学做贡献，通过回答、解决时代提出的重大理论和现实问题，为相关部门及时提供切实可行的决策咨询。哲学社会科学基地主要包括国家级哲学社会科学研究基地、省部级哲学社会科学研究基地等。教育部人文社科重点研究基地一览表数据显示（数据更新至2010年10月）[①]，全国共有151家重点研究基地，四川省高校共有6家，其中四川大学有4家，见表5-25。

表5-25 四川高校教育部人文社会科学重点研究基地情况

基地名称	所属高校	所属学科
道教与宗教文化研究所	四川大学	宗教学
中国藏学研究所	四川大学	民族学与文化学
中国俗文化研究所	四川大学	综合研究
南亚研究所	四川大学	综合研究
巴蜀文化研究中心	四川师范大学	综合研究
中国金融研究中心	西南财经大学	经济学

近年来，四川省加大了社会科学重点研究基地建设力度，四川省社科联等发布的数据信息显示，目前共有省级重点研究基地54家，扩展建设基地13家。见表5-26、表5-27。

---

① 教育部人文社科重点研究基地一览表，中国高校人文社会科学信息网，https://www. sinoss. net/list. php? catid＝350。

表 5-26　四川省社会科学重点研究基地

序号	基地名称	依托单位
1	四川学术成果分析与应用研究中心	西华大学
2	体育社会科学研究中心	成都体育学院
3	心理健康教育研究中心	西南交通大学
4	民间文化研究中心	绵阳师范学院
5	四川教育发展研究中心	西华师范大学
6	地方文化资源开发与保护研究中心	西华大学
7	高等职业教育研究中心	四川交通职业技术学院
8	四川矿产资源研究中心	成都理工大学
9	区域文化研究中心	西华师范大学
10	青藏高原经济社会与文化发展研究中心	西南民族大学
11	彝族文化研究中心	西昌学院
12	文化产业发展研究中心	四川省文化产业职业学院
13	中国盐文化研究中心	四川理工学院
14	中国金融法研究中心	西南财经大学
15	四川性社会学与性教育研究中心	成都工业学院
16	川菜发展研究中心	四川旅游学院
17	张大千研究中心	内江师范学院
18	中国政府审计研究中心	西南财经大学
19	现代设计与文化研究中心	西南交通大学
20	西南音乐研究中心	四川音乐学院
21	羌学研究中心	西南民族大学
22	四川郭沫若研究中心	乐山师范学院
23	美学与美育研究中心	四川师范大学
24	四川大学生思想政治教育研究中心	西华师范大学
25	四川革命老区发展研究中心	四川文理学院
26	四川医事卫生法治研究中心	西南医科大学
27	四川循环经济研究中心	西南科技大学

序号	基地名称	依托单位
28	中国特色社会主义理论体系研究中心	中共四川省委党校
29	公共政策创新研究中心	西南财经大学
30	四川犯罪防控研究中心	西南科技大学
31	网络文化研究中心	成都信息工程学院
32	四川动漫研究中心	成都大学
33	四川省农村发展研究中心	四川农业大学
34	四川网络文学发展研究中心	西南科技大学
35	老龄化与社会保障研究中心	西南财经大学
36	四川思想家研究中心	宜宾学院
37	李白文化研究中心	绵阳师范学院
38	四川县域经济发展研究中心	绵阳师范学院
39	四川省教师教育研究中心	四川师范大学
40	川酒发展研究中心	四川理工学院
41	四川石油天然气发展研究中心	西南石油大学
42	中国粮食安全政策研究基地	西南财经大学
43	社会治理创新研究中心	四川警察学院
44	四川旅游发展研究中心	乐山师范学院
45	四川应用心理学研究中心	成都医学院
46	多元文化研究中心	四川师范大学
47	社会发展与社会风险控制研究中心	四川大学
48	系统科学与企业发展研究中心	四川大学
49	儒学研究中心	四川大学
50	纠纷解决与司法改革研究中心	四川大学
51	社会舆情与信息传播研究中心	四川大学
52	四川省比较文学研究基地	四川大学
53	四川大学古文字与先秦史研究中心	四川大学
54	康巴文化研究中心	四川民族学院

表 5-27　四川省社会科学重点研究基地（扩展）

序号	基地名称	依托单位
1	区域公共管理信息化研究中心	电子科技大学
2	四川省电子商务与现代物流研究中心	成都信息工程大学
3	四川少年儿童组织与思想意识教育研究中心	成都师范学院
4	中国酒史研究中心	宜宾学院
5	四川佛教文化遗产研究中心	四川大学
6	中国攀西康养产业研究中心	攀枝花学院
7	沱江流域高质量发展研究中心	内江师范学院
8	天府国际体育赛事研究中心	成都体育学院
9	中国出土医学文献与文物研究中心	成都中医药大学
10	中国近现代西南区域政治与社会研究中心	四川师范大学
11	数字文化与传媒研究基地	电子科技大学
12	老龄事业与产业发展研究中心	西南交通大学
13	国家公园研究中心	成都理工大学

从表 5-26、表 5-27 我们可以看出，四川省社会科学重点研究基地布局不均衡，主要还是集中在成都市高校，"双一流"高校占比近三分之一；基地主要分布在公办本科学校，仅有四川交通职业技术学院、四川省文化产业职业学院两所专科学校分别拥有 1 家重点研究基地，中共四川省委党校拥有 1 家重点研究基地。

（四）科技成果转化与服务平台

国家大学科技园是指以具有科研优势特色的大学为依托，将高校科教智力资源与市场优势创新资源紧密结合，推动创新资源集成、科技成果转化、科技创业孵化、创新人才培养和开放协同发展，促进科技、教育、经济融通和军民融合的重要平台与科技服务机构。截至 2021 年 6 月，四川省大学科技园达到 19 家，其中国家大学科技园 7 家，居全国第四位。目前，拥有国家大学科技园的高校就有 7 所，分别是四川大学、电子科技大学、西南科技大学、西南交通大学、西南石油大学、四川轻化工大学、西南医科大学。国家大学科技园作为国家创新体系的重要组成部分，能够为促进融通创新搭建重要平台，成为构建双创生态的重要阵地、培育经济发展新动能的重要载体。

第三节　四川高校科技创新的成果与产出

近年来，随着四川高校科技投入不断加大，高水平科技创新成果成效丰硕，推广应用前景广阔。为实现经济效益和社会效益双赢，四川高校采取措施，多渠道、多形式地转化科技创新成果，充分发挥出科技创新的重要职能。

一、重要科技创新成果

科技创新成果呈现为科技学术论文、学术专著、通过鉴定或评审的科研成果，出版科技专著和发表学术论文的数量和质量则是衡量高校科技创新成果水平的重要指标。从表 5-28、表 5-29 中可以看出，四川省高校学术论文发表的数量基本上呈增长趋势。2020 年高校国内外发布论文数较 2016年多 9200 余篇，反映出四川高校科技创新成果丰硕。2016－2020 年间，四川省高校科技著作出版情况呈曲线走势，2019 年出版 736 部科技著作，是5 年里的最高值。

表 5-28　2016—2020 年四川高校发表的科技学术论文　　　单位：篇

学科门类	2016 年		2017 年		2018 年		2019 年		2020 年	
	国内	国外	国内	国外	国内	国外	国内	国外	国内	国外
合计	34489	15651	34361	17058	34015	18404	36942	22495	31666	27689
	50140		51419		52419		59437		59355	

数据来源：教育部科学技术司《高等学校科技统计资料汇编》（2016—2020）

表 5-29　2016—2020 年四川高校出版科技著作情况

年份	部	字数
2016	726	106672
2017	639	95495
2018	703	130350
2019	736	115184
2020	691	110285

数据来源：教育部科学技术司《高等学校科技统计资料汇编》（2016—2020）

表 5-30　2016—2020 年四川高校承担的国际级科研项目　　　单位：项

	项目名称	2016 年	2017 年	2018 年	2019 年	2020 年
项目来源	"973" 项目	30	35	30	12	6
	国家科技攻关项目	46	35	28	16	9
	"863" 项目	47	38	26	12	3
	自然基金项目	21	26	22	18	28
	其他项目	96	87	82	68	178
	合计	240	221	188	126	224

数据来源：教育部科学技术司《高等学校科技统计资料汇编》（2016—2020）

　　在承担国际级科研项目方面，见表 5-30，2020 年自然基金项目数量达到 5 年内最多。2016—2020 年，四川省高校获得国家自然科学二等奖 7 项、国家发明二等奖 17 项，国家科技进步一等奖 7 项、二等奖 35 项，省部级奖获奖情况详见表 5-31。通过分析数据可知，四川省高校获得的省部级奖励数量较多，但是国家级奖项的数量偏少，这说明四川省高校在获得国家高层次奖项上还有很大的提升空间。

表 5-31　四川省高校科技成果获奖情况　　　　　　单位：项

奖项	等次	2016 年	2017 年	2018 年	2019 年	2020 年
国家自然科学奖	一等奖	0	0	0	0	0
	二等奖	2	0	0	3	2
国家发明奖	一等奖	0	0	0	0	0
	二等奖	5	4	2	4	2
国家科技进步奖	特等奖	0	0	0	0	0
	一等奖	1	0	2	1	3
	二等奖	8	8	7	7	5
省部级奖	国务院各部门	39	43	28	34	40
	省、自治区、直辖市	137	150	213	167	167

数据来源：教育部科学技术司《高等学校科技统计资料汇编》（2016—2020）

二、科技创新成果转化与效益

（一）受让方类型角度

2016—2020 年四川省高校科技创新成果及技术转让各项指标基本呈逐年递增的态势，见表 5-32。2020 年，高校科技创新成果转化方向主要为国有企业（416 项）、民营企业（550 项）、外资企业（34 项），转化合同数1013 项，合同金额达 6.06 亿元，达到五年内最高。

表 5-32　2016—2020 年四川省高校科技成果转让及效益

项目	2016 年	2017 年	2018 年	2019 年	2020 年
国有企业（项）	56	258	261	350	416
民营企业（项）	200	301	320	396	550

项目	2016 年	2017 年	2018 年	2019 年	2020 年
外资企业（项）	0	11	21	28	34
其他（项）	10	2	39	28	13
合同数（项）	266	572	641	802	1013
合同金额（亿元）	2.46	4.49	4.50	4.52	6.06
实际收入（亿元）	0.75	1.58	1.75	2.06	3.13
专利及其他知识产权出售（项）	33	198	185	173	64
合同金额（亿元）	0.05	0.23	0.82	0.20	0.09
实际收入（亿元）	0.04	0.17	0.52	0.83	0.02

数据来源：教育部科学技术司《高等学校科技统计资料汇编》（2016－2020），此表在原数据（单位：千元）基础上四舍五入形成（单位：亿元）

（二）知识产权类型角度

知识产权一般包括发明专利、实用专利、外观设计专利和其他知识产权等形式。表 5-33 根据此分类方式对四川省高校 2016－2020 年的知识产权数量进行了统计。发明专利在 2020 年达到最高（3963 项），实用专利在 2019 年达到顶峰，外观设计在 2020 年数量增加幅度较大，约为 2019 年的 2 倍，其他知识产权也在 2020 年达到最高。

表 5-33　2016—2020 年四川高校科技成果及技术转让　　单位：项

	2016 年	2017 年	2018 年	2019 年	2020 年
发明专利	2000	2833	3246	3256	3963
实用专利	2410	3725	4577	5324	5185
外观设计	463	600	326	598	1052
其他知识产权	114	256	537	789	1040
合计	4987	7414	8686	9967	10200

数据来源：教育部科学技术司《高等学校科技统计资料汇编》（2016－2020）

三、四川省高校科技合作与交流

科技合作与交流是评价一所高校科技创新能力的重要指标。2016—2020 年，四川省高校的国内外科技合作交流活动日益增多。本部分主要从国内科技合作交流和国外科技合作交流两个方面，呈现四川省高校科技合作与交流的开展情况。

（一）四川省高校国内科技合作与交流

高校的国内科技合作与交流主要包括共建工程技术研究中心、产学研合作等方面。

1. 共建工程技术研究中心。2016—2020 年，四川省高校工程技术研究中心建设得到了较快发展，高层次的研究中心数量有所增加，见表 5-34。

表 5-34   四川高校部分共建工程技术研究中心

学校名称	工程技术研究中心名称	共建情况
四川大学	国家生物医学材料工程技术研究中心	中心发展了广泛的国际交流与合作关系，与英、日、美、澳、荷、韩、德等 10 多个国家的著名大学及科研机构签订了了正式的科学研究与教育合作协议，已成为重要的生物材料国际合作基地
	国家烟气脱硫工程技术研究中心	中心是经国家科技部批准，依托四川大学、中国工程物理研究院环保工程研究中心，联合四川金海环保股份有限公司、四川省环境科学研究院等单位共同组建的产学研联合体
	四川省生态保护与建设工程技术研究中心	依托单位为四川大学，参与共建单位为四川沃尔宜环保科技有限公司

续表

学校名称	工程技术研究中心名称	共建情况
电子科技大学	四川省对地观测工程技术研究中心	依托单位为电子科技大学和四川省计算机研究院
	四川省微波毫米波工程技术研究中心	中心以电子科技大学为主体，整合国营081总厂、国营970厂和成都赛英科技有限公司等行业内其他单位资源，建成在国内涵盖微波毫米波技术领域的高水平研究基础和工程中心
西南交通大学	四川省低维复合材料工程技术研究中心	依托西南交通大学与成都天佑晶创科技有限公司建立，主要开展纳米和晶须等低维材料多功能化、高性能化、复合化和工程化技术研究和相关产品应用研发
	四川省先进焊接及表面工程技术研究中心	中心与二重、东电集团、南车眉山厂、资阳厂、简阳空分厂、大西洋焊材、新大洋、大中华等川内主要焊接材料生产企业，成都焊研威达、焊研科技、熊谷、华远、宝玛、三方电气、成焊所等川内主要焊接装备生产企业，成都大光热喷涂材料、自贡硬质合金厂、420、5701、5719等表面工程单位，四川省石油焊接培训中心、德阳工程职业技术联合共建实验室，联合进行人才培养、科学研究。针对这些企业的特殊技术需求进行技术服务，开展产学研工作，提高企业研发的速度和品质。并联合进行人才培养，充分、合理地利用三方的资源，建立起集技工、技师、工程师、研究型人才于一体的人才培养基地、科研基地
西南科技大学	国家绝缘材料工程技术研究中心	依托四川东材科技集团股份有限公司和合作单位西南科技大学，重点研发三大核心技术：绝缘材料中有害物质的替代物技术及应用；节能变频电机专用耐电晕绝缘材料及应用；低成本高性能树脂合成及应用

续表

学校名称	工程技术研究中心名称	共建情况
成都大学	四川省粉末冶金工程技术研究中心	与成都工具研究所有限公司等单位合作，现已形成多个面向国家特别是西部建设发展需求，致力于粉末冶金汽车零部件、新型硬质合金材料的制备及其相关产品、材料超长寿命疲劳与可靠性等研究的创新团队；具备一流的工程技术试验条件与基础设施和完备的检测、分析、测试手段与工艺设备，可承粉末冶金新材料研发、中试和工程产业化能力
	四川省杂粮产业化工程技术研究中心	参与共建单位四川光友薯业有限公司

2. 产学研合作。四川高校重视产学研合作。以西南科技大学为例，从1993年开始实行共建与产学研联合办学，开创了学校在智力、人才、物资、信息等资源与区域内科研院所、高科技企业全面共享的联合办学新机制。学校充分整合资源，组建成立了四川省军民融合研究院，在人才培养、协同创新、技术转移和战略研究四个方面推进军民融合工作，从而推动绵阳科技城创新发展，并向全省、全国范围复制推广一批创新改革经验与成果，更好地服务国家战略。学校实行以四川省人民政府、中国工程物理研究院、中国空气动力研究与发展中心、四川长虹电子集团公司及其他有关科研院（所）、企事业单位等49家单位参与的董事会制度。学校在董事单位等聘任了400余名科技专家为学校兼职教授，其中院士13人。学校与董事单位共建实验室34个、共享实验室10个，总资产超过2亿元；与企事业单位联合共建科研平台26个。学校依托董事单位资源优势建立校内外实习基地292个，形成了布局合理、数量充足、地域分布广泛，能满足专业实习教学要求的校内外实习基地群。

除了与企事业单位合作外，四川省高校还重视与地方政府的科技合作。根据四川省人民政府、中国新闻网等平台发布的信息，截至2020年，四川省政府已与25所知名高校签署战略合作协议，其中包括我国港澳地区3

所、国外 1 所（英国）。市县党委、政府主动将本地产业发展需求与高校特色优势对接，细化签署了 450 余份校地合作协议。目前全省建成了各类产学研合作平台 900 余个。

3. 产业技术创新战略联盟。近年来，四川省高校认真贯彻落实《四川省人民政府关于印发国家技术创新工程四川省试点方案的通知》和《四川省产业技术创新战略联盟备案、试点实施办法》的精神，积极参与产业技术创新战略联盟的构建工作。以电子科技大学为例，其参与了四川省企业信息化技术创新联盟、四川省新一代移动通信产业技术创新联盟、微波通信产业技术创新联盟、卫星通信技术创新联盟、四川省磁性材料及器件产业技术创新联盟、四川省高效储能清洁新能源产业技术创新联盟、制造业信息化及 ASP/Saas 服务产业技术创新战略联盟、四川省智慧机场产业技术创新战略联盟等多个产业技术战略联盟。

（二）国际科技合作与交流

国际科技合作与交流是高校科技创新活动的重要组成部分。本部分将从国际科技合作研究和参加或主办的国际学术会议两个方面呈现四川省高校国际科技合作与交流的情况。

1. 国际科技合作交流情况。四川省国际科技合作与交流研究计划围绕科技发展战略和规划，从增强科技创新能力，加速发展高科技，实现产业化，提高经济和科技的综合实力出发，重点用于国际科技合作与交流项目，促进国际科技合作与交流工作的发展，四川省科学技术厅于 2010 年制定了《四川省国际科技合作与交流研究计划管理办法》。国际科技合作分为国际联合研究中心、国际科技合作基地和国际技术转移中心三个层次。以四川大学为例，已建成四川省基因资源与生物安全国际联合研究中心、四川省妇幼健康国际联合研究中心、四川省食品与微生物国际联合研究中心、环境友好高分子材料国际联合研究中心 4 个国际联合研究中心，四川省应急医学示范性国际科技合作基地、山区流域水灾害与水环境国际科技合作基地、四川省绿色化工国际科技合作基地、四川省转化医学国际科技合作基地4个国际科技合作基地，四川医药国际技术转移中心1个国际技术转移中心。

从统计数据看，2016—2019年，四川省高校国际科技交流较为活跃，派遣人次、接受人次都逐年增加，2020年受新冠疫情影响，略有下降，在国际会议中交流论文篇数和作特邀报告次数都呈逐年上升趋势，展现了四川高校在科技研究方面的水平和实力。见表5-35。

表5-35　四川省高校国际科技交流

年份	合作研究		国际学术会议			
	派遣（人次）	接受（人次）	出席人员（人次）	交流论文（篇）	特邀报告（篇）	主办（次）
2016	2292	1519	9563	4444	766	114
2017	2658	2555	14013	5338	1149	118
2018	3038	4191	12840	5650	1456	131
2019	3424	5571	14956	5592	1666	99
2020	3394	4310	14566	5096	1127	98

数据来源：教育部科学技术司《高等学校科技统计资料汇编》（2016—2020）

2. 与部分省（自治区、直辖市）对比情况。为更好地显示四川高校科技创新国际交流合作的成效，我们以2020年为例，选取东部、中部、西部等省市的5所高等学校进行比较，见表5-36。

表5-36　2020年部分省（自治区、直辖市）高校国际合作交流比较

省份	合作研究		国际学术会议			
	派遣（人次）	接受（人次）	出席人员（人次）	交流论文（篇）	特邀报告（篇）	主办（次）
四川	3394	4310	14566	5096	1127	98
山东	3813	2851	8446	4815	802	112

省份	合作研究		国际学术会议			
	派遣（人次）	接受（人次）	出席人员（人次）	交流论文（篇）	特邀报告（篇）	主办（次）
湖南	2210	2387	8594	3970	787	75
安徽	1932	1536	7592	3283	961	57
陕西	1282	1062	9556	5225	1182	168
江苏	5220	4877	18158	14514	2481	210

数据来源：教育部科学技术司《2020 年高等学校科技统计资料汇编》

统计数据显示，2020 年，四川高校国际合作交流与东部江苏省相比，仍存在较大差距，特别是在国际学术会议比较项目中，交流论文、特邀报告、主办会议数都与江苏省相差甚远；在中西部省份中，四川省高校国际合作交流处于领先位置，合作研究和国际学术会议优势明显。

第四节　四川省高校科技创新的能力与特色：以四川 "双一流" 高校为例

"十三五"期间，四川省高校科研工作主要指标保持持续较快增长，整体科技创新能力持续增强。2019 年，四川高校年度科研经费总量突破 100 亿元，R&D 投入连续三年保持高位较快增长，授权专利破万，学术水平和国际影响力进一步提升，科技成果转移转化成果明显，这些成绩的取得，既反映出四川省委、省政府近年来推动创新驱动高质量发展综合改革和系列政策支持的总体成效，也是四川高校面向区域、围绕产业主动作为、主动服务、支撑发展的综合能力体现。[①]

一、四川"双一流"高校的科技创新投入

为进一步呈现四川省高校科技创新能力与特色，本部分选取四川省8所"双一流"高校作为代表，以2017年数据为基础，介绍8所"双一流"高校的基础能力、科技人力、科技经费、科技项目、成果转化情况。

表 5-37　2017 年四川"双一流"高校科技人力及经费投入概况

学校名称	教学与科研人员（人）		研究与发展人员（人年）		科研经费（亿元）					
	合计	其中，科学家与工程师	合计	其中，高级职称	合计*	当年拨入				当年内部支出
						小计	政府资金	企事业单位委托**	其他	
四川大学	9899	9074	4887	3795	21.39	20.52	9.68	10.21	0.63	15.45
电子科技大学	2332	2312	2092	1356	10.67	10.39	5.13	3.25	2.01	9.85
西南交通大学	2383	2377	1524	1216	11.88	6.55	3.10	3.35	0.10	11.47
西南财经大学	91	91	9	9	0.01	0.01	0.01		0	0.01
四川农业大学	1391	1303	392	351	2.55	2.55	1.73	0.44	0.39	2.41
成都理工大学	991	988	433	419	2.64	2.64	1.42	1.08	0.14	2.13
西南石油大学	1687	1616	1234	573	4.17	4.17	0.69	2.78	0.71	3.83
成都中医药大学	905	876	649	357	0.69	0.69	0.62	0.05	0.03	0.41

数据来源：教育部科学技术司《2017 年高等学校科技统计资料汇编》
注：*指当年拨入经费合计；**仅指当年实际进入学校财务；此表在原数据（单位：千元）基础上四舍五入形成（单位：亿元）

---

① 李丹. 四川高校 2019 年度科研经费总量首次突破 100 亿［EB/OL］. 四川在线，2020-07-22.

表 5-38　2017 年四川"双一流"高校科技创新成果情况

项目		四川大学	电子科技大学	西南交通大学	西南财经大学	四川农业大学	成都理工大学	西南石油大学	成都中医药大学
科技课题	课题总数（项）	8552	1802	2417	25	1403	1124	3026	548
	当年投入人数（人）	3944	1507	1201	6	423	306	838	455
	当年拨入经费（亿元）	19.57	7.48	11.51	0.01	2.078	2.15	3.39	0.16
	当年支出经费（亿元）	14.21	6.50	11.28	0	1.84	1.63	3.19	0.10
科技成果及技术转让	专著 数量（部）	46	27	9	0	12	20	27	0
	专著 字数（千字）	5487	3738	2459	0	5340	3915	6861	0
	学术论文（篇）合计	14777	3980	9880	64	1947	1982	1801	1441
	其中，国外及全国性刊物发表	8221	2514	2150	55	772	276	490	135
	鉴定成果数（项）	40	15	5	0	24	4	21	3
	技术转让 签订合同数（项）	47	29	2	0	13	41	318	0
	技术转让 当年实际收入（亿元）	0.47	0.04	0.01	0	0.03	0.04	0.81	0
成果授奖	合计	42	18	28	0	23	11	14	13
	其中：国家级奖	4	2	3	0	0	0	2	0

数据来源：中华人民共和国教育部科学技术司《2017 年高等学校科技统计资料汇编》；此表在原数据（单位：千元）基础上四舍五入形成（单位：亿元）

从表 5-37、表 5-38 可见，从选取年份的数据来看，四川"双一流"高校在科技人力资源和科研经费投入上差距较大，在这两方面的投入上，四川大学遥遥领先于其他 7 所高校，其教学与科研人员总数是电子科技大学、西南交通大学的 4 倍多，是四川农业大学、西南石油大学的 8 倍多，是成都理工大学、成都中医药大学的十几倍，科研经费投入上更是相差甚远。

科技人力资源的投入和经费的投入直接决定科研产出。在科技课题的人数和经费投入上，四川大学、西南交通大学投入最大，成都中医药大学、西南财经大学位于后2位。因此在科研成果产出上、技术转让及成果授奖方面，四川大学依然是稳居第1位。这从另一方面说明，四川省"双一流"高校资源分布不均，科技经费投入集中在四川大学等高水平学校，不利于其他"双一流"学校科技创新水平的提高。

二、科技创新能力与特色

1. 8所"双一流"高校特色简介。

四川大学是教育部直属全国重点大学，是国家布局在中国西部的重点建设的高水平研究型综合大学。在全国高校科技创新能力指标排名中位居第6位，拥有教育部重点实验室7个，省部重点实验室4个，国家重点实验室5个，厅、局级重点科研机构1个，其他56个。有生物医学工程、软件工程、药学、材料科学与工程、化学、中国语言文学、口腔医学、公共卫生与预防医学等优势学科。

电子科技大学是全国重点高等学校，有2个国家一级重点学科（所包括的6个二级学科均为国家重点学科）、2个国家重点（培育）学科。在第四轮全国一级学科评估中，学校4个学科获评A类，其中电子科学与技术、信息与通信工程两个学科为A＋，A＋学科数并列西部高校第一。学校拥有国家级重点实验室4个，国家工程技术研究中心1个，国家地方联合工程实验室（研究中心）2个，共建国家工程实验室2个，首批国家专业化众创空间1个，省部级科研机构47个，国家自然科学基金会创新群体5个、教育部创新团队6个和国防科技创新团队3个。

西南交通大学是教育部直属全国重点大学，有轨道交通国家实验室

（筹）、牵引动力国家重点实验室等 13 个国家级科技创新平台和 36 个省部级科研基地，拥有交通运输工程、机械工程 2 个一级学科国家重点学科，车辆工程、桥梁与隧道工程等 10 个二级学科国家重点学科，交通运输工程学科位居全国第一（A＋）并进入国家"双一流"建设序列，土木工程学科位居全国第七（A－），材料科学、工程学、计算机科学、化学进入 ESI 世界排名前 1％。

西南财经大学是教育部直属的全国重点大学，是国家"世界一流学科建设高校"、教育部与四川省共建"双一流"建设高校，是国家"211 工程"重点建设高校、国家"985 工程优势学科创新平台"建设高校。西南财经大学拥有应用经济学（自定）1 个世界一流学科建设学科。在全国第四轮学科评估中，西南财经大学有应用经济学（自定）、工商管理等 2 个一级学科评估为 A－。

成都理工大学由教育部、自然资源部、四川省人民政府、成都市人民政府共建，是国家首批"双一流"世界一流学科建设高校。成都理工大学拥有地质学 1 个世界一流学科建设学科。拥有地质资源与地质工程 1 个国家重点一级学科。在全国第四轮学科评估中，成都理工大学有地质资源与地质工程等 1 个一级学科评估为 B＋。

四川农业大学由教育部、四川省政府、成都市政府共建，是国家"双一流"世界一流学科建设高校、"211 工程"重点建设高校。四川农业大学拥有作物学（自定）1 个世界一流学科建设学科。在全国第四轮学科评估中，四川农业大学有畜牧学等 1 个一级学科评估为 A－。

西南石油大学由教育部、四川省与中国石油天然气集团有限公司、中国石油化工集团有限公司、中国海洋石油集团有限公司共建，是国家首批世界一流学科建设高校、中西部高校基础能力建设工程实施高校。西南石油大学拥有石油与天然气工程 1 个世界一流学科建设学科。拥有石油与天然气工程 1 个国家重点一级学科。在全国第四轮学科评估中，西南石油大学有石油与天然气工程等 1 个一级学科评估为 A＋。

成都中医药大学是国家中医药管理局、教育部与四川省政府共建高校，入选世界一流学科建设高校、国家"特色重点学科项目"建设高校。成都中医药大学拥有中药学 1 个世界一流学科建设学科。拥有中药学、中医五官科学、针灸推拿学、中医妇科学 4 个国家级重点学科。在全国第四轮学科评估中，成都中医药大学有中医学、中药学等 2 个一级学科评估为 A＋。

2."双一流"高校排名比较。

软科中国大学排名自 2015 年首次发布以来，以专业、客观、透明的优势赢得了高等教育领域内外的广泛关注和认可，下面，我们也将用软科中国大学排名最新数据①，呈现 8 所"双一流"高校在全省和全国的科技创新排名情况。

表 5-39   2021 软科中国大学排名四川高校榜单

省内排名	学校名称	类型	全国排名
1	四川大学	综合	14
2	电子科技大学	理工	31
3	西南交通大学	理工	51
4	西南财经大学	财经	76（财 5）
5	西南石油大学	理工	132
6	四川农业大学	农业	162
7	成都理工大学	理工	173
8	成都中医药大学	医药	238（医 29）

"2021 软科中国大学排名"的对象是中国 1200 多所本科层次的高校，从评价体系来看，排名共设置了十大评价模块，包括人才培养、科学研究、服务社会、学术人才、重大项目与成果、国际竞争力、办学层次、学科水平、办学资源和师资规模与结构，细分 35 个评价维度，内嵌百余项评价指

---

① 2021 软科中国大学排名发布四川 34 所高校上榜［N］. 四川观察，2021-04-21.

标，涉及数百个评价变量。

　　"双一流"高校在排名中占绝对优势地位，百强高校中有 86 所为"双一流"高校，和 2020 年相比，四川入选百强高校的名单没有变化，但排名均有上升。四川大学上升 2 名，从 16 名上升到 14 名，电子科技大学从 32 名上升到 31 名；西南交通大学从 53 名上升到 51 名。榜单显示，西南石油大学位列第 132 名，在全省高校中排名第 4，在省属高校中排名第 1，四川农业大学、成都理工大学分别位列第 162 名、第 173 名，成都中医药大学全国位列第 238 名。

　　从全国高校软科排名来看，四川仅有 4 所"双一流"高校进入百强，进入全国前 200 强的高校仅有 9 所（西南科技大学位列第 177 位，四川师范大学位列第 184 位），说明四川"双一流"高校的综合实力仍需进一步提高。与同在西部的陕西相比较，陕西省世界"双一流"大学建设高校 3 所，世界一流学科建设高校 4 所，从总体数量上比四川省少 1 所，但在 2021 软科排名榜单中，陕西省 7 所"双一流"高校均位列百强内，非"双一流"高校有 4 所进入 200 强榜单。

第五节　四川高校在省域经济社会发展中的支撑与贡献

　　高校作为知识创新和生产的主体、知识传播和转移的主阵地，在区域技术创新和经济高质量发展中发挥着独特的作用，高校科技创新已成为当今国家或区域科技创新与经济高质量发展的重要主导力量。当前，四川正处于转型发展、创新发展、跨越发展的关键时期，推动四川高质量发展，推动治蜀兴川再上新台阶，高等教育的地位和作用日益凸显、越发重要。

一、高校科技创新是区域经济高质量发展的现实需要

"创新、协调、绿色、开放、共享"的新发展理念对区域高质量发展提出了具体要求，高校科技创新服务区域高质量发展，我们可以从创新驱动发展、协调发展、绿色低碳发展、开放发展、民生共享发展等五个方面探讨，分析区域经济高质量发展对高校科技创新的现实需要①。

1. 创新驱动发展对高校科技创新的现实需求。经济可持续发展主要依靠以创新发展为核心的技术进步。高校作为创新主体，通过将创新资源与科技创新活动有效结合，在不同创新活动中产生创新驱动力，推动区域经济高质量发展。

高校科技创新有助于促进产业结构优化升级。高校开展科技创新活动，主要是通过与其他科研机构或企业合作，创造科技创新成果服务社会生产，促进生产要素升级，优化配置资源要素，最终解决社会经济发展存在的问题。

高校科技创新为区域经济高质量发展提供智力支持。人才驱动是创新驱动的核心要素，科技人才的科技创新成果运用，最终将转化为社会生产力。高校科研人员聚集，创新人才队伍的培养确保了科技创新活动顺利开展，同时为区域经济高质量发展输送人才，为区域科技创新提供创新驱动力。

2. 协调发展对高校科技创新的现实需求。协调发展主要包括产业结构、城乡结构协调发展。区域经济高质量发展，需要与之相匹配的产业结构。高校以服务区域经济发展需求为己任，通过高水平科技人才运用科技创新资源，创造出丰富的成果，进而促进产业结构变革，因此，高校科技创新活动成了推动产业结构调整、优化和升级的重要力量。

---

① 苗丽冉，高校科技创新对经济高质量发展的影响［D］．石家庄：河北大学，2020.

高校是加速技术创新的重要力量，较之以前相对落后的农村生产力，科技创新成果在乡村振兴中的推广应用，有利于转变农村生产方式，促进农业现代化建设。同时，高校也是创新人才培养的主要基地，为城乡经济发展注入高素质的劳动力队伍，有利于提升区域经济生产效率。在生产力提高和劳动力素质提升的共同作用下，乡村振兴进程加快，农村经济水平、科技创新能力不断提升，城乡差距逐渐缩小，逐步走向协调发展。

3. 绿色发展对高校科技创新的现实需求。污染防治是党的十九大提出的全面建成小康社会决胜时期必须坚决打好的三大攻坚战之一。绿色发展作为一种科技含量高、资源消耗低、环境污染少的发展方式，无论是生态安全的绿色产品拉动内需，还是用循环经济构筑区域经济结构，或是用低耗环保的行为构建新的生活模式，依靠传统的生产、生活知识和技术都无法实现，只有通过科技创新才能真正实现。通过科技创新大幅提高能源与资源利用效率，减少单位产品的消耗资源，走集约式经济发展之路，才能实现可持续发展。科技创新日益成为促进经济增长与环境保护的双重动力。

高校科技创新可以从多方面助力绿色发展。在人才支撑方面，可以全面加大新能源学科人才的培养力度，推动行业企业和社会力量深度参与人才培养全过程，加速形成多元协同的育人格局，更加精准地培养新能源领域急需人才和高端创新人才。在学科建设方面，高校可以做强做优低碳学科体系，站在服务生态文明和美丽中国建设的高度，进一步凝练学科方向，优化学科布局，形成低碳优势学科与新兴、支撑学科互相促进、融合发展、互为支撑的一流学科生态系统，为赋能高质量发展奠定坚实的基础。在科技创新方面，要面向国家战略需求，加快构建产业创新和技术创新策源中心，努力在关键领域、关键技术方面实现新的突破，深化政产学研用融合发展机制，推动校地企在创新驱动、智库建设、人才会聚等领域深度合作，积极应对绿色转型新形势和创新发展新要求。

4. 开放发展对高校科技创新的现实需求。国际交流合作，是高校的五大职责之一。在经济开放发展中，高校能充分发挥其桥梁纽带作用，高校科技合作交流已成为高校科技创新成果产出与转化的重要渠道。高校通过引进、消化国外的创新要素，例如参与国际科研项目合作、参加国际会议交流等，促进国内外高校创新资金、人才和技术等创新要素的流动，有助于进一步推进高水平科技创新活动的开展，产出更多高新科技成果，促进我国经济发展。

5. 共享发展对高校科技创新的现实需求。进入新时代，人们对美好生活的期盼日益增长，回应这些期盼，尤其需要科技创新的有力支撑，特别是在环境资源、乡村振兴等领域，对科技惠及民生、创新成果共享的需求更为迫切。高校科技创新成果的转化，旨在推动经济社会发展进步，创造更多民生福祉。近年来，高校科技创新研究方向更多地聚焦民生，在农业、能源、生态环保、生命科学等领域取得了众多的科技成果。这些科技成果一方面促进社会公共服务的优化升级，推动教育、医疗等民生领域的发展；另一方面通过优化升级产业结构，推动经济发展方式转变，进而改变人们的生活环境，提升人们的获得感和幸福感，实现"科技让生活更美好"。

二、四川经济高质量发展基本情况

（一）四川经济发展情况

四川省统计局《2020 年四川省国民经济和社会发展统计公报》显示[①]，2020 年，面对严峻复杂的国内外形势，特别是新冠肺炎疫情的严重冲击，四川省全省上下坚定以习近平新时代中国特色社会主义思想为科学指导，在党中央、国务院的坚强领导下，统筹推进疫情防控和经济社会发展，扎实做好"六稳"工作，全面落实"六保"任务，按照"农业多贡献、工业

---

① 四川省统计局. 2020 年四川省国民经济和社会发展统计公报［R］. 2021-03-14.

挑大梁、投资唱主角、消费促升级"的工作思路，真抓实干、攻坚克难，
全省经济逐季回升、稳定向好，社会大局保持稳定。

根据地区生产总值统一核算初步结果，2020 年四川省地区生产总值
（GDP）48598.8 亿元，按可比价格计算，比上年增长 3.8%。其中，第一产业增
加值 5556.6 亿元，增长 5.2%；第二产业增加值 17571.1 亿元，增长 3.8%；第
三产业增加值 25471.1 亿元，增长 3.4%。三次产业对经济增长的贡献率分别为
14.1%、43.4%和 42.5%。三次产业结构由上年的 10.4：37.1：52.5 调整为
11.4：36.2：52.4。

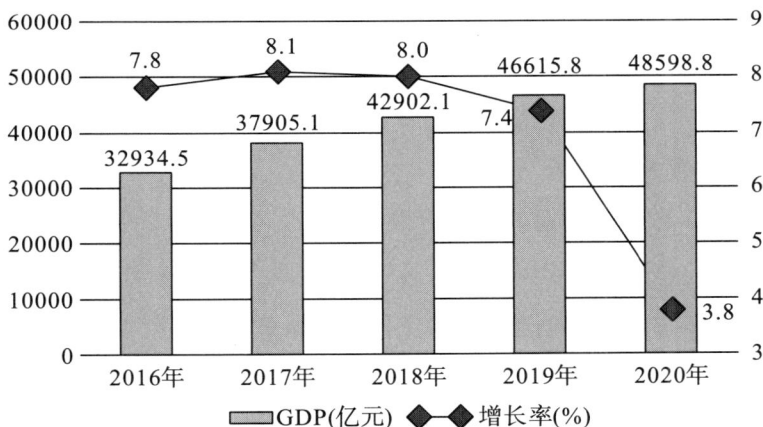

图 5-1　2016—2020 年地区生产总值和增长速度

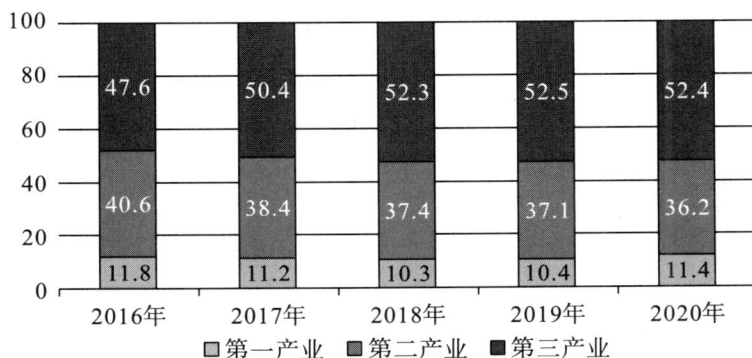

图 5-2　2016—2020 年三次产业增长值占 GDP 比重

分区域看，成都平原经济区地区生产总值 29523.3 亿元，比上年增长 4.0%。其中环成都经济圈地区生产总值 11806.7 亿元，增长 3.9%；川南经济区地区生产总值 7883.7 亿元，增长 4.2%；川东北经济区地区生产总值 7595.5 亿元，增长 3.8%；攀西经济区地区生产总值 2774.0 亿元，增长 3.9%；川西北生态示范区地区生产总值 822.4 亿元，增长 3.4%。

四川共有普通高校 132 所。全年普通本（专）科招生 58.9 万人，增长 12.1%；在校生 180.1 万人，增长 8.4%；毕业生 43.3 万人，增长 7.5%。研究生培养单位 36 个，招收研究生 4.8 万人，在校生 14.5 万人，毕业生 3.4 万人。成人高等学校 15 所，成人本（专）科在校生 36.1 万人；参加学历教育自学考试 52.0 万人次。①

（二）创新能力情况

根据《中国区域创新能力评价报告 2019》数据②，四川省创新能力效用值为 28.03，连续四年保持全国第 11 位，西部次于重庆连续 3 年居第 2 位。一级指标中，知识创造排名第 7 位，知识获取排名第 14 位，企业创新排名第 13 位，创新环境排名第 9 位，创新绩效排名第 12 位，仅有创新环境综合指标提升 2 位，其余指标排位均与上年一致。根据该报告，创新能力又分为创新的实力、效率与潜力 3 个层面。实力指一个地区拥有的创新资源总量，效率指单位投入产出水平，潜力指发展速度。四川省创新综合实力连续三年居第 8 位，综合效率连续两年居第 13 位，综合潜力上升 7 位至第 15 位，如表 5-40 所示。

---

① 四川省统计局. 2020 年四川省国民经济和社会发展统计公报［R］. 2021-03-14.
② 四川省科技统计中心. 四川省创新能力评价［M］//四川科技年鉴（2020）. 成都：电子科技大学出版社，2020.

表 5-40　2018—2019 年创新实力、效率和潜力指标排名①

	综合		知识创造		知识获取		企业创新		创新环境		创新绩效	
	2019	2018	2019	2018	2019	2018	2019	2018	2019	2018	2019	2018
实力	8	8	7	7	11	11	12	12	9	8	13	9
效率	13	13	7	9	20	23	15	17	15	16	11	9
潜力	15	22	18	12	17	18	13	20	13	24	15	24

　　5 项一级指标中，知识创造和知识获取、企业创新排名位次与上年一致，创新环境上升 2 位，创新绩效位次与上年一致。一级指标之间的排名差距进一步缩小，创新体系更趋均衡。如表 5-41 所示。

表 5-41　创新能力综合指标及一级指标排名

指标＼年份	2019	2018	2017	2016	2015	2010	2005
创新能力	11	11	11	11	16	9	18
知识创造	7	7	8	7	11	10	17
知识获取	14	14	15	16	13	8	20
企业创新	13	13	12	14	19	12	12
创新环境	9	11	8	13	11	7	15
创新绩效	12	12	12	10	12	15	30

　　知识创造用于衡量区域创造新知识的能力，包括研究开发投入、专利、科研论文 3 项二级指标。2019 年四川省知识创造综合水平保持第 7 位，其中，研究开发投入综合指标下降 1 位，专利综合指标上升 1 位，科研论文综合指标保持第 11 位。如表 5-42 所示。

---

　　① 四川省科技统计中心. 四川省创新能力评价［M］//四川科技年鉴（2020）. 成都：电子科技大学出版社，2020.

表 5-42　创新能力综合指标及一级指标排名

指标　＼　年份	2019	2018	2017	2016	2015	2010	2005
知识创造	7	7	8	7	11	10	17
研究开发投入	9	8	8	7	14	6	6
专利	8	9	9	11	11	19	15
科研论文	11	11	8	9	11	14	11

基础指标中，R&D 全时人员当量（15 万人年）、每万人平均 R&D 全时人员当量（17.4 人年/万人）均上升 3 位至第 8 位和第 15 位，R&D 全时人员当量增长率（6.8％）上升 10 位至第 5 位，排名变化较大。

知识获取用于衡量区域利用全世界可用知识的能力，包括科技合作、技术转移、外资企业投资三项二级指标。2019 年四川省知识获取排名保持第 14 位，其中，科技合作综合指标下降 1 位，技术转移综合指标上升 6 位，外资企业投资综合指标下降 4 位。如表 5-43 所示。

表 5-43　知识获取综合指标及其二级指标排名

指标　＼　年份	2019	2018	2017	2016	2015	2010	2005
知识获取	14	14	15	16	13	8	20
科技合作	9	8	11	14	9	11	25
技术转移	14	20	20	19	17	19	17
外资企业投资	21	17	15	15	14	9	25

基础指标中，高校和科研院所研发经费内部支出中来自企业的资金比例下降 3 位。技术市场交易额及增长率上升 3 位和 8 位，均居全国第 7 位，技术市场平均交易额上升 13 位居全国第 6 位；规模以上工业企业国内技术成交金额及增长率分别上升 6 位和 5 位，规模以上工业企业平均购买国内技术经费支出上升 4 位，因此技术转移综合指标排名有大幅提升。

企业创新能力用于衡量区域内企业应用新知识、推出新产品或新工艺的

能力，包括企业研究开发投入、设计能力、技术提升能力、新产品销售收入
4 项二级指标。四川省企业创新能力排位保持第 13 位，其中，企业研究开发
投入综合指标上升 1 位，企业设计能力综合指标上升 7 位，技术提升能力综
合指标上升 2 位，新产品销售收入综合指标保持原位。如表 5-44 所示。

表 5-44　企业技术创新能力综合指标及其二级指标排名

年份 指标	2019	2018	2017	2016	2015	2010	2005
企业创新能力	13	13	12	14	19	12	12
企业研究开发投入	15	16	19	19	21	15	9
设计能力	7	14	10	7	12	11	12
技术提升能力	12	14	13	13	18	15	19
新产品销售收入	20	20	19	19	21	11	15

基础指标中，规模以上工业企业研发人员数及其增长率均上升 2 位至
第 11 位和第 8 位，规模以上工业企业就业人员中研发人员比重上升 4 位至
第 14 位，规模以上工业企业 R&D 经费内部支出总额占销售收入的比重
（0.72%）提高 0.1 个百分点，位次提升 3 位至第 19 位，排名变化较大。

创新环境用于衡量区域为知识的产生、流动和应用提供相应环境的能
力，包括创新基础设施、市场环境、劳动者素质、金融环境、创业水平 5
项二级指标。四川省创新环境上升 2 位至第 9 位，其中，创新基础设施综
合指标上升 4 位，市场环境和金融环境综合指标上升 3 位，劳动者素质综
合指标上升 2 位，创业水平综合指标上升 1 位。如表 5-45 所示。

表 5-45　创新环境与管理综合指标及其二级指标排名

年份 指标	2019	2018	2017	2016	2015	2010	2005
创新环境	9	11	8	13	11	7	15
创新基础设施	7	11	9	17	16	5	6
市场环境	12	15	13	15	22	9	17

指标＼年份	2019	2018	2017	2016	2015	2010	2005
劳动者素质	9	11	7	9	6	8	25
金融环境	12	15	15	16	14	11	18
创业水平	11	12	7	11	19	12	18

基础指标中，科技企业孵化器数量及增长率提升 1 位和 4 位，平均每个科技企业孵化器创业导师人数提升 2 位；科技服务业从业人员占第三产业从业人员比重提升 1 位，科技服务业从业人员增长率提升 3 位；移动电话用户增长率提升 14 位，居民消费水平增长率提升 8 位；规模以上工业企业研发经费内部支出额中获得金融机构贷款额及增长率分别提升 6 位和 12 位，至第 8 位和第 12 位，规模以上工业企业研发经费内部支出额中平均年获得金融机构贷款额提升 13 位至第 7 位。

创新绩效用于衡量区域创新的产出能力，包括宏观经济、产业结构、产业国际竞争力、就业、可持续发展与环保 5 项二级指标。2019 年四川省创新绩效保持第 12 位，其中，宏观经济综合指标上升 1 位，产业结构综合指标下降 6 位，产业国际竞争力、可持续发展与环保综合指标上升 2 位，就业综合指标下降 7 位。如表 5-46 所示。

表 5-46　创新绩效综合指标及其二级指标排名

指标＼年份	2019	2018	2017	2016	2015	2010	2005
创新绩效	12	12	12	10	12	15	30
宏观经济	13	14	15	16	16	17	25
产业结构	14	8	9	5	8	18	19
产业国际竞争力	5	7	7	7	10	10	28
就业	30	23	23	21	19	13	27
可持续发展与环保	18	16	14	18	17	13	

基础指标中，GDP 增长上升 7 位，第三产业增加值增长率上升 6 位，高技术产品出口额增长率上升 12 位，万元地区生产总值能耗下降率上升 3 位，高技术产业就业人数增长率和废气中主要污染物排放量增长率下降 3 位，排名变化较大。

三、高等教育对四川经济高质量发展的贡献

高校作为人才第一资源、科技第一生产力、创新第一动力和文化第一软实力的结合，高端人才聚集、创新要素集中、科研产出丰硕，在服务区域经济社会发展方面发挥着特殊的重要作用。四川高等教育深刻把握在治蜀兴川中的全局性、基础性、先导性地位，坚持内涵发展，紧密对接需求，专注、精准、不断提升办学质量，高效服务四川全面高质量发展。

（一）高校为四川高质量发展提供人力资本

伴随着全球化进程的加快，以信息经济、网络经济、素质经济、人工智能为特征的知识经济时代来临，需要高科技和高智力人才为其提供支撑。随着知识经济时代的到来，高校作为知识生产的重要源头和基地，人才培养职能显得更加重要。

四川高质量发展，需要四川高校为其培养大量在知识、能力和素质方面适应四川产业发展需求的应用型人才，更需要培养出能精准对接"一干多支、五区协同"区域协调发展格局的创新创业型人才。据四川省教育厅、四川新闻网等信息发布，四川高等教育已为四川省高质量发展积蓄了知识与能力，输送了更多高质量的人才资源。一方面，打造了一支高素质教师队伍。全省高校现有专任教师 8.9 万人，专任教师博士学位人数占比 21.8%，比西部省份平均水平高 0.6 个百分点。另一方面，培养了一批高层次人才。改革开放以来，累计培养各类高等教育学生超过 500 万人，高

等教育毛入学率达到 48.1％，高校毕业生就业率位居全国前列。中国科学院、中国工程院两院院士中，四川高校培养出 37 人。

（二）高校能满足四川高质量发展的科技创新需求

四川高质量发展为四川高校建设发展提供了强有力的支撑，而高校也在人才队伍输送、科技创新等方面发挥着越来越重要的作用。

四川高等教育紧扣"一带一路"建设、全面创新改革、产业转型升级等国家战略，服务四川"一干多支、五区协同""四向拓展、全域开放"发展战略和"5＋1"现代产业体系，制定《关于促进高等教育全面服务四川高质量发展的意见》，系统谋划，统筹布局，推动全省高校全面服务高质量发展。

从 2020 年度四川科学技术进步奖榜单来看，265 项获奖项目中，高校参与完成的获奖项目 177 项，占近三分之二。产学研合作项目有 184 项，占总数的 70％，企业和高校院所联合开展核心技术研发攻关，推动了产业的升级转型，为四川省经济高质量发展提供有力支撑。在自然科学类和技术发明类项目中，高校院所发挥自身优势，原始创新能力不断增强。四川大学"微纳结构化智能高分子材料的可控构建与性能强化机制"项目，在智能高分子材料方面取得原创性成果，为高性能智能高分子材料设计制备提供了新思路，推动了相关学科的发展。西南交通大学"新一代轨道交通牵引供电系统关键技术与应用"，突破了传统交流牵引供电系统的技术瓶颈，填补了该领域的空白。

（三）高校为四川产业转型升级提供技术支撑

高校是高素质人才和科研资源聚集地，在区域经济发展中承担着各种技术支撑的重要作用。近年来，四川高校与四川高质量发展需求深度融合，针对四川发展需要及时开展技术攻关和科技创新，并将科研成果和创新技术应用于四川经济发展的各个领域，促进产业转型升级，激发经济发展活力，推动经济高质量发展。

四川高等教育立足四川省学科布点、发展现状和经济社会发展急需[①]，对接区域经济社会和产业发展需要，建立行业参与的学科专业动态调整机制和省控专业预警机制，新设能源科学与工程、物联网工程、工业机器人、健康服务与管理等一大批行业产业紧缺急需的专业点 473 个，65 所高校撤销就业率低、供过于求或与办学定位不相匹配的专业点 340 个，79 所高校停招 770 个专业点次。全省高校设置"5+1"产业相关的专业点 1566 个，在校生 38.2 万人。采取"行业+企业+高校"协同共建模式，鼓励产学研融合发展，推动科技成果转移转化。2016 年以来，支持高校新建国家重点实验室 1 个、省级重点实验室 8 个、工程技术研究中心 5 个、产业技术研究院 4 个，这些都为更好地实现高校科技创新成果转化，服务四川经济质量高水平发展奠定了基础。

---

① 四川高等教育改革发展情况发布全省共有高校 139 所［N/OL］. 四川新闻网，2019-07-23.

第六章

四川高校科技创新能力建设的问题与原因

近年来，四川高校正逐渐融入省域创新体系的建设和发展中，科技创新能力有了一定程度的提高和发展。科技创新队伍不断扩大，科技创新成果日益增加，成果转化速度逐年加快。但是，四川省高校科技创新能力建设仍存在科技队伍结构不够合理、科技经费投入有限且使用不合理、原始性创新能力不足、科技成果转化渠道不畅、国际前沿领域研究数量有限以及实质性国际合作较少等问题。综观这些问题，制约四川省高校科技创新能力建设的因素主要集中在政府、学校和企业三个方面。本章将针对这些问题成因进行分析，提出四川高校科技创新能力建设的改进对策。

第一节　四川高校科技创新能力建设存在的问题

通过对四川省"十三五"以来科技创新活动现状的分析，可以发现四川省高校科技创新能力建设存在科技创新人员总体数量不足、科技经费投入不够、科研成果转化率低、国际合作交流不够等问题。

一、科技创新人员数量总体不够

"十三五"期间，四川省高校科技创新队伍建设取得了较大成效，高校教师和科研人员人数持续增长，但从四川省高校科技人力投入的情况和取得的成效来看，科技创新队伍建设无论是在数量还是质量上都需要进一步提升。

（一）科技创新人员数量逐年增加，但总体数量不高

为了呈现四川省高校科技创新队伍建设情况，我们选择了北京市、上海市、江苏省、广东省、湖北省的 5 个省（自治区、直辖市）进行比较。详见表 6-1。

表 6-1　四川省与部分省（自治区、直辖市）科技创新人员数量比较 单位：人

年份	四川省	湖南省	浙江省	广东省	北京市	重庆市
2016	45883	41401	44659	63928	74292	22365
2017	48872	42968	50758	65470	75689	22420
2018	52036	46629	53653	72012	77758	24067
2019	55332	50736	56957	76361	79973	22509
2020	54908	50763	59375	83523	84544	26548

从表 6-1 中可以得出以下结论：

四川省科技创新队伍建设远远落后于北京市、广东省。北京市、广东省的科技创新人才数量相当可观，无论是从总体数量上还是年增长幅度来看，都遥遥领先于四川省；四川省的科技人员数量及增长速度略低于浙江省，高于湖南省和重庆市；2020 年，仅有四川省科技创新人员数量小幅减少，与北京市、广东省的差距越来越大。特别是与广东省的差距，从 2016

年 18045 人到 2020 年的 28615 人，差距人数增加 10000 余人。

从以上比较可以看出，近 5 年来，四川省的高校科技创新队伍整体呈现出稳步上升趋势，2020 年较 2019 年下降 424 人，与其他有关省（自治区、直辖市）相比较，总体数量仍相对缺乏，且发展速度较慢。

（二）科技创新队伍学科结构不够合理

本部分主要从四川省高校科技创新人才的学科结构、学历结构和地域结构 3 个方面来进行分析。

表 6-2 四川高等学校科技人力资源和研究机构情况（2018 年）

项目	科技活动（人）		研究机构数（人）	R&D（人）			R&D 经费内部支出（万元）
	人员	大学本科及以上学历		人员 R&D	博士毕业	硕士毕业	
合计	91135	84585	614	9391	4428	3034	86987
理科	55332	49593	406	6396	3251	1763	82957
文科	35803	34992	208	2995	1177	1271	4030
成都市	51270	48273	369	6757	3510	1943	76857
自贡市	2148	2052	17	394	107	181	2111
攀枝花市	1457	1417	35	63	17	11	138
泸州市	8667	6880	29	332	65	188	336
德阳市	3866	3181	7	123	9	81	1363
绵阳市	5755	5561	47	254	55	68	1100
广元市	595	581	1	6		6	
遂宁市	662	629					
内江市	1621	1537	7	123	51	55	101
乐山市	1874	1797	15	159	45	83	284
南充市	4574	4339	46	670	350	235	2041
眉山市	1221	1209					
宜宾市	958	947	14	217	58	112	146
广安市	483	468					
达州市	1072	1038	4	24	4	16	27

续表

项目	科技活动（人）		研究机构数（人）	R&D（人）			R&D 经费内部支出（万元）
	人员	大学本科及以上学历		人员 R&D	博士毕业	硕士毕业	
雅安市	2309	2236	9	200	153	20	2352
巴中市	287	277					
资阳市	182	180					
阿坝藏族羌族自治州	569	532	1	3	1	1	3
甘孜藏族自治州	501	448	1	5		3	7
凉山彝族自治州	1064	1003	12	61	3	31	123

资料来源：中国统计出版社，《四川省统计年鉴（2019）》

在学科方面，对表 6-2 内数据进行分析，可以看出 2018 年四川省文科、理科从事科技创新的人力资源数量情况。在从事科技活动人员中，理科人数占总人数约 61%，文科占总人数约为 39%；R&D 人员中，理科人数占总数约为 68%，文科人数仅占 32%。由此可见，四川省高校中从事理科科技创新的人力资源数量远远高于文科。

从学历结构看，在四川省高校的科技创新人才中，2018 年，大学本科、硕士研究生和博士研究生科技人员已达 93%；在 R&D 人员中，博士研究生占比达 47%。这说明四川省高校科技人力中高层次人才齐聚、数量可观，为开展科技创新奠定了人才基础。但我们也要看到，科技创新工作人员特别是高层次科研人员分布不均衡，有部分市州 R&D 人员中博士数为零，仍需要加大高层次科研人才的引进力度，为科技创新工作开展提供人才保障。

四川省 132 所高校中有 5 所 211 高校，分别是四川大学、电子科技大学、西南交通大学、四川农业大学和西南财经大学；其中 2 所是 985 高校，分别是四川大学和电子科技大学。从区域分布看，成都市共有 56 所大学，除了四川农业大学位于雅安市，其他 4 所 211 高校都在成都市，因此，从事科技创新人员众多，高层次人才和学者高度集中，而巴中市、广安市、资阳市等区域，科技活动人员数量处于全省后三位，高层次人才缺乏。

二、科技创新经费投入不足

"十三五"以来，四川省高校的科技创新经费投入和支出逐年增长，在一定程度上满足了高校从事科技创新活动的需要。但是，从整体上看，四川省高校的科技经费投入与日益增长的科研任务不相适应，并存在科技资源使用不够合理的现象。

（一）科技创新经费投入低于全国平均水平

"十三五"期间，四川省高校科技创新经费的投入总体呈上升趋势，但是与全国平均水平相比，四川省对高校的科技创新经费投入严重不足，与高等教育大省的现状极不相符。2011 年，四川省高校的科技经费投入比全国平均水平少 1769 万元；2017 年，比全国水平少 1460 万元；2018 年，比全国平均水平少 1505 万元；2019 年，比全国平均水平少 1903 万元；到 2020 年，比全国平均水平少 2606 万元。可见，2016—2020 年，四川省高校科技创新经费投入均低于全国平均水平，且差距持续增大，见表 6-3。

表 6-3　2016—2020 年四川省高校科技创新经费拨入与高校科技经费平均数

年份	全国高校（所）	各类高校科技经费拨入数（亿元）	四川省高校数（所）	四川省高校科技经费拨入数（亿元）	全国高校科技经费拨入平均数（亿元）	四川省高校科技经费拨入平均数（亿元）
2016	1466	1356.12	79	59.10	0.93	0.75
2017	1760	1537.01	86	62.54	0.88	0.73
2018	1939	1772.90	95	72.56	0.91	0.76
2019	1944	2052.69	98	84.79	1.06	0.87
2020	2007	2458.20	102	98.07	1.22	0.96

资料来源：教育部科学技术司《2020 年高等学校科技统计资料汇编》
注：为了数据的直观性分析，此表在原数据（单位：千元）基础上四舍五入形成（单位：亿元）

（二）科技经费投入来源不均衡

从表6-4可以看出，在科技创新经费投入6类来源中，其他政府部门专项费和企事业单位委托经费所占的比例较大，这两类经费加起来占全部经费投入的70%～80%。主管部门专项费和各种收入中转为科技经费的比例较低，二者相加只占全部经费投入的10%～16%。可见，在四川省高校科技创新经费来源中，主管部门专项费较低，经费保障力度不够，会在一定程度上影响高校对科技创新的重视程度以及高校科技创新能力的提升；各种收入中转为科技经费的比例也较低。

表 6-4　2016—2020 年四川省高校科技创新各类经费投入　　单位：亿元

年份	科研事业费	主管部门专项费	其他政府部门专项费	企事业单位委托经费	各种收入中转为科技经费	其他	合计
2016	2.39 (4.0%)	5.00 (8.5%)	20.80 (35.2%)	26.48 (44.8%)	4.35 (7.4%)	0.09 (0.1%)	59.10
2017	2.86 (4.6%)	5.19 (8.3%)	18.71 (29.9%)	29.55 (47.2%)	5.07 (8.1%)	1.17 (1.9%)	62.54
2018	3.21 (4.4%)	4.27 (5.9%)	26.79 (36.9%)	31.72 (43.7%)	6.26 (8.6%)	0.31 (0.4%)	72.56
2019	3.64 (4.3%)	6.42 (7.6%)	33.65 (39.7%)	34.08 (40.2%)	6.63 (7.8%)	0.36 (0.4%)	84.79
2020	5.67 (5.8%)	10.47 (10.7%)	35.25 (35.9%)	37.52 (38.2%)	8.93 (9.1%)	0.26 (0.3%)	98.10

资料来源：教育部科学技术司《2020 年高等学校科技统计资料汇编》
注：为了数据的直观性分析，此表在原数据（单位：千元）基础上四舍五入形成（单位：亿元）

从表6-5可以看出，2016—2020 年，四川省高校投入应用研究的费用最多，从 2016 年的占比 40.9%到 2020 年的 58.8%，呈持续上升趋势，占全部费用的一半以上。投入试验发展的费用逐年递减，到 2020 年最少，只占全部费用的 10%左右。这一分配比例不甚合理，试验发展所占的比例较低，这在一定程度上会阻碍科研成果的转化和应用。

表6-5　2016－2019年四川省高校科技创新分研究类别经费投入 单位：亿元

年份	基础研究	应用研究	试验发展	合计
2016	16.14（38.8%）	17.04（40.9%）	8.47（20.3%）	41.66
2017	13.87（31.5%）	20.39（46.2%）	9.84（22.3%）	44.10
2018	16.59（31.5%）	26.08（49.6%）	9.91（18.9%）	52.56
2019	20.26（33.0%）	29.45（48.0%）	11.71（19.0%）	61.42
2020	21.29（31.1%）	40.21（58.8%）	6.93（10.1%）	68.42

资料来源：教育部科学技术司《2020年高等学校科技统计资料汇编》
注：为了数据的直观性分析，此表在原数据（单位：千元）基础上四舍五入形成（单位：亿元）

（三）科技经费支出存在差异

从表6-6可以看出，在2016—2020年四川省高校科技创新各类经费的支出中，业务费所占比例较高，单项占比最低56.1%、最高达59.2%。科研人员费逐年递增，从2016年的15.7%增长到2020年21.1%，有利于科研人员从事科技创新活动，但也要看到四川省用于科技创新的消耗性支出较多，科研人员费仍需进一步提升。

表6-6　2016—2020年四川省高校科技创新各类费用支出　　单位：亿元

年份	科研人员费	业务费	固定资产购置费	上缴税金	其他	转拨给外单位经费	合计
2016	9.08（15.7%）	33.17（57.2%）	6.38（11.0%）	1.03（1.8%）	1.94（3.3%）	6.38（11.0%）	57.98
2017	10.05（16.7%）	33.90（56.2%）	6.42（10.6%）	1.27（2.1%）	2.08（3.4%）	6.63（11.0%）	60.34
2018	11.39（17.0%）	39.34（58.7%）	7.29（10.9%）	1.16（1.7%）	2.28（3.4%）	5.56（8.3%）	67.00
2019	14.49（18.7%）	45.84（59.2%）	7.83（10.1%）	1.29（1.7%）	2.59（3.3%）	5.46（7.0%）	77.50
2020	17.72（21.1%）	47.23（56.1%）	9.08（10.8%）	1.49（1.8%）	2.80（3.3%）	5.81（6.9%）	84.14

资料来源：教育部科学技术局《2020年高等学校科技统计资料汇编》
注：为了数据的直观性分析，此表在原数据（单位：千元）基础上四舍五入形成（单位：亿元）

三、科研成果转化率低

有关数据显示，我国高校科研院所发表的科技论文以及出版的科技著作呈现逐年递增的趋势，占了全国发表的科技论文以及出版的科技著作的大部分比例。因此，高校科研院所成了我国科学技术研究的重要基地。与此同时，我国专利申请的数量以及专利授权量也在不断增加，在我国的技术创新中占有重要地位。然而，高速增长的知识产权数量并没有有效推动科研成果的转化，导致高校科研院所的科研成果与社会生产仍然存在严重的脱节。科研成果的转化率是国家知识产权战略的重要内容，2019 年，从四川省科技成果转化收益的主体来看，四川省企业获得的转化收益最大，占总收益比重的 85％，高等学校的转化收益仅仅占约 9％[①]，这与四川省高校丰富的科研成果十分不符。

四川省高校科技创新项目与企业需求脱节的原因主要表现在以下两个方面。一是由于部分高校教师和科研人员长期在高校工作，不了解企业的实际情况和技术需求，在进行科研项目选题和研究内容设计时，存在盲目的现象。这样即便是科技项目完成并通过了技术鉴定，企业也无法接纳转化。二是有的科技成果成熟度较差。高校教师和科研人员比较重视科技论文的发表和成果的获奖，对有些实验室成果没有及时地进行中间试验，缺少生产性数据和产品规范，不利于企业接受并安排规模性生产。

四、国际科技合作平台不足

数据表明，四川高校在四川省的国际科技合作基地建设中已经占据了

---

① 四川省科学技术厅. 2019 年四川省科技经费投入统计公报［R］. 2020-09-02.

极重的份额，是国际科技合作基地建设的排头兵，起着重要的引领作用。虽然说近年来四川高校国际合作平台建设取得了一定成绩，国际科技合作交流在西部处于领先位置，但仍存在许多不足。

目前，四川高校国际科技合作平台的建设渠道和层次都偏低，大部分局限于人员互访、考察和科技讲座等学术交流活动，或者是联合培养博士、访问学者和人员短期交流等人才培养范畴。这些合作大多浮于表面，创新性科技含量低。另外，目前的国际科技合作平台无稳定的财政经费支持，影响了合作研究的开展。

四川省国际科技合作广泛展开的同时，相关配套部门的设置以及职责范围的划分却显得严重滞后。除了少数几所高校会设置专职部门，绝大多数院校尽管开展了数目众多的交流与合作，但只开设一些重要环节的部门，然而国际科技合作与交流是一项综合性较强的复杂业务，涉及的手续也较为繁杂，单单几个核心部门完全无法与国际高校开展更好更深入的合作。

第二节　制约四川省高校科技创新发展的主要因素

根据前文对四川省高校科技创新发展的综合分析，我们在总结成绩的同时，也应该看到存在的不足以及未来四川高校科技创新发展和创新能力提升存在的制约因素。纵观已有研究，我们可以看到，与高校科技创新相关的因素是多方面的，政府—高校—科研机构—企业—用户，共同构成了政产学研用创新体系，在这一创新链条中，每一个环节都发挥着重要作用，创新意识、创新平台、创新政策都对高校科技创新有着重要的作用。本部分将围绕上述方面内容展开分析，探讨制约四川省高校科技创新发展和创新能力提升的因素。

一、政府对高校科技创新政策导向不够鲜明

高校是人才培养和科技创新的重要场所，其建设发展对政府有着强烈的资源依赖性，政府在高校科技创新方面的宏观政策导向，以及人、财、物上的支出，对高校科技创新能力的提升影响巨大。本部分从政府宏观政策制约高校科技创新发展来探讨。

（一）科研管理政策

对高等学校等科研单位来说，科技管理创新起到了促进科技发展和科技成果孵化的作用。影响高校科技创新的科技政策按其制定主体可分为国务院及国家部委、省委及省厅局、地市（区域）、高校和机构制定的法规法律、决定、条例、规章制度等，不同制定主体出台的政策侧重点、权威性和紧迫性不同。高校应根据所属区域经济和科技发展现状，制定适合高校自身创新发展以及地方经济发展现状的科技政策。相应的科技政策按照功能可以分为科研管理办法、科技人才办法、科技经费办法、科研激励办法、促进成果转化办法等六类。

近来年，四川省先后制定了《四川省科学技术进步条例》《四川省重大科技专项管理暂行办法》《四川省大学科技园管理办法》《四川省重点实验室建设与运行管理办法》《关于扩大高校和科研院所自主权的若干政策措施》《关于深化赋予科研人员职务科技成果所有权或长期使用权改革的实施意见》《四川省科技资源共享服务平台管理办法》《四川省国际科技合作基地评估办法》《四川省技术创新工程实施方案（2017—2020 年）》《四川省科技成果转移转化示范区建设指引》《四川省科研管理减负专项行动方案》《四川省激励企业加大研发投入后补助实施暂行办法》《关于扩大高校和科研院所科研自主权的若干政策措施》《关于赋予科研机构和人员更大自主权

进一步优化省级科研项目和资金管理的通知》《四川省科技计划项目专项资金管理办法》等政策文件①，为四川省高校科技创新活动的顺利开展提供了政策上的保证。

在科技人才政策方面，为激励科技人员创新创业，加快推进科技成果转移，优化全省创新创业环境，制定了《四川省激励科技人员创新创业十六条政策》；修订《四川省科学技术奖励办法》，加大对科技工作者的激励；发布《关于进一步支持科技创新的若干政策》，旨在营造一流创新生态，激励科技人员创新创造，深入推进创新驱动引领高质量发展。这些政策在一定程度上调动了科研人员从事科技创新创造的积极性。

在科技创新改革方面，制定《四川省职务科技成果权属混合所有制改革试点实施方案》，开展职务科技成果权属混合所有制改革试点，探索解决科技成果转化"最先一公里"的有效模式，推动科技成果"三权"政策落地落实，加强科技成果产权对科技人员的长期激励。制定《四川省科研院所改革总体方案》和《深化科研院所改革试点推进方案》，为高校科技创新活动开展提供了重要支撑。

（二）知识产权保护

知识产权管理是对所拥有的知识产权资源进行计划、组织以及控制等行为，在这个过程中逐渐提高国际竞争力以及实现最佳的经济效益。现如今，随着我国科技的不断发展，市场经济体制不断完善以及经济不断增长，我国的高校科研院所的知识产权保护与管理也取得了一定的进步，然而其中仍然存在着一些问题。主要表现在：知识产权保护与管理意识薄弱、知识产权管理工作制度不完善、知识产权政策导向滞后等。

科研成果转化率作为知识产权保护与管理当中的一个重要环节，直接

---

① 四川省省科学技术厅信息公开，省级科技政策、规范性文件，2016—2020.

关系到研发成果的经济价值。为进一步完善四川省知识产权保护制度机制，切实加强知识产权保护工作，制定了《四川省强化知识产权保护实施方案》[①]，提出："力争到 2022 年，我省知识产权侵权现象得到有效遏制，权利人维权'举证难、周期长、成本高、赔偿低'的局面明显改观。到 2025 年，我省知识产权保护社会满意度显著提高，知识产权保护能力大幅提升，知识产权制度激励创新的基本保障作用得到更加有效发挥。"这一制度出台后，高校科技创新知识产权有了更加有力的保护措施。

二、区域创新平台作用发挥不够充分

区域创新平台是人力资源、知识资源、信息资源和技术资源等创新资源的集成系统，在政府引导和协同机制共同形成的资源配置"力场"作用下，各方创新要素朝着共同目标汇聚，为科学研究和技术开发提供服务和支持。高校的科技创新活动是一项系统工程，其创新创造活动的开展离不开企业的配合。若无企业的配合，高校科技创新的基础条件、成果转化和服务平台建设都会受到一定程度的制约。本部分主要从创新平台效应、产学研合作需求和科技创新能力 3 个方面探讨影响高校科技创新能力的因素。

（一）创新平台效应的发挥

技术创新的主体是企业，只有进一步发挥企业的主体作用，才能有助于解决科技成果转化不畅的问题，实现产学研的深度融合。然而，现阶段我国科技资源大多集中在高校和科研机构，在科技创新体制改革全面完成之前，企业还难以成为我国自主创新的主体。因此，对接企业技术需求是

---

① 中共四川省委办公厅 四川省人民政府办公厅关于印发《四川省强化知识产权保护实施方案》的通知，2020-09-12.

产学研协同创新的基本动力，而企业技术需求会强化区域创新平台协同机制的作用，从而产生创新平台效应。一方面，在技术需求的引导下，创新主体可以基于创新平台中的协同创新网络，有目的地进行知识搜索，消除知识流动障碍，从而促进知识资源间的高效配对，实现知识融合。另一方面，产学研协同的目的是对接企业的需求，提升企业科技竞争力与高校科研水平。在技术需求拉动下，创新平台会进一步协调创新主体间的行为，促进各方目标一致，实现共赢，从而推动各方创新资源的深度融合。

目前，四川省高校拥有众多科技基础条件平台，主要包括重点实验室、工程技术研究中心、工程实验室和各类研究机构、研究基地等，科技成果转移平台主要是大学科技园区、孵化器等。在科技基础条件平台方面，近年来，四川省的科技基础平台数量日益增多，但平台种类还是较少，整合科技资源的能力仍需提升。在基础条件平台方面，四川省设立了四川省科技业务综合服务平台①，下设四川省科技信息管理系统、四川省科学技术奖励综合业务系统、四川省科技报告共享服务系统、四川省科技文献共享服务平台、四川省实验动物公共服务平台、四川省科技创新创业苗子工程平台、四川省科技创新基地、中医药现代化国际科技大会、四川省科学技术厅党建网平台等9个分平台，能较好地满足科技创新的需求。但从服务平台涵盖内容来看，还需进一步加强平台建设，丰富平台服务内容，以更好地支撑创新驱动先行省建设。

（二）产学研合作需求的聚焦

"产学研合作是企业发展的内在需求，是增强企业自主创新能力、提高市场竞争力的重要途径。"近年来，四川省大力实施创新驱动发展战略，高度重视产学研用协同创新，形成了开展技术合作、协同技术攻关、共建研

---

① 四川省科技业务综合服务平台，http：//202.61.89.168/.

发中心、共建技术联盟、共建产业基地等产学研合作模式，协同创新取得了较好成绩，建设了一批产学研联合实验室和工程技术研究中心、科技创新产业平台、合作创新团队等，为科技创新技术攻关提供了强有力的支撑。

为持续推进四川省科技成果转移转化产业示范，强化对企业的跟踪服务，四川省制定了《四川省促进科技成果转移转化行动方案（2012—2020)》，按照"创成果、促转化、强产业"思路，以实现创新驱动转型发展为目标，以破除体制机制障碍为主攻方向，以先行先试、示范带动为牵引，着力打通科技成果转移转化通道，建立符合科技创新和市场经济规律的科技成果转移转化体系。充分发挥市场配置资源的决定性作用，促进技术、资本、人才、服务等创新资源深度融合，推动科技成果向市场流动、向产业渗透、向民生辐射，促进科技成果资本化、产业化，到 2020 年，组织实施科技成果转化项目 2000 项，建设科技成果转移转化专业化服务机构1000 家，全省技术合同登记交易额累计 2000 亿元。

（三）科技创新能力的提升

在企业与高校的科技创新活动中，企业具有了科技创新意识，产生了产学研合作需求后，制约高校科技创新能力建设的因素就成了企业的科技创新能力。科技创新能力是企业顺利完成与高校之间的科技创新活动所必需的条件，若一个企业的科技创新能力不强，就算科技创新意识和产学研合作需求再强，也无法真正实现与高校之间的科技创新合作。

为提升企业自主创新能力，增强企业核心竞争力，加快产业结构调整和转型升级，四川省出台《关于加强企业创新主体培育的指导意见》，提出：到 2020 年，企业研发投入大幅提高，自主创新能力明显增强，以企业为主体、市场为导向、产学研相结合的技术创新体系进一步完善。在企业研发投入上，力争规模以上工业企业研发投入占全省研发投入总量比例超过 60％，开展研发活动覆盖率达 25％左右，设立研发机构的比例达到 18％

左右。在企业创新平台建设上，新增国家企业技术中心 15 个、国家工程研究中心 1～2 个、国家地方联合工程研究中心 10 个；省级以上企业技术中心突破 1100 家，省级以上工业设计中心突破 40 家，新批建 60 个省级院士（专家）工作站（其中涉农企业院士〔专家〕工作站 30 个）、40 个省级工程实验室、30 个省级工程技术研究中心；市级企业技术中心达到 1500 家。在产业公共创新平台建设上，省级以上制造业创新中心、技术创新中心、产业创新中心均达到 10 家，行业协同创新中心、产业技术创新联盟、产学研协同创新中心分别达到 20 家、160 家、80 家。在创新型企业上，全省高新技术企业达到 5000 家，省级以上技术创新示范企业达到 50 家；每年新增科技型中小微企业 20000 家，其中规模以上科技型中小企业占比达到 5%以上。

三、科技创新体制机制亟须完善

当今国际新形势，对我国的科技创新工作提出了新要求。在世界科技竞争的大变局中，我们不仅面临着"卡脖子"——攻克关键核心技术的问题，也面临着改革科技体制机制这一"卡脑子"的问题。"体制是功能的机构性静态体现，机制是功能实现过程的规则性动态体现。"科技体制即高校科研管理的顶层设计架构，科技机制即为了实现科技创新而制定的一系列政策规则。

（一）科研管理体制不健全

高校的学术环境自由，是基础研究的良好土壤。总体而言，国家、省级、校级之间的科研分层管理体系不健全，学校外界或相关部门沟通合作机制不完善，导致高校基础研究环境缺乏有效的整合与管理，缺乏"从 0 到 1"的原创成果，制约了高等学校科技创新能力的提升。

科研评价体系不够完善。基础研究是一项周期较长的科学研究，短时间内很难出大成果，但是高校在国家的各项考核评价重压下，普遍追求"短平快"的成果。在浮躁的学术环境下，科研人员不甘于长期坐"冷板凳"，难以产生重大原创性成果。大多高校用于评价基础研究成果仍采用"以刊论文"的方式，改革评价措施不够，基础研究成果价值存在滞后性。

（二）高校科技创新人才管理机制有待完善

科研人才作为人才中智力密集程度高、创新能力强的一类，对其管理和评价的要求更高。

首先是人才引进机制方面，从前文对四川高校科技人力资源分析情况可以看出，四川高校人才队伍数量整体呈上涨趋势，但领军科技人才和高层次专业人才质量不高，科研人员的整体创新素质和高新技术成果转化能力偏低。引进高水平人才队伍、留住高层次人才的措施政策不够。

其次是科研人才培养激励方面。一方面是高校科研人员的待遇差异大，表现在教学人员与科研人员之间、科研人员学科之间的劳动付出和薪酬比例的失衡，导致科技人才流失。另一方面是高校缺少对科研人员的培养，只关注科研人员的创新成果，而对未来发展和人文关怀不够，使科研人员一旦遇到挫折就退却，导致科研成果质量不高。

（三）高校科技创新文化机制有待加强

高校作为科技创新的主体，科技创新能力成为衡量高校水平和实力的重要标准，因此，很多高校一味追求科技创新成果，而缺少对创新文化氛围的营造。部分高校缺乏民主的科研环境，缺少对科研人员的人文素养和人文情怀的熏陶。

为了给科研人员简政放权，将捆住科研人员手脚的各种束缚一一松绑，国家及省市科技管理部门纷纷出台贯彻落实"放管服"的各项规章制度，解决科研人员的一些困扰，让科研人员有更多的获得感，激发其创新活力，让真正具有创新精神和能力的人才名利双收。诚然，科研经费的"松绑"对科研人员来说非常重要，然而，培养和唤起科研人员的使命感和责任感更为重要。一个缺少科学精神、家国情怀的学术氛围并不是一个健康的科研生态系统，不利于原创性科研成果和优秀科研人才的培育。只有发自内心的爱国情怀和赤子报国之心，才能为科研创新提供强大原动力。因此，加强对高校校园科技文化建设十分必要，各高校都需进一步加强创新文化引领机制建设。

第七章

全面提升四川高校科技创新能力的路径与对策

四川到 2025 年要建成国家创新驱动发展先行省,到 2035 年基本建成科技强省,这是一个宏伟目标。高等院校在科技强省建设进程中,既要承担原始创新和技术转移的主体责任,也要发挥科技体制改革和科技创新治理的文化优势,不断为战略科技力量体系、开放创新体系、创新治理体系的建设贡献力量。全面提升四川省高校科技创新能力,既是实现四川科技强省战略的题中之意,更是推进四川科技现代化、全面建设社会主义现代化四川的内在要求。

第一节　四川高校科技创新的历史成就

四川地处西部、人口众多,优势和劣势都十分明显。进入新时代,四川省处于重要战略机遇期,"一带一路"建设、长江经济带发展、新时代推进西部大开发形成新格局、成渝地区双城经济圈建设等国家战略的深入实施,将进一步提升四川省在全国大局中的战略位势,创新驱动发展战略必将成为这些重大战略部署的引擎内核。同时,我们要清醒地认识到,四川省发展不平衡不充分问题比较突出，创新活力不足、产业体系不优、开放程度不深等问题仍然存在，科技创新和文化智力在公共服务、生态环保、社会治理等领域中的支撑和引领作用发挥不充分。需要从战略高度和长远布局上来提升四川省高校创新能力，使四川发展具有基础研究和原始创新的驱动源泉，具有应用技术和产品研发的融合载体。四川是一个教育大省，正在向教育强省迈进，高等教育也在不断发展壮大。近年来，四川省高等教育发展取得了显著成绩，在规模和结构上都实现了历史性跨越，跨入了高等教育大省行列，成为西部高等教育高地，正在加速从高等教育大省向高等教育强省迈进。

一、结构完备的高校人才培养体系基本形成

四川省高校规模从"十三五"初期的 109 所，上升至 2020 年的 132 所，高校布局实现 21 个市（州）全覆盖。普通高校数量全国排位从"十三五"初期的全国第 10 位，上升至第 5 位，高校总量进一步提升。全省有国家"双一流"建设高校 8 所，其中，四川大学和电子科技大学是世界"一流大学"建设高校；"双一流"建设高校数量与陕西省并列排名全国第 4 名；成都理工大学、西南石油大学、成都中医药大学 3 所大学作为非"985""211"高校进入了"双一流"建设高校序列，增量居全国第 2 名（江苏省第 1 名）。应用型本科高校 24 所，国家"双高计划"建设高职院校 8 所，基本构建起专科、本科、研究生教育规模比例较为合理的人才培养结构（见表 7-1，数据来源为教育部 2020 年公布的高校名单统计）。全省高校学科体系进一步完善，四川省教育厅官方数据显示，到 2020 年，现有研究生（含博士、硕士）学位授权点 826 个，其中博士学术学位授权点 136 个，博士专业学位授权点 14 个，硕士学术学位授权点 424 个，硕士专业学位授权点 252 个，研究生学科基本覆盖了四川工业"5＋1"、农业"10＋

3"、服务业"4＋6"等现代产业体系。研究生在校生 12.83 万人（博士 1.68 万人，硕士 9.43 万人，在职攻读硕士 1.71 万人）。逐渐完备的人才培养体系尤其是高水平创新人才培养体系的形成，为高校创新驱动发展提供了智力源泉。

表 7-1　部分省份高校数量及"双一流"高校统计

序号	省份	高校数量（所）	"双一流"高校数量（所）
1	江苏省	167	15（2）
2	广东省	154	5（2）
3	山东省	152	3（2）
4	河南省	151	2（1）
5	四川省	132	8（2）
6	湖北省	129	7（2）
7	湖南省	128	4（3）
8	河北省	125	1（0）
9	安徽省	120	3（1）
10	辽宁省	116	4（1）
11	浙江省	109	3（1）
12	江西省	105	1（0）
13	陕西省	96	8（3）
14	北京市	92	34（8）
15	重庆市	68	2（1）
16	上海市	63	14（4）
17	天津市	56	5（2）

注：表中括号内的数字为世界一流大学建设高校数量

二、全省高校人才队伍的创新能力明显增强

四川省教育厅官方数据显示，截至 2020 年底，全省高校现有专任教师

8.9 万人，专任教师博士学位人数占比 21.8％，比西部省份平均水平高 0.6
个百分点，专任教师中正高级教师占 11.2％。高校教师中，有在岗在职的
院士 7 名（在川院士总数是 61 人，中科院院士 24 人、工程院院士 37 人，
其中 70 岁以下在职院士 20 人）；"长江学者奖励计划"特聘教授近 80 人，
国家"万人计划"等人才计划近 400 人，省级人才计划近 1000 人。另外，
培养了一批高层次人才。自改革开放以来，全省高校累计培养各类学生超
过 500 万人，高等教育毛入学率达到 48.1％，高校毕业生就业率位居全国
前列。中国科学院、中国工程院两院院士中，四川高校培养出 37 人，其中
有很多杰出科学家，如开创我国生物活性人工骨、牙研究的工程院院士张
兴栋，被誉为"世界最领先的离散数学家之一"的中科院院士陈永川，被
誉为"铁路提速保护神"的中科院院士翟婉明等科学家，在全球都具有很
大影响力。

三、全省优势学科建设水平不断提升

从表 7-1 可以看出，全省 8 所高校进入国家"双一流"建设名单，数量
与陕西并列全国第 4 位，其中 2 所进入国家"世界一流大学"建设高校。
在全国第四轮学科评估中，有 19 所高校的 199 个学科进入全国前 70％，学
科数超过西部 12 省份平均数的 1 倍多。4 所高校共有 5 个学科为"A＋"，
7 所高校的 27 个学科为"A"，13 所高校 81 个学科为"B"，总体情况位居
全国第 8 位、西部第 1 位。截至 2020 年底，共有 14 所高校的 49 个学科进
入 ESI 全球排名前百分之一、6 个学科进入前千分之一。在优势特色学科
的带动下，四川省建成了一批高水平、高能级的科研平台载体，产出了一
批高质量科研成果。全省高校拥有国家级、省部级科研创新平台 358 个，
其中国家级平台 71 个，省部级 287 个。优势学科和高水平科研平台的合理
布局，为提高高校创新能力打下了良好基础。

四、服务四川发展的支撑能力显著增强

全省高校优势专业以服务四川经济社会发展需求为导向，专业设置紧贴发展需求。设置四川省"5＋1"现代产业体系相关的专业点 1600 余个，"10＋3"现代农业相关专业 200 余个，"4＋6"现代服务业相关专业 2800 余个；44 所地方普通本科高校建设省级应用型示范专业 200 个；24 所高校开展激励科技人员创新创业专项改革试点。有关统计数据显示，全省高校贡献的专利授权占全省 80％以上，学术论文占全省的 81％，出版著作占全省 90％以上，研究项目占全省 74％。全省高校获国家科学技术奖励总数处于全国第 7 位左右，省属高校获奖总数处于全国第 6 位左右，高校主持完成国家科学技术奖占全省 77％，自然科学奖、技术发明奖全部由高校主持完成。发明专利数量位列全国高校发明专利授权量第 9 位。2019 年高校获发明专利授权 3963 项，其中省属高校 1381 项，占 34.85％，高校科研能力和服务地方发展的能力不断提高。

五、全省逐步形成良好的创新环境

近年来，四川省委、省政府紧扣"一带一路"建设、创新驱动发展、军民融合发展、成渝地区双城经济圈建设、乡村振兴等国家战略，部署了四川省"一干多支、五区协同""四向拓展、全域开放"发展战略，出台了系列创新政策，构建创新制度，完善市场机制，营造良好创新环境，不断提升治蜀兴川发展质量。

为了服务"5＋1"现代产业体系，专门出台了《关于促进高等教育全面服务四川高质量发展的意见》，系统谋划，统筹布局，推动四川高等教育高质量发展。在高校布局上，向川南、川东北、攀西等相关产业经济带和

高等教育发展薄弱地区倾斜，重点满足区域经济社会发展急需。对接区域经济社会和产业发展需要，建立行业参与的学科专业动态调整机制和省控专业预警机制，新设能源科学与工程、物联网工程、工业机器人、健康服务与管理等一大批行业产业紧缺急需的专业点近500个。大力扶持创新创业，优先支持参与创新创业学生转入相关专业学习，允许在校大学生保留学籍休学创业。实施大学生创新创业扶持计划和创新创业训练计划，109所高校挂牌成立了创新创业俱乐部，累计开展大学生创新创业项目10万余个、覆盖学生40万人，建成大学生创业园202个和国家级大学科技园5个，基本形成"意识培育＋平台搭建＋政策扶持＋创新文化养成"的培养链条。全省8所高校入选全国创新创业教育改革示范高校，6所高校入选全国创新创业典型经验高校。不断健全协同共建机制，支持30多所高校开展学科建设、人才培养和科技成果转化等全面改革创新试点，24所高校开展激励科技人员创新创业专项改革试点，10所高校开展职务科技成果混合所有制改革试点，试点工作有序推进、成效初显。采取"行业＋企业＋高校"协同共建模式，鼓励产学研融合创新发展，推动科技成果转移转化。支持科技人员离岗创新创业，将职务成果转化收益划归成果完成人及其团队的奖励比例提高到70％以上，加快推动科技成果转化为现实生产力。①

启动实施省级一流学科建设，6个省级部门联合出台《关于支持省内高校加快"双一流"建设的若干意见》和《在川部委高校"双一流"建设资金激励暂行办法》，省级财政投入10亿元支持"双一流"建设，首批重点建设11所高校的22个学科群。启动实施省级一流本科专业建设计划，规划三年建设省级一流本科专业500个，以一流专业引领支撑高水平本科教育。落实《引导地方普通本科高校向应用型转变的实施意见》，实施高职

---

① 四川高等教育改革发展情况发布，https://baijiahao.baidu.com/s?id=16398223988739276
33&wfr=spider&for=pc.

教育创新发展行动计划，24 所地方本科高校开展转型发展试点，建成国家优质院校 9 所、四川省优质高职院校（含培育）23 所。

由上可见，近年来，四川省高等教育发展取得了优异成绩，尤其是创新能力得到了明显提升，在西部处于领先地位，不少领域在全国科技创新体系中占有重要地位，个别领域处于世界前沿，这为创新驱动发展战略奠定了坚实基础，四川省正在由高等教育大省向高等教育强省迈进。

第二节　四川高校科技创新面临的问题与挑战

四川省高等教育尽管取得了历史性发展成就，但与新时代发展要求还有较大差距，高等院校在准确把握新发展阶段、深入贯彻新发展理念、加快融入新发展格局上还没有完全紧跟时代脉搏，全省高等教育发展的整体水平与四川人口大省、经济大省、教育大省的发展地位不相匹配，还不能完全满足国家重大战略和四川高质量发展的内生需求。只有客观准确分析全省高等教育现状，摸清家底实情，找准问题症结，才能全面提高全省高校整体实力，切实提升创新能力，真正成为经济社会发展的创新驱动源，成为全社会原始创新的驱动器。

一、高等教育总量均量不足

尽管四川省高校总量进一步提升，高校数量居全国第 5 位，有 8 所高校进入国家"双一流"建设高校序列，但是，高等教育总量明显不足。普通高校数量与省域 GDP 全国排位不相匹配，2019 年每百万人口拥有的普通高校数全国平均为 1.9 所，四川仅为 1.59 所，居全国倒数第 4（见表 7-

2，数据来源为教育部 2019 年统计和国家统计局公布数据）。本科学校数量较少，仅有 53 所，占高校总数的 40.15％。高校在校生规模也相对较小，从每 10 万人口平均在校生数占比看，全国的平均水平为 2857 人，四川为 2546 人，低于全国平均水平，更低于邻近地区重庆市的 3258 人，排全国第 19、西部第 4。

表 7-2　全国各省（市、区）高校及百万人拥有高校数量统计

序号	省份	高校数量（所）	人口数量（万）	百万人拥有高校数量（所）
1	北京	92	2170	4.24
2	天津	56	1556	3.60
3	宁夏	20	682	2.93
4	辽宁	116	4369	2.66
5	上海	63	2418	2.61
6	陕西	96	3835	2.50
7	吉林	64	2717	2.36
8	山西	85	3702	2.30
9	新疆	56	2445	2.29
10	福建	89	3911	2.28
11	江西	105	4622	2.27
12	海南	21	926	2.27
13	重庆	68	3048	2.23
14	湖北	129	5902	2.19
15	内蒙古	54	2528	2.14
16	黑龙江	80	3788	2.11
17	贵州	75	3580	2.09
18	江苏	167	8029	2.08
19	西藏	7	337	2.08
20	青海	12	598	2.01

续表

序号	省份	高校数量（所）	人口数量（万）	百万人拥有高校数量（所）
21	浙江	109	5657	1.93
22	安徽	120	6254	1.92
23	甘肃	50	2625	1.90
24	湖南	128	6860	1.87
25	云南	82	4801	1.71
26	河北	125	7519	1.66
27	广西	82	4885	1.68
28	四川	132	8302	1.59
29	河南	151	9559	1.58
30	山东	152	10006	1.52
31	广东	154	11169	1.38

二、优势学科建设质量不高

总体来看，四川省高校的学科专业设置和国际国内竞争力有待进一步优化和提升，高水平学科和特色优势学科偏少。四川省参加国家第四轮学科评估320个学科中，仅有27个学科被评为"A"类，其中"A＋"类学科只有5个，居全国第9位，这与人口大省和四川经济体量都不相匹配。虽然四川省拥有国家"双一流"建设高校8所，"双一流"建设高校数量与陕西省并列排名全国第4名，但入选一流学科的数量只有14个，居全国第8位。专业方面，立项建设一流专业432个，与山东（742个）、江苏（650个）、浙江（624个）、湖北（621个）、北京（617个）、陕西（500个）等高教强省相比存在较大差距。从表7-3可以看出，与发达地区以及个别中部省份相比，四川省高水平学科和高质量专业有较明显的差距；在西部，与陕西省高校整体水平相比，也有一定差距。此外，必须引起高度关注的是，无论是高校实力还是创新能力，人才才是最重要的因素和最核心的竞争力，四川省高校师资队伍缺乏高端人才，两院院士数量偏少，国家级高层次人才规模不大，占高校专任教师比例低，具有博士学位和正高级职称教师人数偏少；人才流失现象比较严重，高层次人才净流入状态呈下降趋势，这是提升高校创新能力必须面对和解决的基本问题。

表7-3　全国部分省（市、区）国家一流学科及专业数量统计

序号	省份	第四学科评估"A+"类学科数	一流学科入选数量	国家一流专业数量
1	北京	93	162（1）	617（5）
2	江苏	23	43（3）	650（2）
3	上海	19	57（2）	—
4	浙江	13	20（5）	624（3）
5	湖北	12	29（4）	621（4）
6	安徽	7	13（9）	—
7	陕西	6	17（7）	500（6）
8	黑龙江	6	11（11）	—
9	四川	5	14（8）	432（7）
10	广东	4	18（6）	—
11	湖南	4	12（10）	—
12	山东	3	9（12）	742（1）

注：表中括号内的数字为排名序号

三、全省高等教育结构性矛盾较突出

首先是人才培养层次结构不够优化，本科高校特别是研究生培养高校的数量偏少，研究生培养高校仅有24所，其中具有博士学位授予权的高校12所，低于全国平均水平。学科门类结构需进一步调整，理学、医学门类一级学科建设较弱。到2020年底，全省学术学位授权点总计560个，覆盖12个学科大类，其中博士学位授权点136个（含3个独立二级授权点），硕

士授权点 424 个（含 30 个独立二级授权点）。但是，博士学术学位授权点尚未覆盖的一级学科有 37 个（全国共设置 112 个一级学科），硕士学位授权点尚未覆盖的一级学科有 17 个。学科专业结构不优，新材料、新能源科学与工程、物联网工程、智能制造等与产业紧密相关的专业还比较欠缺。高校区域性结构失衡，成都有 58 所高校，占全省高校总数的 43.9%，广安、巴中、遂宁、甘孜 4 个市（州）各仅有 1 所高校。师资队伍结构有待优化，理工农医类专任教师占比偏低，专任教师中具有博士学位的比例低于全国高校平均水平，正高级专业职称教师比例也低于全国高校平均水平。高校发展定位不清晰和协调发展意识不强，个别高校片面追求规模扩张，长期存在办学同质化、重数量轻质量、重规模轻特色、重升格轻内涵等问题。这些结构性矛盾和发展不平衡问题直接制约高校创新能力建设。

四、创新创造能力亟须加强

开展学术研究、服务社会发展是高校的基本功能，在新一轮技术革命浪潮中，高校的创新能力是检阅高校综合实力的核心指标。四川省高校创新能力在整体上与发达地区尚有较大差距，需要加快提升、迎头赶上。目前，全川高校适应国家战略和区域发展的重大创新平台体系还需要完善，国家重大科研平台布局四川较少，还需要持续加强前瞻布局和培育建设。高校科技创新能力方面，特别是基础研究"从 0 到 1"原创能力还需加快提升。中央和部属高校、地方高校科研发展不平衡的问题还较为突出，四川大学、电子科技大学、西南交通大学、四川农业大学等几所高水平大学占据了主要创新舞台。四川高校科研经费总量不高，低于陕西省，而陕西省2020 年 GDP 比四川省低 2 万多亿元人民币，陕西省人口数量也比四川省少一半以上，在西部高校创新体系中，四川高校领先地位不明显。从科研经费结构上看，6 所中央在川高校经费合计占到全省高校经费合计总数的 2/3

以上，地方高校经费不足总数的 1/3。教育厅 2020 年有关统计数据显示，科研经费达 10 亿元以上的高校有 3 所：四川大学 30.8 亿元，电子科技大学 23.0 亿元，西南交通大学 16.6 亿元；科研经费达 2 亿元以上的高校有 8 所：西南石油大学 7.2 亿元，成都理工大学 4.9 亿元，四川农业大学 3.4 亿元，西华师范大学 2.87 亿元，西南科技大学 2.7 亿元，成都大学 2.5 亿元，西南医科大学 2.3 亿元，成都信息工程大学 2.2 亿元；上亿元的高校还有四川轻化工大学、西华大学、成都中医药大学、四川师范大学等高校。从高校科研经费规模可以看出，具有创新引领能力的高校偏少，整体科研实力不强，与北京、上海、江苏、浙江相比还有很大差距，与湖北和陕西相比也有差距。此外，一些高校专业课程设置、教学方式方法、人才培养模式等滞后于新技术新产业发展需求，新兴领域人才和复合型人才培养不足，与产业发展需求匹配度不高。产学研用机制不畅，协同创新动力不强，科教结合、产教融合、校企合作的运行体系尚不健全，激发科技人员创新活力和高效运行的科技创新管理制度体系不完备，这些因素也是导致高校创新力不强的重要因素，需要从根本上加以解决。

第三节　四川高校创新发展的机遇与展望

当今世界正处于百年未有之大变局，我国开启了全面建设社会主义现代化国家新征程，科技强国建设正处于重要历史机遇期，创新发展成为社会进步的主旋律。面向现代化国家建设目标，必须找准四川省高等教育在创新驱动发展战略中所处的历史方位，把准新时代四川高校创新发展的新方向、新要求、新机遇。面对科技强国建设和四川省"一干多支、五区协同"战略部署，必须把全面提升四川高校创新能力摆在高等教育综合改革的核心位置，为实施创新驱动发展战略和建设创新型国家贡献力量。

一、历史使命与时代机遇

（一）新时代的神圣使命为高校科技创新提供了广阔的发展舞台

党的十九大提出"创新是引领发展的第一动力，是建设现代化体系的战略支撑"[①]，并提出到 2035 年我国跻身创新型国家前列的目标，在新时代要全面实施创新驱动发展战略，加快建设科技强国。科技兴则国家兴，科技强则民族强，加快建设创新型国家，是实现中华民族伟大复兴的必然选择。综观历史发展，世界上的现代化国家无一不是创新强国、科技强国。从欧美发达国家的现代化进程中可以发现，高校的科技创新是现代化建设的重要参与者，在关键领域甚至是主导者和引领者。今天的中国，正自信地走向世界舞台中央，建设富强民主文明和谐美丽的社会主义现代化强国。实现这个伟大的奋斗目标和神圣使命必然需要科技创新来支撑发展，这为高校承载历史使命提供了创新发展机会。2035 年，高校必然成为推动国家经济实力、科技实力大幅跃升的生力军，必将在科技强国主战场发挥更加重要的作用。

（二）国家系列重大部署为高校提升创新能力提供了历史机遇

国家创新驱动发展战略和全国教育大会等重大部署都对高等教育和科技创新进行了战略安排。2015 年 10 月，国务院印发《统筹推进世界一流大学和一流学科建设总体方案》，坚持以中国特色、世界一流为核心，以立德树人为根本，以支撑创新驱动发展战略、服务经济社会发展为导向，加快建成一批世界一流大学和一流学科，提升我国高等教育综合实力和国际竞

---

① 习近平谈治国理政：第三卷［M］. 北京：外文出版社，2020：24.

争力，为实现"两个一百年"奋斗目标和中华民族伟大复兴的中国梦提供有力支撑。[①] 2016 年 5 月，中共中央、国务院发布了《国家创新驱动发展战略纲要》，其基本指导思想是"坚持走中国特色自主创新道路，解放思想、开放包容，把创新驱动发展作为国家的优先战略，以科技创新为核心带动全面创新，以体制机制改革激发创新活力，以高效率的创新体系支撑高水平的创新型国家建设，推动经济社会发展动力根本转换，为实现中华民族伟大复兴的中国梦提供强大动力"[②]。提出要加快建设世界一流大学和一流学科，增强原始创新能力和服务经济社会发展能力。2018 年 9 月 10 日召开的全国教育大会指出："要深化教育体制改革，健全立德树人落实机制，扭转不科学的教育评价导向，坚决克服唯分数、唯升学、唯文凭、唯论文、唯帽子的顽瘴痼疾，从根本上解决教育评价指挥棒问题。要深化办学体制和教育管理改革，充分激发教育事业发展生机活力。要提升教育服务经济社会发展能力，调整优化高校区域布局、学科结构、专业设置，建立健全学科专业动态调整机制，加快一流大学和一流学科建设，推进产学研协同创新，积极投身实施创新驱动发展战略，着重培养创新型、复合型、应用型人才。"[③] 这次会议站在"两个一百年"奋斗目标的历史方位上提出了深化教育体制改革的重要性和紧迫性，要从根本上解决教育评价指挥棒问题和创新人才培养问题。此外，《国家中长期教育改革和发展规划纲要》、"一带一路"、军民融合发展等国家战略都为高校明确了科技创新的发展方向和奋斗目标。

---

① 国务院印发《统筹推进世界一流大学和一流学科建设总体方案》［N］. 人民日报，2015-11-06（6）.

② 中共中央　国务院印发《国家创新驱动发展战略纲要》［N］. 人民日报，2016-05-20（1）.

③ 习近平：坚持中国特色社会主义教育发展道路　培养德智体美劳全面发展的社会主义建设者和接班人［N］. 人民日报，2018-09-11（1）.

（三）国家系列专项部署为四川高校创新发展提供强大支持

中西部高等教育振兴计划、新时代西部大开发、成渝地区双城经济圈等重大决策的有关内容专门针对西部地区和四川省高等教育作出了部署，提供了发展规划和政策支持。国家在 21 世纪初作出西部大开发决策时就实施了"对口支援西部地区高等学校计划"，四川省有 3 所高校直接进入对口支援计划（见表 7-4）。2011 年教育部提出启动"中西部高等教育振兴计划"，十几所四川高校进入"中西部高校基础能力建设工程"支持序列（见表 7-5）。2020 年 5 月，中共中央、国务院发布《关于新时代推进西部大开发形成新格局的指导意见》，为西部地区实现更高质量、更有效率、更加公平、更可持续发展提供了根本遵循，提出"以创新能力建设为核心，加强创新开放合作，打造区域创新高地。完善国家重大科研基础设施布局，支持西部地区在特色优势领域优先布局建设国家级创新平台和大科学装置……在西部地区布局建设一批应用型本科高校、高职学校，支持'双一流'高校对西部地区开展对口支援"[①]。全力支持西部高等教育事业发展。2015 年 9 月，中共中央办公厅、国务院办公厅印发了《关于在部分区域系统推进全面创新改革试验的总体方案》，选择 1 个跨省级行政区域（京津冀）、4 个省级行政区域（上海、广东、安徽、四川）和 3 个省级行政区域的核心区（武汉、西安、沈阳）进行系统部署，统筹推进经济社会和科技领域改革，统筹推进科技、管理、品牌、组织、商业模式创新，统筹推进军民融合创新，统筹推进引进来和走出去合作创新，探索营造大众创业、万众创新的政策和制度环境，[②] 对于四川高校推进科技改革创新来说是一项重大政策突破。2020 年 10 月，中共中央政治局审议了《成渝地区双城经济

---

① 中共中央　国务院发布关于新时代推进西部大开发形成新格局的指导意见［N］. 人民日报，2020-05-18（1）.

② 光明网. 全国 8 个区域入选全面创新改革试验区［EB/OL］. https://www.sohu.com/a/31080186_162758.

圈建设规划纲要》，明确了要"突出重庆、成都两个中心城市的协同带动，注重体现区域优势和特色，使成渝地区成为具有全国影响力的重要经济中心、科技创新中心、改革开放新高地、高品质生活宜居地，打造带动全国高质量发展的重要增长极和新的动力源"①。党和国家以及有关部委针对西部和四川欠发达、发展不平衡不充分等客观情况，出台的这些重大决策部署，为西部和四川加快发展以及高质量发展给予了强有力的政策支持。在这些决策部署中，对于四川高校来讲，倍感使命光荣、责任重大，既是沉甸甸的时代使命，更是难得的历史机遇，必须抢抓机遇，乘势而上，借势而为，在新时代教育强国和科技强国建设进程中担当作为，在创新发展大潮中做出四川高校的新贡献。

表7-4 四川高校进入"对口支援西部地区高等学校计划"名单

序号	受援高校	支援高校	支援建设内容
1	西南科技大学	中国科学技术大学	以人才培养工作为中心，以学科专业建设、师资队伍建设、学校管理制度与运行机制建设为重点
2	西南民族大学	湖南大学	
3	乐山师范学院	武汉大学	

表7-5 四川高校入选"中西部高校基础能力建设工程"名单

第一期入选高校（2012）	第二期入选高校（2016）	支持建设内容
共6所：四川师范大学、成都理工大学、西华大学、成都信息工程大学、西南石油大学、四川理工学院	共6所：成都理工大学、四川农业大学、西南科技大学、西南石油大学、四川师范大学、成都信息工程大学	主要目标：提高本科教学、提高本科教育教学质量，夯实办学基础，改善教学条件，提高学校本科教学基础能力，着重解决中西部高校基础能力设施和办学条件滞后问题

---

① 习近平主持中共中央政治局会议，审议《成渝地区双城经济圈建设规划纲要》[N]. 人民日报，2020-10-16（1）.

二、四川高校科技创新的发展趋势

（一）四川实施"双一流"建设计划为高校创新发展提供了发展条件

2017 年 11 月，四川省人民政府正式出台《四川省人民政府关于统筹推进一流大学和一流学科建设的实施意见》，提出：到 2030 年，重点建设高水平大学 15 所左右，30 个以上学科进入世界一流学科行列；到本世纪中叶，一流大学和一流学科数量及实力进入全国前列，建成高等教育强省。[①]每年"双一流"建设资金 2 亿元以上，对四川大学等 4 所在川部属高校、四川农业大学等 11 所省属高校的 32 个一流学科给予支持，主要用于学科平台建设、学科基础前沿研究、学科人才队伍建设、重要学术交流、人才培养等方面。尽管四川省是穷省办大教育，但是"双一流"建设计划的实施，对于建设世界一流大学和一流学科、对于实践创新驱动发展战略都是一个重大计划，将大大促进四川高校科技创新改革和能力提升。通过 10 多年的努力，四川大学、电子科技大学一定会成为有重要影响力的世界一流大学，西南交通大学、四川农业大学、西南财经大学、成都理工大学、西南石油大学、成都中医药大学等行业特色高校也一定能够建成有世界影响力的一流学科，全省高校科技创新能力和支撑经济社会发展的能力都会全面提升。

（二）深入推进创新引领高质量的战略部署为四川高校加速科技创新提供了发展机会

2021 年 6 月，四川省委发布了《关于深入推进创新驱动引领高质量发展的决定》，[②] 这个决定对于全面建设社会主义现代化四川、推进创新驱动

---

① 四川省推进"双一流"建设实施意见出台［N］. 四川日报，2017-11-05（2）.
② 中共四川省委关于深入推进创新驱动引领高质量发展的决定［N］. 四川日报，2021-06-21（1）.

发展战略、实现四川高质量发展具有重要的思想指引和现实实践意义。该决定指出：要一头抓国家战略科技力量建设，一头抓产业技术创新和全社会创新创造，聚力解决创新主体动力活力不足、创新成果市场化转化能力不强、创新链产业链融合程度不深、创新发展体制机制不活等问题，加快把创新资源优势转化为高质量发展优势。经过"十四五"时期努力，进一步提升四川省在全国创新版图中的战略地位，打造国家战略科技力量重要承载区和创新要素加速汇聚地，建成创新驱动发展先行省，为国家高水平科技自立自强做出更大贡献；提升区域综合创新能力，保持全社会研发投入强度增幅、每万人口高价值发明专利拥有量增速高于全国平均水平，培育一批高水平科研机构、领军型创新团队，形成一批重大原创性成果；提升创新体系运行质量和整体效能，军民、央地、校（院）企融合创新深入推进，打造一批高水平创新联合体；提升创新对高质量发展的支撑引领作用，高新技术企业数量较"十三五"末实现倍增，高新技术产业营业收入和战略性新兴产业增加值占规模以上工业比重持续上升，在发展质量变革、效率变革、动力变革上迈出更大步伐。该决定对高校提高创新实力进行了专项部署，强调要加快发展高水平研究型大学，支持一流大学和一流学科建设，鼓励省内高校争创国家"双一流"。加大对分散重复、业务交叉的科研院所整合力度，完善适应科研行业特点的经费、编制、人事等管理制度，探索建立区别于其他事业单位的管理方式。支持国家和省级新区、高新技术产业开发区等有条件的区域建设校（院）地协同创新集群。鼓励高校和科研院所提档升级科技基础设施与重点实验室、高校创建前沿科学中心等国家级创新平台。支持高校和科研院所设立管理体制创新、运行机制高效、用人方式灵活的新型研发机构，实行综合预算管理和绩效评价。健全以定向委托等方式支持高校和科研院所承担省级重大科技任务机制。从这些决策部署可以看出，四川要实现高质量发展，必须走科技强省道路，必须提高基础研究能力、打好关键核心技术攻坚战、培育建强各类创新主体、打通科技成果转移转化通道、促进创新链产业链深度融合、打造创新人才聚集高地、深化机制创新突破体制障碍、营造支持创新创造的一流生态。这些重大举措一定会激发四川高校科技创新动力，加速高水平科技创新，高校也必定大有可为，在四川高质量发展进程中获得新机遇。

（三）特殊的区位环境和发展资源为四川高校融入创新驱动发展战略提供了发展空间

四川省虽然经济欠发达，发展不平衡不充分的矛盾突出，但是，四川科教资源富集、创新基础厚实，党中央已经赋予成渝地区双城经济圈打造具有全国影响力的科技创新中心的战略使命，必须把创新驱动引领高质量发展作为一项长期而紧迫的重大任务来抓，推动新时代治蜀兴川再上新台阶。尽管四川省与沿海地区相比经济实力和科技创新都有一定差距，但是，四川也具有独特的区位优势和地理环境，只要整合利用好优势资源，挖掘科技创新潜力，就会迎头赶上，形成优势。四川素有"天府之国"的美誉，特殊的文化底蕴和人文环境有利于人才的吸引和聚集，西部大开发、"一带一路"、创新驱动发展、军民融合发展、乡村振兴等战略都把四川作为重中之重进行部署推进，四川创新发展前景广阔。

首先，成都已成为全国乃至全球的创新之都。成都是全省经济基础最厚实、科教资源最富集、发展活力最强劲和全国后发赶超态势最明显的地区，在区域创新发展中的地位举足轻重。从第七次全国人口普查数据看，过去 10 年成都常住人口增长近 600 万、总量突破 2000 万，每 10 万人中具有大学文化程度的人数提高 62.8%，创新要素加速集聚。在战略定位上，成都立足全国、放眼全球，坚持"人城科产"协调统一，注重集聚高端创新资源要素，突出加强原始创新和产业创新，加快建设全国重要的创新策源地和具有国际影响力的创新型城市。在着力重点上，成都强化四川天府新区、成都高新区、成都东部新区等战略平台综合承载能力，扎实抓好成渝综合性科学中心、西部（成都）科学城、国家自主创新示范区等建设，更好发挥示范引领和辐射带动作用。目前，全省发展主干正由成都拓展为成都都市圈，以推进成德眉资同城化发展为牵引，强化创新资源一体化布局，加快建设成德眉资创新共同体，将成都都市圈打造成高质量紧密型创新生态圈。四川省 8 所"双一流"大学都聚集在成都，四川大学的口腔医学、电子科技大学的通信工程和电子科学与技术、西南交通大学的交通运输工程、西南石油大学的石油与天然气工程等学科已处于国家顶级水平，成为成都和全省科技创新的核心支撑。

其次，省内各区域各具比较优势，抓创新发展大有可为。各区域以产业创新为重点，突出特色、找准定位，因地制宜探索差异化创新发展路径。成都平原经济区国家战略科技力量布局较多，产业层次较高，产业配套相对完善，要强化原始创新和高端现代产业创新，打造成德绵眉乐高新技术产业带，推动产业链价值链迈上中高端。川南经济区和川东北经济区职教资源丰富，天然气、页岩气等开发利用的技术创新需求较为迫切，白酒、汽车汽配、能源化工等传统产业亟待转型升级，要强化产教融合和技术创新应用，促进资源能源高效开发、产业提档升级和老工业城市转型发展。攀西经济区钒钛稀土等战略资源富集，由于技术能力限制，目前仍处于开发利用初级阶段，要以国家战略资源创新开发试验区建设为引领，加大技术攻关力度，全面提高战略资源综合利用科技水平。川西北生态示范区作为国家重要生态屏障，要强化绿色发展科技支撑，在脆弱生态保护修复、重大自然灾害防治、高原特色产业发展等方面加强科技成果示范应用。① 四川省"一干多支、五区协同"战略部署，进一步促进四川高等教育以成都为主干、以服务五大区域而建设各具特色的高等院校，实际上为高校办学

---

① 关于《中共四川省委关于深入推进创新驱动引领高质量发展的决定》的说明［N］．四川日报，2021-06-22（1）．

方向、人才培养、学科特色、科学研究、成果转化和智库咨询标识了发展方向，切实推进科教融合、产教融合，在客观需求上促进高校提高科技能力和水平，实现高校有效服务经济社会发展。

此外，四川省作为国家"三线建设"时期的重点省份，具有雄厚的国防军工资源，核工业、电子、兵器、航空航天等国家关键技术领域和重大装备研制都布局在四川主要城市群，多年来，四川高校已同国防军工单位构建成为创新共同体，校院（所）合作向纵深发展，高校在军民融合领域的科技创新能力与特色更加鲜明，产学研合作机制更加健全，为特色鲜明的高水平大学建设奠定了坚实基础。因此，四川高校要紧紧抓住这些重要战略机遇，融合利用好区域资源，不断加快高等教育强省建设进程，实现高校办学水平和科技创新能力整体提升。

第四节　构建政府主导、高校主体的科技创新生态链

四川省是教育大省，正在加快建设教育强省，高校具有强大的科技创新能力是教育强省的重要标志。提升高校科技创新能力，省级政府和相关部门要加强战略部署和发展规划，统筹协调创新资源，发挥政府主导作用。高校尤其是高水平大学要积极主动融入，在基础科学探索和关键技术创新上做出应有贡献，支撑经济社会发展，发挥创新主体作用。构建政府主导、高校主体的科技创新链，是高等教育管理体制的重要创新内容，是政府引领高校发展、高校承载社会责任的必由之路。

一、加强高校科技创新的规划设计

只有与经济社会发展相融合、与人类文明和社会进步相结合，高校科技创新才具有理论价值和现实意义。任何时代的大学都不是封闭的伊甸园，都不同程度地受到当时国家制度和地方政策的制约与影响。因此，政府作为高校的创办者和主管者，应当加强高校科技创新的规划设计，引导科技创新的发展方向和主攻目标。

四川省委、省政府历来高度重视高校的科技创新工作，但是，由于西部发展滞后和整体实力不强等客观原因，高校科技创新能力和服务经济社会发展水平整体不高，需要全面提升。目前，只有四川大学、电子科技大学、西南交通大学、四川农业大学、西南财经大学等少数几所高校具有全国影响的科技创新能力，省级政府及相关部门需要回答解决"为什么创新、为谁创新、创什么新、怎样创新"等重大问题，要发挥政府主导作用。当前，省级政府及相关部门按照"差什么强什么、缺什么补什么"的发展思路，对全省高校科技创新作出中长期专项规划，进行有目标、有计划、有差异的科技创新能力建设。

在高校科技创新规划设计上，要分阶段实施。在"十四五"期间，重点建设几个高峰学科进入世界一流，在全国具有创新引领能力，重大科研平台和科学装置要产出一流成果，并转化融入四川主导产业，经济社会效益十分可观，初步形成高校良性的科技创新链。到 2035 年，数十个优势学科进入世界一流学科行列，上百个优势学科具有全国影响力和竞争力，紧密契合并重点支撑四川产业结构升级、创新发展重大需求，依托优势学科重点建设的新型高端智库发挥重要的咨政功能，高校整体创新能力走在全国前列，处于西部领先地位。

在高校科技创新规划设计上，要分层次推进和分类型建设。分层次推进是按照"一流标准"的四个层次,即按照世界一流、全国一流、区域一流、同类一流这四个层次进行分类指导、分层推进。既要确保重点突破,又要统筹兼顾。分类型建设是指"一流类型"五个方面兼顾各类示范,分为研究型大学、同类高水平大学、应用技术型大学、高职院校、民办高校五种高校类型进行整体布局、分类建设,引导各类高校差别化特色发展。四川省经济实力还不强,研发投入和资源汇聚还存在困难,因此,要对高校科技创新进行整体性规划、分阶段实施、分层次推进和分类型建设,这既符合四川省情和高校实际,又能加快实现科技创新重点突破和高校整体实力增强的建设目标。

二、加大重点领域的投入与建设力度

首先,要瞄准世界一流和科学前沿,加强基础研究和原始创新,加快建设优势学科达到世界先进学科水平,在全国处于引领性地位。对教育部第四轮学科评估中位于"A+"的5个学科(分属四川大学、电子科技大学、西南交通大学、西南石油大学)和个别特色鲜明的"A"类学科(各高校A类学科统计见表7-6),加大建设投入,汇聚优势资源和高端人才进行集中攻关,率先成为世界一流学科,在原始创新和关键技术上取得重大突破,形成学科高峰和创新源头。

表7-6 四川高校第四学科评估A类学科统计

高校	A+（前2% 或前2名）	A （前2%~5%）	A-（前5%~10%）
四川大学	口腔医学	中国语言文学	马克思主义理论、数学、化学、生物学、材料科学与工程、化学工程与技术、生物医学工程、软件工程、临床医学、工学、护理学、管理科学与工程、工商管理、公共管理

续表

高校	A+（前2%或前2名）	A（前2%~5%）	A－（前5%~10%）
电子科技大学	电子科学与技术、信息与通信工程	计算机科学与技术	光学工程
西南交通大学	交通运输工程		土木工程
西南石油大学	石油与天然气工程		
西南财经大学			应用经济学、工商管理
四川农业大学			畜牧学
成都体育学院			体育学
合计	5个	2个	20个

其次，要全面加强四川省入选国家"双一流"建设的8所高校能力建设。这8所高校基本上反映了四川高校创新实力和科研现状，这些高校既有优势学科，又有顶尖人才，只有集中优势资源，加大投入力度，才能发挥带动作用。这8所高校有14个学科入选"双一流"学科建设序列（见表7-7），既包含了5个"A+"学科，又增选了9个特色明显的优势学科，也反映了国家对四川高等教育实力的肯定。从国家层面、省级层面和行业、区域层面都应全面加强这些高校的建设，从制度设计、体制改革、政策条件等方面全面支持这些高校创新能力建设，让其成为四川高校科技创新的排头兵。

表 7-7　四川高校入选国家"双一流"学科统计

序号	学校	"双一流"学科建设名单
1	四川大学	数学、化学、材料科学与工程、基础医学、口腔医学、护理学
2	电子科技大学	电子科学与技术、信息与通信工程
3	西南交通大学	交通运输工程
4	西南石油大学	石油与天然气工程
5	西南财经大学	应用经济学

序号	学校	"双一流"学科建设名单
6	四川农业大学	作物学
7	成都理工大学	地质学
8	成都中医药大学	中药学

当然，在加大对以上 8 所高校涉及重点创新领域的投入与建设力度的同时，对高水平的本科院校在科技创新布局中也不能忽视。比如西南科技大学、四川师范大学、西南民族大学、西华大学、成都信息工程大学、西南医科大学、西华师范大学、四川轻化工大学、成都大学等一批本科高校，不仅具有良好的科技创新基础，而且在服务地方经济社会发展中做出了重要贡献。需要对这些高校加强学科建设和科研发展的悉心指导，给予专项支持，不断提升这些高校创新能力，更好地支持区域经济社会发展。

三、深入推进科技体制改革

科技创新要想对国家发展起到支撑引领作用，一方面要发展科技，另一方面要改革科技发展的体制机制和环境。科技体制改革主要是对科学技术的机构设置、管理研究、职责范围、权利义务关系的一整套结构体系和制度设置进行改革。随着我国市场经济体系现代化程度的提高和新一轮技术革命浪潮的到来，需要对科技创新体系和创新模式进行改革，才能促进科技与经济社会发展的高度融合，从根本上解决科技与经济"两张皮"的问题。

高校是科技创新的主体，释放高校创新活力、激发创新人员积极性、转移转化创新成果，是高校科技体制改革的重点。高校科研体制机制改革涉及产学研合作、成果转化及孵化、科研管理、创新资源汇聚、科技服务、科教融合等多个方面。在政府和主管部门层面上，要进一步明确高校科技创新战略地位，把科教融合贯穿于科研改革全过程，不断深化科研活动与现实生产力结合，创新科研组织方式以更好承接重大创新任务，坚决下放办学自主权和推进"放管服"改革，加速变革高校科技创新体制机制，通过与企业、科研机构、所在区域的频繁互动，高校科技创新的辐射带动作用必将更加凸显，成为支撑经济发展的不竭动力。

近年来，四川省在深化科技体制改革上进行了有效探索与实践。出台了《四川省深化科技奖励制度改革方案》《四川省深化科研项目评审改革实施方案》《四川省深化科技人才评价改革实施方案》《四川省深化省级科研机构评估改革实施方案》等一系列重要改革举措。2020年四川省科学技术厅等6部门联合印发《关于扩大高校和科研院所科研自主权的若干政策措施》，进一步扩大高校和科研院所科研自主权，建立完善以信任为前提的科研管理机制，充分激发创新创业活力。通过这些改革政策，初步建立了体现创新质量、贡献、绩效的科研人员激励机制，持续加大科研领域"放管服"改革力度，创新改革相关人事管理方式，不断改进科技创新保障服务工作，为高校科技创新提供了政策依据和优厚条件。

但是，科研改革的难度非常大，影响因素非常多，并非易事。面对四川省高等教育现状，在已有科技创新改革经验基础上，还需要进一步在以下几个方面下大力气改革。一是要进一步完善科研评价机制，坚决破除"五唯"，注重科技创新质量和实际贡献，重点突出围绕科学前沿和现实需求催生重大成果产出的导向，鼓励科技人员在不同领域、不同岗位做出特色、追求卓越，形成动态、灵活的人才流动与人员激励机制。二是要创新科教融合和产学研结合模式，使得高校科研活动不断深度嵌入整个社会创新体系，带动科技创新活动精细化、精准化发展，凸显高等教育对科技创新、产业升级的重要支撑与保障作用。三是要建设高水平科技创新队伍，注重培养造就具有国际水平的战略科技人才和科技领军人才，支持具有发展潜力的中青年科学家开展探索性、原创性研究，从制度上充分保障科技创新人才的引进、培养，并带动形成一批高级大型团队，进而发挥科技创新集团军作用，是其未来高校高水平科技创新活动的关键。四是倡导追求卓越创新文化，抵制高校科技创新短平快倾向和急功近利风气，克服片面追求经费增长、规模扩张等现象，弘扬科学精神，营造求真务实、潜心问学、协作开放的创新文化。

四、创新产学研一体化合作模式

产学研合作是指高等学校与企业、科研院所之间的合作，是以企业为技术需求方和以高等学校或科研院所为技术供给方之间的合作，其实质是促进技术创新所需各种生产要素的有效组合，最终实现科技与经济社会发展的有效融合。产学研合作是推进现代化建设的题中之意，是科技与经济相结合的基本模式，而高校在产学研合作过程中起到了连接纽带作用，因此，创新产学研一体化合作模式，对于提升高校创新能力、促进科技创新与现实生产力有效结合具有重要的现实意义。

1. 推进高校、科研院（所）、企业深度融合。四川是全国科教大省、军工大省，是"两弹一星"精神的重要发源地，目前拥有普通高校 130 多所、科研院所近 300 家、两院院士 60 余名，已建成国家级创新平台 180 多个，参与承担载人航天、探月工程、大飞机、北斗导航、华龙一号等重大专项任务。[①] 四川科教资源和军工背景在西部具有明显优势，为产学研合作提供了一切可能和现实操作性。这些年来，四川高校与在川的大院大所、在川央企和省属科研院（所）、大型企业开展了广泛合作，产学研合作效应明显。但是，随着以信息技术为代表的新一轮科技和产业革命向纵深发展，

---

① 关于《中共四川省委关于深入推进创新驱动引领高质量发展的决定》的说明［N］. 四川日报，2021-06-22（1）.

新领域的探索和新空间的拓展在无限扩大，传统的产学研合作方式需要重构，才能适应新形势的发展需求。加快构建产学研一体化合作模式，比如建立重大科技项目引导制的合作模式、以联合揭榜挂帅的组合攻关模式、以对接产业产品集群的耦合模式等等，不断推进高校、科研院（所）、企业的深度融合。

2. 围绕关键核心技术构建新型产学研创新联盟。2021年6月公布实施的《中共四川省委关于深入推进创新驱动引领高质量发展的决定》指出，要加快突破关键共性和前沿引领技术，组织实施省级重大科技专项，加强引领性前沿技术攻关，争取原创性突破；支持创新型企业与高校和科研院所共同承接国家重点研发计划项目和重大科技项目；发展重大工程科技，围绕重大工程（项目）建设，组织开展多学科技术开发和工程化运用等科技战略部署。围绕省委深入推进创新驱动引领高质量发展的战略布局，高校肩负重任，使命光荣，大有可为。以四川大学、电子科技大学、西南交通大学等为代表的高水平大学要与大院大所和核心企业，围绕关键核心技术构建新型产学研创新联盟，突破关键共性和前沿引领技术，发展重大工程科技，打好关键核心技术攻坚战。高校要主动构建产学研创新联盟，形成紧密型、指向性的产学研创新路径。要以关键核心技术攻关为引导，一项一项地来，一环一环地干，规避过去那种只签署合作协议而没有实质性推进的松散性产学研联合。

3. 紧扣经济社会发展推动协同创新。高校除了与科研院所和大型企业开展关键核心技术攻关外，还要广泛开展校地、校企、校际合作，紧扣经济社会发展推动协同创新。有实力的高校要瞄准四川省创新链、产业链，主动进入四川省各类技术创新中心、产业创新中心、制造业创新中心，在电子信息、装备制造、食品饮料、先进材料、能源化工等重点产业方向提供科技支撑。要聚焦人工智能、智慧城市、数字经济、移动通信技术等数字化赋能产业，聚焦现代生物育种、现代农业装备研发应用等乡村产业振兴科技支撑，聚焦健康四川建设、生命科学、医药医疗、绿色低碳、环境治理、金融科技、知识产权、社会治理等民生社会领域科技创新……四川各类高校针对以上经济社会发展领域都可以开展形式多样的协同创新，无论是高水平大学还是地方院校以及高职院校、民办高校，都能发挥自己的人才优势和学科专业特点，积极破解经济社会发展中亟须解决的问题，实现有价值意义和互利互惠的产学研合作目的。

第五节　四川高校在创新驱动发展战略中的主动作为

2015 年，国家"双一流"建设方案强调，一流大学既要以国家重大需求为导向，提升高水平科学研究能力，又要深化产教融合，将学科建设与推动经济社会发展紧密结合，着力提高高校对产业转型升级的贡献率，努力成为催化产业技术变革、加速创新驱动的策源地。强化科技与经济、创新项目与现实生产力、创新成果与产业对接，推动重大科学创新、关键技术突破转变为先进生产力，增强高校创新资源对经济社会发展的驱动力。[①] 2016 年颁布实施的《国家创新驱动发展战略纲要》进一步强调，要引导大学加强基础研究和追求学术卓越，组建跨学科、综合交叉的科研团队，形成一批优势学科集群和高水平科技创新基地，系统提升人才培养、学科建设、科技研发三位一体创新水平，增强原始创新能力和服务经济社会发展能力。[②]《四川省国民经济和社会发展第十四个五年规划和二〇三五年远景目标纲要》指出，坚持"四个面向"，深入实施创新驱动发展战略，完善协

---

①　国务院印发《统筹推进世界一流大学和一流学科建设总体方案》［N］. 人民日报，2015-11-06（6）.

②　中共中央　国务院印发《国家创新驱动发展战略纲要》［N］. 人民日报，2016-05-20（1）.

同创新体系，增强创新资源集聚转化功能，建设全产业链创新提升区，深化新一轮全面创新改革试验，大力推动科教兴川和人才强省，塑造更多依靠创新驱动、更多发挥先发优势的引领型发展。鼓励高校和科研院所开展基础研究，提升人才培养、学科建设、科技研发"三位一体"创新水平。支持企业与科研院所、高校共同承担国家和省级重大科技项目，开展关键核心技术攻关。^① 从国家和四川省的重大部署和战略规划可以看出，高校在科技强国建设和创新驱动发展战略中具有举足轻重的作用。四川高校应在服务国家战略和创新驱动发展战略中主动作为，抢抓机遇，不断改革创新，为国家科技事业和四川经济社会发展做贡献。

一、坚持"四个面向"，提升科技创新能力

在 2020 年 9 月，习近平总书记在科学家座谈会上的讲话中指出，科技创新要"坚持面向世界科技前沿、面向经济主战场、面向国家重大需求、面向人民生命健康，不断向科学技术广度和深度进军"^②。"四个面向"为科技创新工作提供了根本遵循，为科技工作者提供了价值指引。四川高校应结合自身实际，坚持"四个面向"，既提高自身科技创新的能力，又增强服务社会的能力水平。

1. 面向世界科技前沿，提升原始创新能力。近年来，四川基础研究领域虽取得显著进步，但与国际先进水平和北京、上海、江苏等地相比仍有明显差距。许多"卡脖子"技术问题，归根结底是基础研究跟不上、源头和底层理论原理没有搞清楚所致。抢占基础研究制高点，是四川高校在新一轮科技革命与产业革命激烈竞争中胜出的关键。以四川大学、电子科技

---

① 四川省国民经济和社会发展第十四个五年规划和二〇三五年远景目标纲要［N］. 四川日报，2021-03-16.

② 习近平在科学家座谈会上的讲话［N］. 人民日报，2020-09-12（2）.

大学、西南交通大学为代表"双一流"建设高校要率先在基础研究和前沿科学上实现突破，通过重大科技问题带动，在重大应用研究中归纳抽象出基础理论与前沿问题，产出一批标志性成果，促进基础研究和应用研究相互融合；要加强重大科技基础设施建设，积极建设国家科学中心、国家重点实验室等重大科技平台，全力支撑西部（成都）科学城建设，在全省科技创新布局中发挥引领作用。其他高校要凝练自身学术科研特色，在特定领域和技术方向上发挥创新支撑和协同配合作用。

2. 面向经济主战场，服务国家和四川高质量发展。只有科技与经济融合、创新成果与现实生产力相结合，才能更好地体现高校的社会功能和存在价值。2021 年，四川省作出了深入推进创新驱动引领高质量发展的重大决策部署，这为全省高校以科技创新驱动经济社会实现高质量发展提供了重要契机。全省高校应当以推动科技资源开放共享为突破，积极融入国家和四川高质量发展，助力打造立体联动的"孵化器"、科技成果转化的"加速器"、创新链产业链融合的"促进器"。要积极主动打通科技成果转移转化通道，探索建立面向市场需求的成果转化机制，协同建立一批新型校企合作研发平台，推出技术经理人全程参与成果转化的服务模式，提高科技人员职务科技成果转化收益比例，加快科技成果向现实生产力的转化。

3. 面向国家重大需求，培育战略科技力量。实现科技自立自强是抓住重大战略机遇、应对风险挑战的必然选择，是促进发展大局的根本支撑。只有矢志不移坚持自主创新，才能形成应对风险挑战的抗压能力、对冲能力和反制能力，只有加快科技自立自强，才能在危机中育先机、于变局中开新局。四川高校必须紧密对接国家战略，积极开展科研协同攻关，培育国家战略科技力量，支撑科研自立自强。一些高水平大学要加强战略协同、规划联动、政策对接，以"一城多园"模式与重庆高校共同参与西部科学城建设，积极融入成渝绵"创新金三角"，全面参与全国重要的科技创新和协同创新示范区建设。要以"强基础、建平台、促特色"为导向，不断加强科研平台和研究基地建设，促进高校科研水平全面提升。四川大学等基础研究能力强的高校要突出"高峰学科"示范，以深地科学、深海能源、生物样本库等领域为重点，推动"西部光源"等国家重大科技基础设施建设。西南交通大学等技术支撑能力强的高校要着力"高原学科"影响，以川藏铁路、电子信息、智能交通等领域为重点，瞄准涉及国家长远发展和产业安全的关键技术，重点培育"川藏铁路建设与运营安全""西南作物基因资源发掘与利用"等国家实验室、国家重点实验室、国家工程研究中心、国家技术创新中心、国防科技重点实验室等，为国家科技战略需求贡献力量。

4. 面向人民生命健康，推进健康四川建设。科学技术是造福人类的，是推动人类文明和社会进步的主要力量，"坚持人民至上、生命至上"是科技创新的价值指引，用科技创新保护人民生命健康、促进人民幸福安康，是发展科学技术的最终落脚点。四川高校要聚焦重大疾病防控、食品药品安全、人口老龄化等重大民生问题，强化健康四川建设科技支撑。四川大学、电子科技大学以及医学、医药类高校要加快建设国家医学中心、国家重大传染病防治基地、国家中医药传承创新中心，创建国家精准医学产业创新中心。加大对医疗卫生领域基础问题与关键问题的科研攻关力度，加快生物医药、医疗设备、健康、环保等领域科技发展，让科技创新为人民生命健康保驾护航，全面推进医疗卫生事业与健康事业的高质量发展。重大疫情尤其是新冠肺炎疫情的发生，人民生命健康和社会发展都受到严重伤害，相关高校学科群要加强对公共卫生事件应急管理与处置研究，着力提高应对重大突发公共卫生事件能力和水平，为建设健康四川供给智力智慧和人才资源。

二、明确办学定位，办出特色形成优势

在创新驱动发展战略中，虽然每所高校都可以积极参与，但是，如果高校不清楚自己的学科专业优势和学术科研水平，不能发挥人才和智力作用，就算是参与其中，也无济于事。以往的校企、校地合作和产学研联合，在一定程度上停留在战略框架协议的条文中，推进实施和具体落实比较少，合作效果不明显。导致这种现状的一个重要原因，就是高校自身发展和办学定位不清晰，在学科专业和科技创新上没有办学特色，没有形成优势。一些高校传统优势已经丧失，新兴特色尚未形成，在国家和地区创新体系中难以作为，不能支撑关键核心技术攻关和服务经济社会发展，这是高校需要急迫解决的重大问题。

一所高校的办学定位决定其发展方向和办学特色，对办学模式、管理体制、学科专业、人才培养、科学研究、文化传承创新等方面起决定性作用。办学定位主要是指办学类型、办学特色、办学水平等类别，并以此来定义划分各类高校。按照办学类型划分主要有研究型大学、教学研究型大学、应用型大学或技术型大学等。根据办学特色划分为综合型大学和特色型大学，一般开设至少十个学科门类以上，才可以成为综合型大学；特色型大学包括理工类、师范类、农林类、语言类、体育类、医药类、财经类、政法类、艺术类、民族类等，以某一两个主要学科门类为办学主体。根据办学水平划分，之前有"985工程""211工程"高校，现在统筹为"双一流"建设，"双一流"高校有137所，其中包括112所"211工程"大学，还有25所行业和省属重点本科高校进入"双一流"高校名单中；除了"双一流"之外，基本还能够分为省属重点（或省"双一流"）本科高校、普通地方高校、独立学院、民办高校等。这里要探讨的办学定位，着重在办学特色和一流学科建设上，一所高校无论是什么类型，只有科学定位办学特

色并形成优势，才具有科技创新能力，才能更好地服务经济社会发展。一些高校之所以服务地方能力弱，根本原因就是与经济建设、产业发展、社会管理、精神文明相脱节，缺乏技术应用型人才，没有建成特色鲜明的学科专业和学术科研优势，这是目前办学"大而不强、泛而不精"的通病，需要从科学梳理办学定位的顶层谋划上给予解决，才能提升创新能力和办学实力。

四川高校总体数量和办学规模增长很快，但高水平大学和特色鲜明的高校不多，创新驱动力不强，需要进一步在办学定位、办学特色、办学水平上下功夫。首先，入选国家"双一流"建设的 8 所高校要紧紧瞄准建设世界一流学科的奋斗目标定位学校整体学科专业布局，在人才会聚、资源聚集、结构优化、条件保障、运行机制等方面坚持有主有次、有先有后、有保有压的建设原则，办学定位始终围绕建成世界一流学科和提升创新能力进行调整优化。具体讲，四川大学的办学定位就是要建设成为世界一流的研究型综合大学，要围绕数学、化学、材料科学与工程、基础医学、口腔医学、护理学等一流学科，建成几个学科高峰，产出一批重大成果，形成世界一流、全国领先、全省示范、支撑发展的办学特色和创新优势。电子科技大学立足电子科学与技术、信息与通信工程等全球一流学科开展产学研联合，不断提升集成攻关和原始创新能力，在新一轮信息技术革命中成为供给关键核心技术的领头羊。西南交通大学要立足交通运输工程、土木工程等优势学科，围绕高速铁路、重载铁路、磁浮交通、新型城轨、真空管道超高速等领域大力开展基础研究与技术攻关，成为全国乃至全球的轨道交通技术引领者。西南石油大学的石油与天然气工程等学科、西南财经大学的应用经济学等学科、四川农业大学的作物学等学科、成都理工大学的地质学等学科、成都中医药大学的中药学等学科都是国家重点建设的一流学科，依托这些学科形成学术科研特色方向，开展原始创新和技术集中攻关，对四川经济社会发展将会起到强大的引擎支撑作用。

其次，一批省属地方高校要进一步论证办学定位的科学性和合理性，在已有建设基础上形成办学风格和特色优势，在一些领域建立明显优势，对社会发展和行业领域形成独特的支撑作用。四川省立足全省经济建设、产业发展和社会运行需要，实施了四川省"双一流"建设计划，除了对已入选国家"双一流"建设的 8 所高校给予重点支持外，对首批四川"双一流"学科或学科群也给予政策支持。主要包括：西南科技大学和材料与环境学科（群）、信息与控制学科（群），四川师范大学的巴蜀文化研究与传承学科（群）、数学学科（群），西华大学的动力工程与工程热物理、食品科学与工程，西华师范大学的生态学与生态治理、政治学与社会治理，西南医科大学的临床医学、药学，成都信息工程大学的大气科学、网络空间安全等。这些学科（群）在全国和行业领域都具有一定的影响力，在这些学科（群）的建设引导下，高校科技创新能力将会大幅提升，服务地方和行业的能力也随之增强。

此外，省属其他高校以及地方各类高校都应理性分析学校办学定位，对自己的人才培养、学科专业、办学面向等方面进行科学论证和优化调整，更好适应创新驱动发展战略的需要。切忌高校学科专业建设一哄而上，贪大求全，尤其要克服同质化问题和短平快现象。其实，每一所高校，包括规模小、层次低、实力弱的高校，只要定位科学合理，把办学定位与经济发展相结合，把人才培养和学科专业与市场需求相结合，把科技创新与产业急需相结合，一定会大有可为。只要做到"人无我有、人有我优、人优我特"的发展思路，在创新驱动发展战略中都能大显身手，做出独特贡献。

三、遵循"四个服务"，追求创新价值

习近平总书记强调："我国高等教育发展方向要同我国发展的现实目标和未来方向紧密联系在一起，为人民服务，为中国共产党治国理政服务，

为巩固和发展中国特色社会主义制度服务，为改革开放和社会主义现代化建设服务。"① 这一论断为新时代高校发展方向提供了根本遵循，指明了高校科技创新的价值取向。遵循"四个服务"，是新时代高校建设发展的本质要求，是现代大学制度的核心要义，对于回答"新时代建设什么样的高校、怎样建设新时代的高校"以及"高校怎样创新、为谁创新"的重大时代命题具有重要的理论意义和现实指导作用。

高校科技创新要为人民服务，为中国共产党治国理政服务，为巩固和发展中国特色社会主义制度服务，这是坚持社会主义办学方向的根本要求。高校要坚决执行中央决策部署，落实立德树人根本任务，把党的教育方针贯彻落实到具体的科技工作中，用科技创新为党的教育事业做出贡献。四川高校要坚持"以人民为中心"，这就要求高校无论是人才培养工作、还是科技创新活动，都要在省委、省政府的坚强领导下，面向 8000 多万四川人民和全省省情，想人民之所想、急人民之所急、解人民之所忧、谋人民之所求，一切发展的成果由人民共享。为治国理政和治蜀兴川服务、为巩固和发展中国特色社会主义制度服务是四川高校义不容辞的责任担当，基于四川历史源远流长、经济发展不平衡、文化民族宗教工作繁重、自然灾害频发等历史沿革和现状，高校需要主动融入社会治理，要用科技手段、管理创新、文化功能等方面的创新优势，发挥育人、研究、资政作用。

高校科技创新要为改革开放和社会主义现代化建设服务，这是高校的价值追求。高校只有搞清楚"为什么要为改革开放和社会主义现代化服务"，"我们要建设什么样的社会主义，我们需要什么样的改革开放"，才能增强积极投身于改革开放的自觉性和社会主义现代化建设的积极性。"十四五"时期是四川抢抓国家重大战略机遇、推动成渝地区双城经济圈建设成

① 习近平：把思想政治工作贯穿教育教学全过程开创我国高等教育事业发展新局面 [N].
人民日报，2016-12-09（1）.

势见效的关键时期，国家重大战略在四川交汇叠加，四川发展的战略动能将更加强劲，战略位势将更加凸显，战略支撑将更加有力，发展具有多方面优势和条件。① 四川"十四五"规划描绘了美好蓝图，高校科技创新在社会主义现代化四川建设进程中将会发挥重要作用。四川各高校都要对标对表，精准对接《四川省国民经济和社会发展第十四个五年规划和二〇三五年远景目标纲要》，主动承担使命任务，积极融入新发展格局，为打造带动高质量发展的重要增长极和新的动力源提供科技创新支撑；要通过高水平成果转化，助力提升四川产业发展水平和经济承载能力，助推四川省建设具有全国影响力的重要经济中心；充分利用学科专业优势和科技创新动能，积极参加四川省建设具有全国影响力的科技创新中心；充分发挥高校国际交流与合作优势，助推四川深层次改革和高水平开放，加快建设改革开放新高地；要发挥政策咨询作用和文化功能，参与建设更高水平的法治四川和平安四川，积极推动四川治理体系和治理能力现代化，实现经济行稳致远、社会安定和谐，为全面建设社会主义现代化四川贡献智慧和力量。

第六节　四川高校提升科技创新能力的具体举措

高校在实现高水平科技自立自强中具有不可替代的作用。进入新发展阶段，高校要充分发挥优势，以科技创新支撑服务高质量发展，主动为社会主义现代化建设和实现中华民族复兴的中国梦做出贡献。通过长期发展，四川高校科技综合实力、基础研究水平和原始创新能力、服务国家和区域需求能力、创新人才培养能力等方面都迈上了新台阶，实现了新跨越。新

---

① 开启全面建设社会主义现代化四川新征程［N］. 四川日报，2020-12-05（2）.

的历史使命和时代方位，需要四川高校站在新的起点上，谋划新的思路、明确新的目标、采取新的举措，开启四川高等教育改革发展的新征程。要不断优化学校布局和学科专业结构，增强支撑能力；要提升学科专业水平、科学研究水平、人才培养质量、教师队伍质量和现代治理能力，增强办学实力；要引领创新驱动发展、经济社会进步和文化繁荣，增强发展动力。要找差距补短板，分析存在的问题和原因，梳理需要攻关的重点领域，深入论证可行性，明确努力方向，持续用力提升发展层次。通过"十四五"努力建设，四川高等教育主要发展性指标、质量性指标、贡献性指标将实现较大幅度提质晋位，总体水平和创新能力居西部首位，实现由"大"到"强"的历史性跨越，为服务新时代国家发展战略、推动治蜀兴川再上新台阶提供更加有力的人才智力支撑和科技创新支持。

一、培养造就高水平人才队伍

党的十九大报告指出："人才是实现民族振兴、赢得国际竞争主动的战略资源。"① 人才是第一资源，创新是第一动力，创新是发展的强劲动力，而人才是创新的源泉，只有人才能推动创新。实施创新驱动发展战略，建设创新型国家，必须加快建设科技创新领军人才和高技能人才队伍。围绕重要学科领域和创新方向造就一批世界水平的科学家、科技领军人才、工程师和高水平创新团队，注重培养一线创新人才和青年科技人才，对青年人才开辟特殊支持渠道。倡导崇尚技能、精益求精的职业精神，在各行各业大规模培养高级技师、技术工人等高技能人才。② 可见，培养造就高水平人才队伍，对于建设科技强国和地方经济社会发展有多么重要的意义。四

---

① 习近平谈治国理政：第三卷［M］. 北京：外文出版社，2020：50.
② 中共中央　国务院印发《国家创新驱动发展战略纲要》［N］. 人民日报，2016-05-20（1）.

川地处中国西部，发展不平衡矛盾突出，高水平人才匮乏，迫切需要聚集高端创新人才，激发人才创新创造活力。高校是培育和会聚创新人才的主要阵地，四川高校理应培养造就高水平人才队伍，适应四川创新驱动发展需要，支撑引领四川高质量发展。

首先，要围绕优势学科培养拔尖创新人才。四川大学、电子科技大学等高水平大学要紧紧依托"双一流"学科（群）和国家、四川省一流专业，加强拔尖创新人才培养。一方面，要在数学、物理学、化学、生物学等优势基础性学科方向上培养具有原始创新能力的拔尖人才，为国家和四川基础科学研究提供人才支持，产出"从0到1"原创性成果，充分发挥基础研究对科技创新的源头供给和引领作用。另一方面，要聚焦集成电路与新型显示、工业软件、航空与燃机、钒钛稀土资源、轨道交通、智能装备、生命健康、生物育种等领域重大科技需求，加快培养输送创新型人才，满足国家和四川科技创新发展战略的人才需求。

其次，要完善专业布局结构优化机制。四川各高校要深化高校专业供给侧改革，为四川产业链、创新链输送急需人才。主动对接现代工业"5＋1"、农业"10＋3"、服务业"4＋6"产业链、创新链的需求（四川省现代产业体系布局见表7-8），进一步深化高校专业供给侧改革，瞄准四川现代工业、农业、服务业产业体系布局，建立健全专业动态调整机制，做好存量升级、增量优化，培养输送产业急需人才。一定要以产业需要和市场需求为导向，培育社会急需人才。不能只关注招生和培养，而忽视社会发展需求。对于招生很火爆、就业却很困难的专业，要进行市场分析调整，减少招生规模，或者进校后引导学生转入市场急需专业。对于报考少、社会发展有需求的传统性、行业性、艰苦性专业，需要在政策上给予支持，加强专业教育，建立专业行业自信，为社会输送行业性强的创新人才以及"冷门绝学"人才。总之，高校要结合学科专业特色和优势，完善就业与招生计划、人才培养的联动机制，进一步调整优化学科专业结构，提高专业建设内涵与产业布局的匹配度和适应度。

表 7-8　四川省现代产业体系布局

现代工业"5+1"	现代农业"10+3"	现代服务业"4+6"
电子信息、装备制造、食品饮料、先进材料、能源化工和数字经济	川粮油、川猪、川茶、川菜、川酒、川竹、川果、川药、川牛羊、川鱼和现代工业农业种业、现代农业装备、现代农业冷链物流	商业贸易、现代物流、金融服务、文体旅游和科技信息、商务会展、人力资源、川派餐饮、医疗康养、家庭社区

　　最后，要吸引会聚高端创新人才。近年来，人才争夺战愈演愈烈，四川省除了成都市的高校在人才聚集上具有一定的优势，其他地区的高校都不同程度存在人才引进困难。面对人才竞争的新形势，四川高校要坚持分类施策、精准发力，实行更加积极、更加开放、更加有效的人才政策，以更大力度吸引人才、留住人才、用好人才，着力打造西部人才高地。要加大高层次人才引进力度，对院士、长江、杰青、"四青"人才、海外高层次人才要制订专项引进计划，一人一策，提供优厚条件和优质服务，全力以赴引进杰出科学家、领军人物和高水平创新团队，带动高校科技创新能力提升。要加大优秀青年博士和博士后的引进支持力度，建立科技创新合理梯队和储备力量。要加大本土人才培养力度，为具有发展潜力的在岗人才提供发展机会，比如设立人才支持专项计划、到国内外高水平大学访问交流、锻炼，加强与中央在川单位的合作，联合培养发展急需的人才，大力培育本土人才和创新团队。要完善高层次人才引育保障体系，设置高水平人才引进专项激励资金（工资福利待遇、特殊津贴、住房补贴、科研启动经费等）；着力完善人才公共服务体系，不断完善人才公寓、医疗待遇、子女入学等方面的具体措施，解除人才后顾之忧，真正实现引得来、留得住、用得好。此外，高校还可以通过与省内外实力强劲的科研单位、企业共同建创新平台，采取柔性引用和项目带动等方式，共同引进高水平人才，以

科研院所和高校、企业和高校、政府和高校双聘的形式，实现高水平人才队伍的共建共享。

二、提升基础研究和关键核心技术供给能力

要实现建设世界科技强国的目标，离不开高水平科学研究，需要全面提高的基础研究能力和原始创新水平。高校具有人才资源丰富、学科门类齐全、科研力量雄厚、对外交流广泛等特点，是发展基础科学研究、培养创新型人才的重要阵地。在国家全面加强基础科学研究的背景下，高校作为我国科技工作的主力军之一，必须肩负起应有责任，不断加强基础科研工作，大幅提升原始创新能力。高校应充分发挥自身学科、科技、人才、信息等方面的综合优势，加强"从0到1"基础研究，通过科学的顶层设计与资源配置，推动各类创新要素深度融合，使高校成为知识创新和技术创新的策源地。四川有一批高校具有基础科学研究能力，在服务国家战略科技力量上发挥了重要作用，今后基础研究的任务主要是面向未知领域开展科学探索、面向关键核心技术开展原始创新，以"强基础、建平台、促特色"为导向，不断加强科研平台和研究基地建设，促进高校科研水平全面提升。

从四川科技创新规划整体规划布局看，高校依托国家创新平台提升基础研究能力。以8所"双一流"高校和部分高水平本科高校为主，其他高校积极参与，聚焦数理化、电子信息、生命科学、生态环境等领域，瞄准新一代信息技术、高端装备制造、生物医药、节能环保、新材料、新能源等科技创新核心领域，精准提升四川高校的基础研究能力。一方面，有关高校要建好校内已有的国家级科研平台，完成好国家科研任务和研究目标。另一方面，高校要积极主动参与融入组建天府实验室，努力创建为国家实验室；积极争创生物安全、信息安全等国家重点实验室。有研究基础和科

研实力的高校还要参与建设重大科技基础设施集群，强化学科关联、提高集聚效应，完善重大科技基础设施布局。未来几年，四川省将会加快建设大型低速风洞、高海拔宇宙线观测站等国家重大科技基础设施，推动电磁驱动聚变大科学装置、极紫外光源及光刻验证装置等重点项目落地；布局红外太赫兹自由电子激光装置等省重大科技基础设施，加快建设新型空间光学研究装置、超高速轨道交通试验平台；建设科学数据和研究中心；聚焦四川天府新区等重点区域集中建设一批科教基础设施和前沿引领创新平台。高校要紧紧围绕四川省的科技战略布局，既要鼓励支持基础科学的自由探索，力争在重大理论和科学发现上有新突破，又要紧扣四川科技战略规划，解决"从 0 到 1"的原始创新问题。

在提高四川高校基础研究能力的同时，还要着力增强关键核心技术攻关和供给能力。面对"卡脖子"技术困境和发展急需，四川省未来科技战略主要聚焦集成电路与新型显示、工业软件、航空与燃机、钒钛稀土资源、轨道交通、智能装备、生命健康、生物育种等领域，集中力量突破关键共性和前沿引领技术；加强太赫兹通信技术、存储技术、第六代移动通信技术（6G）、光电技术、量子互联网、类脑智能、激光技术等引领性前沿技术攻关，争取原创性突破；围绕大飞机、成渝中线高铁、北斗导航、页岩气勘探开采和转化利用、高原山区道路交通、水利水电等重大工程建设，发展重大工程科技。[①] 有条件、有基础的四川高校要瞄准以上科技战略部署，加强学科交叉融合，推进校内外协同创新，与创新型企业与和科研院所共同承接国家重点研发计划项目和四川省重大科技项目，着力增强关键核心技术攻关和供给能力。

---

① 中共四川省委关于深入推进创新驱动引领高质量发展的决定［N］. 四川日报，2021-06-21（1）.

三、推动成果转化与应用

科技成果转化是高校科技活动的重要内容。高校广大科技工作者要把论文写在祖国的大地上，把科技成果应用在实现"两个一百年"奋斗目标的伟大事业中，加强科技供给，更好地服务经济社会发展主战场。高校科技成果转化工作，首要的是要解决"有什么成果可转化"的问题，然后解决"怎样转化、谁来转化"的问题，才会形成科技成果转化应用链条。当前，高校的研究成果主要表现为学术论文的理论研究、发明专利成果的创意和实验室的陈列品，科技成果转化率低，而企业和市场又需要有价值的发明专利成果和技术创新，高校科技创新与企业间为什么没有形成科教结合、产教融合的良性循环呢？这是推进创新驱动发展战略必须解决的现实难题。

国际上把科技成果转化的过程分为创意、基础研究、应用技术研究、共性技术攻关、小试、中试、工程化应用、产业化前期以及实际生产（量产）等步骤，可以归纳为"三阶段理论"。第一阶段由高校完成，擅长创意和基础研究，开展方向性应用基础和技术创新研究；第二阶段是将高校输出的成果进行真实条件下的中试和放大，做技术深化；第三阶段则由企业负责工业化生产，实现科技成果的产业化、规模化和市场化。显而易见，当前高校科技成果转化困难就是谁来承接第二阶段的职责，这是一个全球性的难题。解决这一问题的核心其实在于科技成果转化体制机制的创新。第二阶段缺失的一个根源性问题在于无论高校还是企业，技术的深化过程都存在难以克服的障碍，那就是高校做的是应用基础研究，并不擅长对接市场，而企业要考虑市场风险问题，缺乏足够的动力和承受力，这就需要通过机制创新，引进新的资源和力量。比如，建立多元主体、多方参与的风险投资基金或天使基金承担第二阶段职责，其抗风险能力和转化责任感要强得多。也可以通过产学研用融通创新、共建关键共性技术协同创新平台等形式和渠道，建设技术转移平台，以此实现技术的转移和成果的转化。

近年来，四川高校科技创新成果不断攀升，亟须解决成果转化不畅、技术转移困难的老问题。首先，要在创新能力强、科技成果多的高校普遍建立技术转移机构，四川大学、电子科技大学等高水平成果产出丰硕的高校要率先建立科技成果和技术转移机构，既可设置为内设机构，也可与地方联合设立专业化机构、全资设立公司等技术转移机构，主要负责遴选科技成果和应用技术、知识产权管理、转移转化谈判、转化收益管理、市场对接、法务保障等职责，建设一支高水平、专业化的技术经理人、技术经纪人队伍，专职为高校成果转移服务。其次，完善科技成果转移转化激励机制，高校充分用好用足各类激励政策，借鉴西南交通大学职务科技成果权属混合所有制改革，全面推进职务科技成果权属改革，加快落实科技成果使用权、处置权、收益权等改革举措，给予重要贡献科技人员现金、股份或出资比例等奖励和报酬，激励科技成果发明人积极转化成果。最后，要与地方联合共建完善科技成果转移转化服务体系，推进产业研究院、区域研究院、大学科技园、产业联盟建设，围绕核心技术、关键技术、前沿技术需求，突出科技成果孵化、技术转移转化，构建 21 个市（州）全覆盖、重点产业全支撑的高校科技服务体系。

需要特别提醒的是，纵观高校科技成果转化和技术转移的发展历程，一些经验教训值得总结。高校的主业不是办企业，教授不是老板，更不是企业家。高校科技工作者应遵循"四个服务"多出成果、出好成果。成果研究达到一定程度后，就应该通过技术合作或商业合作的方式转移出去。不管是进行合作开发还是转让专利许可，都尽量让专门机构来实施，如商业模式、资本模式、市场对接、商业运维、基金引入、法律法规审查以及办理工商手续等，全部分离出去，由高校的专门机构或中介机构来实施，使技术转移工作更加专业化和有效率。

四、推进高校科技治理现代化

1. 优化高校科技创新支撑体系。高校构建成熟的科技创新体系是提升创新能力的前提，一个完整的高校科技创新体系主要由高校的创新理念、组织机构、基础设施、人才队伍、运行机制、环境条件等要素构成，但最重要的是学科结构、人才队伍、科研平台和运行保障四个方面。首先，要加强学科建设，发挥学科建设在高校创新体系中的引领性作用。任何一所高校的科技工作都要从学科抓起，以学科建设为龙头，凝练学科特色，挖掘学科潜力，要区分核心学科、支撑学科、基础学科、新兴学科等发展层次加以建设。目前，四川省进入国家一流学科数量仅有 14 个，首批四川省一流学科（群）也只有十几个，更加需要四川高校集中力量建设优势学科，面向国家和四川需要，提升特色优势学科水平，形成核心学科高峰和基础学科高原。只有依托高水平学科才能形成科研主攻方向，才有可能产出高质量科研成果。同时，要加大学科交叉融合和新兴交叉学科建设，随着信息技术革命不断深入，新材料、新能源、新空间都需要学科深度融合，物联网、人工智能、数字经济更加需要交叉科学和技术联合。有些高校院系内部和学科之间难以交叉融合，各立山头，团队众多，你争我夺，小打小闹，科技创新力量薄弱。高校一定不能贪大求全，要找准自己的优势和已有基础，敢于动真格优化调整学科结构，打破利益牵扯，把有限资源集中在优势学科（群）上，形成比较优势，才是大学生存发展之道。其次，要依托高水平学科和高质量科研平台会聚高层次人才。除地处成都的高校外，四川省多数高校都存在人才聚集困难的现实，在这种客观条件下，一方面要制定出台优厚的人才政策；另一方面，各高校要准确研判优势学科的人才需求和科研平台的任务目标，才能引进到急需的优秀人才。一些高校在招揽人才时盲目引才，只要有人才头衔、前期成果，对学科契合和学术潜力等方面考察不足，就仓促签订协议入职，导致进校后不能发挥作用，对学科建设和引进人员都是不负责任的做法。最后，要为科技创新提供充足的条件保障和完善的运行机制。在资源配置上，高校要把人才资源、平台建设、基础设施、经费保障等向优势学科集中，切忌"大水漫灌""撒花椒面"。在工作待遇上，要形成尊重人才、崇尚创新的浓厚氛围，加大科技创新奖励力度，健全科技创新待遇支持等政策，激发科技创新积极性。

2. 扎实推进协同创新。四川省在国家科技战略布局中具有重要地位，拥有雄厚的科技资源，大院大所和创新型企业多，为四川高校开展协同创新提供了前提条件。各高校应从自身实际出发，深化产学研合作模式，找准协同创新契合点，与协同单位合作统筹开展科技攻关，资源共享、优势互补，打造全过程融合共建、协同增效的合作模式，面向行业区域发展需求，与创新产业链下游主体对接，开展科技成果工程化、产业化、市场化的研究与应用。高校要加大与行业、企业的合作，四川高校在电子信息、水利水电、交通土建、智能制造、生命健康、医学医药、生物育种、生态环境、石油化工、地质地矿、财经金融、教育技术等领域具有明显的科研优势，高校在这些领域与在川创新型企业开展协同技术攻关，共建工程技术创新中心或实验室，对于提升高校科技创新能力和企业技术攻关都具有促进作用。

3. 不断优化科技创新环境。各高校制定和完善适合学校实际的科技管理办法，推动科技体制机制改革各项政策措施落地生效，支持基础研究原始创新，坚决破除"五唯"，营造良好创新制度环境。优化人才成长环境，实施更加积极的创新人才激励和吸引政策，赋予创新人才和团队更大科研自主权，推行科技成果处置收益和股权期权激励制度，让各类主体、不同岗位的创新人才都能在科技成果产业化过程中得到合理回报。进一步完善科研评价机制，在岗位设置、选拔聘用、发展晋升、考核评价、薪酬待遇等方面充分考虑科研人员创新成果及其社会贡献，形成动态、灵活的人才激励机制。深入推进科研经费管理改革，各高校按照规范科研经费管理、增加科研人员经费使用自主权、激发科研人员创新活力的改革要求，针对科研经费管理的薄弱环节，出台项目预算编制、预算执行、预算调整、间接费用、结余经费、科研绩效、科研差旅等管理办法，提高资金使用效益，提升管理服务水平，有效激发科研人员创新活力。探索建立科研财务助理制度，让科研人员腾出精力更好地开展科学研究和成果转化。

4. 建设求真务实的创新文化。高校要营造崇尚创新的文化环境，倡导追求真理、严谨求实、尊重规律的科学精神，营造科学民主、学术自由、开放包容的创新氛围，激发创新思维，活跃学术气氛。大力发扬科学家精神，尤其要传承弘扬"两弹一星"精神、三线精神、载人航天精神，这些精神气质是四川高新科技人员宝贵的精神财富，是激发科技创新的精神动力。要倡导百家争鸣、尊重科学家个性的学术文化，增强敢为人先、勇于冒尖、大胆质疑的创新自信。要重视科研试错探索价值，建立鼓励创新、宽容失败的容错纠错机制。营造宽松的科研氛围，保障科技人员的学术自由。加强科研诚信建设，引导广大科技工作者恪守学术道德，坚守社会责任；强化监督管理，建立学术诚信档案和学术不端行为问责制，加大惩治学术不端行为的力度，营造学术探索和科技创新的良好氛围。